[개정판]

C프로그래밍 기초

이재동 · 하경재 · 허정연 지음

경남대학교 출판부

C프로그래밍 기초 [개정판]

개정 초판 인쇄 2013년 1월 25일
개정 초판 3쇄 발행 2014년 2월 21일

지은이 이재동 · 하경재 · 허정연 | **펴낸이** 박재규 | **펴낸곳** 경남대학교 출판부

주소 경남 창원시 마산합포구 경남대학로7 (월영동) | **전화** 055) 249-2074 | **팩스** 0505) 999-2115
전자우편 ko10@kyungnam.ac.kr | **홈페이지** http://www.kyungnam.ac.kr/press

값 18,000원 | **ISBN** 89-8421-258-X 93560

머리말

공학인증제도의 시행으로 공과대학 학생들은 모두 MSC 교과과정 중 컴퓨터 관련 교과목을 반드시 수강하도록 제도화 되어있다. 따라서 컴퓨터 공학을 전공하는 학생뿐 아니라 일반 공학도 및 공업 기술자들에게도 광범위하게 공통으로 사용할 수 있는 대표적인 프로그래밍 언어의 선택과 쉽게 접근할 수 있는 교과서의 필요성이 대두되었다. 각각의 학문의 특성상 고유영역에서 적합한 프로그래밍 언어의 선정이 필요하나, 그 중에서도 가장 공통 영역을 많이 포함하고 있는 언어는 C언어라고 할 수 있겠다.

C언어는 다른 언어에 비해 실행 속도가 빠르고, 이식성이 뛰어나며, 고급 언어의 특징과 저급 언어의 특징을 모두 포함하고 있어 시스템, 네트워크, 제어 시스템, 인터페이스 프로그래밍 등 다양한 분야에서 사용되고 있다.

이 책은 C언어를 처음 배우는 학생들을 주 대상으로 모든 이·공학 학생들이 쉽게 접근하여 스스로 이해할 수 있도록 용어 및 개념 중심으로 쉽게 기술하였다. 이를 위하여 각 단원마다 구문, 대응되는 예제 프로그램 및 연습 문제로 구성하였으며, 부록에는 많이 사용되는 표준 라이브러리 함수를 수록하여 학생들이 필요한 경우 항상 참조할 수 있도록 하였다.

처음 프로그래밍을 접하는 학생들은 소스 프로그램을 작성하기 위해 키보드로 한 자 한 자 타이핑하는 것이 매우 따분한 작업일 수 있다. 그리고 이렇게 지루하게 작성한 프로그램의 실행은 대부분 많은 에러 교정의 과정을 거쳐야만 한다. 그러나 현재 모든 프로그래머들은 이러한 과정을 거쳐 탄생되었으며, 앞으로 유능한 프로그래머가 될 사람 또한 이 과정을 거쳐야만 한다. 학생들은 이러한 과정을 거쳐 각 단원의 중요한 코드를 이해하게 되며, 나아가 다른 문제 해결에도 적용할 수 있게 된다.

이 책은 모두 12장으로 구성되어 있으며, 대부분 한 주에 한 장씩 배우고, 초보자에게 조금 복잡하고 내용이 많은 3장 연산자, 4장 프로그램 제어문 그리고 10장 표준 입출력문 및 파일 입출력문은 2주에 한 장씩 배워 한 학기에 모두 마칠 수 있도록 구성하였다. 특히 학생들이 혼자 학습할 수 있도록 각 예제 프로그램 뒤에는 학생들이 스스로 프로그램 하는 연습 문제를 배치하여, 대부분 예제 프로그램의 복사만으로 연습하던 것과 달리 학생들이 직접 프로그램을 개발하고 실행하여 결과를 비교, 확인하도록 하였다.

많은 교정 및 수정에도 불구하고 미처 발견하지 못한 오류가 남아 있을 것이다. 그러나 앞으로 계속 학생들에게 보다 유익한 교재가 될 수 있도록 수정, 보완 해 나갈 것이다. 마지막으로 이 책이 출간될 수 있도록 많이 도와주신 경남대학교 프로그래밍기초 교·강사님들에게 감사를 드립니다.

2013년 2월

저자 일동

차 례

제 4 장 프로그램 제어문

제 5 장 배열과 문자열

제 6 장 포인터

제 7 장 함수의 기본

제 8 장 함수의 응용

제 9 장 구조체와 공용체

제 10 장 표준 입출력 및 파일 입출력

1

C프로그래밍 언어의 특징

1 C프로그래밍 언어의 특징

1.1 컴퓨터와 프로그래밍

컴퓨터는 인간이 만든 도구 중 가장 정교하고, 인간에 가까운 도구로서 다양한 업무를 빠르고 정확하게 처리해 준다. 컴퓨터는 하드웨어(hardware: H/W)와 소프트웨어(software: S/W)로 구성되어 있으며, 하드웨어는 컴퓨터를 구성하고 있는 전자 전기 회로, 전기 기계 등 물리적 기계장치를 말하고, 소프트웨어는 하드웨어를 제어하여 많은 일들을 효과적으로 수행하여 사람들이 편리하게 사용할 수 있도록 해주는 프로그램들을 의미한다.

컴퓨터 H/W는 컴퓨터 본체(중앙 처리 장치, 주 메모리)와 입력 장치, 출력 장치, 보조기억장치로 구성되어 있다. 입력 장치로는 키보드, 마우스, 마이크(음성 입력장치), 라이트 펜, 디지털 카메라 등이 있으며, 출력장치로는 모니터, 프린터, 플로터 등이 있다. 보조 기억 장치로는 플로피 디스크 장치, 하드 디스크 장치, CD-ROM 장치, 카세트 장치 등이 있다.

컴퓨터를 편리하게 사용 가능하게 하고, 특정한 작업을 수행하는 것은 소프트웨어의 역할이다. 소프트웨어는 그 기능에 따라 크게 시스템 소프트웨어와 응용 소프트에어로 구분한다. 컴퓨터를 사용자가 쉽게 사용할 수 있도록 지원하기 위한 소프트웨어를 시스템 소프트웨어라 하고, 응용 소프트웨어는 사용자가 원하는 특정 작업을 할 때 사용하는 소프트웨어를 말한다. 일반적으로 많이 사용되는 소프트웨어는 상용으로 제공된다. 사용자가 특정 작업을 하는 데 개발된 소프트웨어가 지원되지 않는다면 직접 개발하여 사용할 수밖에 없다.

컴퓨터에서 특정 작업을 하려면 컴퓨터에게 원하는 동작을 수행하도록 명령을 지시해야 하는데 이러한 명령어들의 집합을 프로그램(program)이라 한다. 이때 프로그램을 만드는 과정을 프로그래밍(programming)이라고 하고, 프로그램 작성에 사용되는 언어를 프로그래밍 언어(programming language)라 한다.

컴퓨터에서 수행되는 명령들은 이진수로 구성된다. 따라서 초창기에는 명령들을 이진수로 작성하였는데 이를 기계어(machine language)라고 한다. 이후 기계어로 작성된 명령어들을 기호화하여 사용하였는데 이를 어셈블리어(assemlby language)라고 불렀다. 어셈블리어로 작성된 프로그램을 사용하려면 어셈블러(assembler)라는 번역기를 사용하여 기계어로 번역해주어야 한다. 프로그램을 좀 더 쉽게 작성하기 위해서 사람이 보다 쉽게 작성하고 이해할 수 있는 언어를 개발하게 되었다. 사람이 사용하는 자연어와 같지는 않지만 기계어나 어셈블리 언어보다는 이해하기 쉬운 형태의 프로그래밍 언어인 것이다. 이를 고급 언어(high level language)라 한다. 1950년대 중반부터 포트란(FORTRAN), 코볼(COBOL), 베이직(BASIC) 등의 언어들이 등장하였고, 현재는 C/C++, 자바(Java) 등의 언어들이 프로그램 개발에 사용되고 있다. 이러한 고급언어는 컴퓨터가 직접 이해할 수 없다. 따라서 고급언어로 작성된 프로그램은 기계어로 번역해주어야 한다.

1.2 C언어의 역사와 특징

1.2.1 C언어의 역사

1970년 AT&T의 Bell 연구소에서 UNIX란 운영 체제를 개발하였다. PDP-7 컴퓨터의 운영 제체로 개발된 UNIX는 어셈블리 언어로 제작되어 이식성이 없고, 서로 다른 기종의 컴퓨터에서 사용할 수 있는 호환성도 없었다. 이러한 문제점들을 해소하고 시스템 개발의 문서화로 누구나 쉽게 해석할 수 있으며 하드웨어를 제어할 수 있는 기능도 갖는 언어의 필요성이 대두되었다.

C언어는 1970년 Dennis Ritchie가 B와 BCPL 언어를 모체로 하여 개발하였는데, 1968년 Martin Richard가 BCPL을 개발하였고, 이를 기본으로 하여 1970년 Ken Tompson이 B 언어를 개발하였다. 그 후 UNIX 운영 체제의 90% 이상과 UNIX와 함께 제공되는 소프트웨어의 99% 이상이 C언어로 작성되어졌으며, DEC 사의 PDP-11에 최초로 이식되었다. 초기에 연구소 및 대학을 중심으로 사용되던 C언어는 고급 언어와 저급 언어의 특성을 동시에 가지고 있어 일반 실무용 프로그램에서 시스템 프로그램, 응용 프로그램, 하드웨어 제어용 프로그램까지 폭넓게 사용되고 있다.

UNIX가 점차로 보급되면서 C언어는 소프트웨어 개발 도구로 널리 사용하게 되었으며. 1980년대에 들어와서는 UNIX뿐만 아니라 퍼스널 컴퓨터(PC)의 운영 체제인 MS-DOS 등에서도 C언어를 사용할 수 있게 되고, 강력한 PC용 C컴파일러가 개발되어 한층 광범위하게 이용되고 있다. [그림 1-1]은 C언어의 발전 계보를 보여준다.

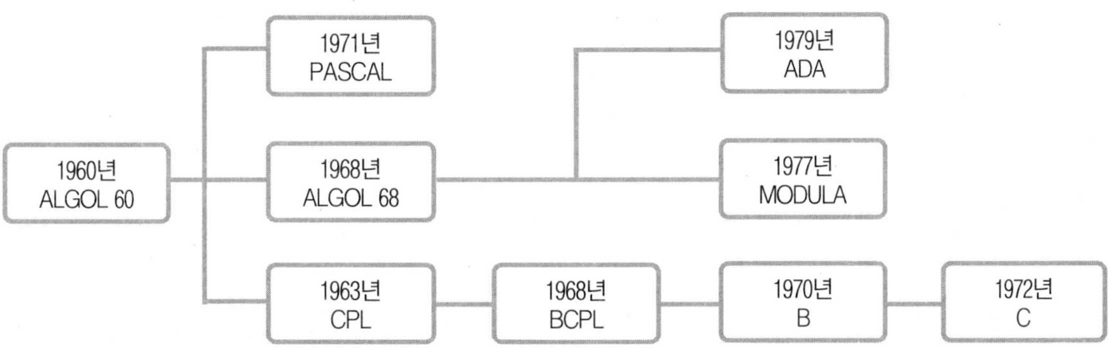

그림 1-1 C언어의 계보

C언어가 널리 사용되면서 여러 기관들이 자신의 표준안을 만들어 내었다. 이로 인하여 C언어의 표준이 요구되었다. 미국 국가 표준 협회(American National Standards Institute: ANSI)는 C에 대한 표준화를 위한 위원회를 설립하고, 여러 종류의 시스템 및 프로그래밍 언어의 표준화 작업을 수행하였다. 1980년대 말, 위원회는 ANSI C 또는 Standard C를 발표하였다. 1990년

ISO(International Standardization Organization)가 ANSI C 표준을 승인하여 국제적으로 인정된 표준규격이 되었다.

1.2.2 C언어의 특징

C언어는 다른 언어보다 비교적 적은 키워드를 가지고 있으면서 정확한 제어구조와 데이터 형을 적절히 사용함으로써 더욱 강력해진다. 또한 구문의 다양한 표현 방법으로 간결한 프로그램이 가능하다. 대부분 워크스테이션 및 서버의 운영 체제와 응용 프로그램 및 통신 제어 프로그램, 주변 장치 인터페이스 프로그램, 특히 GUI(Graphic User Interface) 등이 C언어로 프로그램 되어 있다. 예를 들면 MS-DOS와 OS/2의 대부분은 C로 작성되어 있으며 윈도우 패키지, 데이터베이스 프로그램, 그래픽스 라이브러리, 응용 프로그램 패키지 등이 C로 작성되어 있다. C언어의 특징을 요약하면 아래와 같다.

- 한 시스템에서 작성된 코드는 쉽게 다른 시스템에 이식될 수 있어 이식성이 좋다.
- C에는 내장된 전 처리기(preprocessor)가 있어 프로그래머가 시스템과 독립적으로 프로그래밍이 가능하다
- C는 단항 연산 및 복합 연산, 비트 연산 등 강력한 연산자의 집합을 가지고 있어 프로그램을 간결하게 작성할 수 있다.
- C는 값에 의한 호출(call by value)을 사용하는 함수(function)와 사용자 정의 라이브러리 등을 사용하여 모듈화된 프로그램을 작성할 수 있다.
- C언어는 하드웨어 구조에 적합하도록 구현할 수 있어 기계어나 어셈블리 언어로 된 제어 기능을 보다 쉽게 작성할 수 있다.
- 다양한 파일 처리 기능이 있다.

1.2.3 간단한 C프로그램

다음 C로 작성된 프로그램은 “C Programming!”을 화면에 출력한다. 소스 프로그램 아래의 그림은 프로그램을 실행한 화면의 모습이다.

```
// file: first.c
#include 〈stdio.h〉

main ()
{
        printf ( “C Programming!\n” );
}
```

그림 1-2 프로그램 실행 결과

C프로그램은 기본적으로 하나의 main() 함수로 구성된다. C로 작성된 어떤 프로그램도 세 번째 줄의 main()을 포함하고 있다. 함수의 기본 구조는 다음과 같다. 함수는 몸체를 가지는 데 ‘{’ 과 ‘}’ 사이의 문장들이 이에 해당한다.

```
main ()
{
    ...
}
```

이 함수에는 하나의 출력 문장이 포함되어 있다. printf()는 괄호 안에 있는 문자들을 화면으로 출력해주는 내장 함수(library function)이다. 문자들 중에 마지막 ‘\n’은 화면에서 커서의 위치를 다음 줄로 이동시킨다.

1.3 프로그램 개발 과정

프로그램을 개발하는 과정은 마치 집을 짓는 것과 유사하다. 건축주가 원하는 구조나 기능을 설계자에게 요구한다. 설계자는 이를 기본으로 하여 집을 설계한다. 시공사는 설계도를 바탕으로 구체적인 집을 만들게 된다. 이렇게 만들어진 집의 구조와 기능이 제대로 실현되었는지 확인하여 하자 보수 공사를 하게 된다.

여기에서는 비교적 간단한 문제를 해결하기 위한 프로그램 개발 단계를 다루기로 한다. 프로그래밍 언어를 사용하여 프로그램을 개발할 때 다음과 같은 과정이 필요하다.

❶ 해결할 문제를 이해한다. : 요구 사항 분석

❷ 문제 해결 절차를 고안한다. : 알고리즘 개발

❸ 문제 해결 절차를 선정된 언어로 작성한다. : 프로그램 코딩(coding)

❹ 작성된 프로그램을 번역한다. : 컴파일과 링크

❺ 프로그램을 실행하여 결과를 확인한다. : 프로그램 테스트와 수정

1.3.1 프로그램 작성 준비와 코딩

프로그램 개발 과정에서 첫 두 단계가 가장 중요하다고 할 수 있다. 프로그램 개발 초보자는 문제가 주어지면 코딩부터 하려고 덤빈다. 이는 마치 설계도가 없이 집을 지으려는 것과 같다. 해결하려는 문제를 충분히 분석하여 이해한 다음에 해결 절차를 마련해야 한다. 예를 들어 임의의 반지름에 대하여 원의 면적을 구하는 문제가 주어지면, 우선 주어진 자료와 원하는 결과를 파악해야 한다.

- 주어진 자료: 반지름
- 결과: 원의 면적

그 다음 단계는 구체적인 문제 해결 절차를 마련하는 것이다. 문제를 해결하기 위한 단계적인

절차를 기술하는 방법은 여러 가지가 있지만, 간단한 문제 해결에는 순서도(flow chart)나 문장으로 기술(의사 코드, pseudo code)하여 표현할 수 있다. 원의 면적을 구하는 문제 해결 절차는 다음과 같다.

의사 코드 (알고리즘)	C언어로 코딩
❶ 반지름(정수) 입력: r	❶ scanf ("%d", &r);
❷ 면적 계산: area=πr^2	❷ area=r*r * 3.14;
❸ 출력: 반지름과 면적	❸ printf ("반지름 %d인 원의 면적: %f\n", r, area);

작성된 의사 코드에 따라 하나씩 C언어로 표현하게 되는 데 이를 코딩이라 한다. 작성된 의사 코드가 실계도에 비유된다면, 해당 언어로 표현하는 것은 시공사가 구체적인 집을 짓는 것과 같다. 시공사는 설계도가 없으면 공사를 할 수 없다. 프로그램 작성자는 코딩을 시작하기 전에 문제 해결 절차(알고리즘)를 먼저 마련해야 한다.

1.3.2 프로그램의 컴파일과 링킹

해당 언어로 작성된 프로그램은 프로그램 개발 도구의 편집기를 사용하여 텍스트 파일 형태로 저장된다. 이렇게 작성된 프로그램은 컴파일(compile)과 링크(link) 과정을 거쳐서 컴퓨터에서 동작되는 실행 파일이 만들어 진다. [그림 1-3]은 소스 파일에서 실행 파일이 만들어지는 과정을 보여준다.

C언어로 작성된 텍스트 파일을 소스 파일(source file) 혹은 소스 프로그램(source program)이라 부르며, 컴파일러에 의해 기계어로 변역된다. 이 단계에서 성공하면 목적 파일(object file)이 만들어진다. 그런데 프로그램에 문법적으로 오류(error)가 발견되면 오류 메시지가 출력되고 컴파일 과정이 완료되지 않는다. 개발자는 오류 메시지를 확인하고 소스 프로그램에서 잘못된 부분을 다시 수정하고 컴파일 단계를 거쳐야 한다.

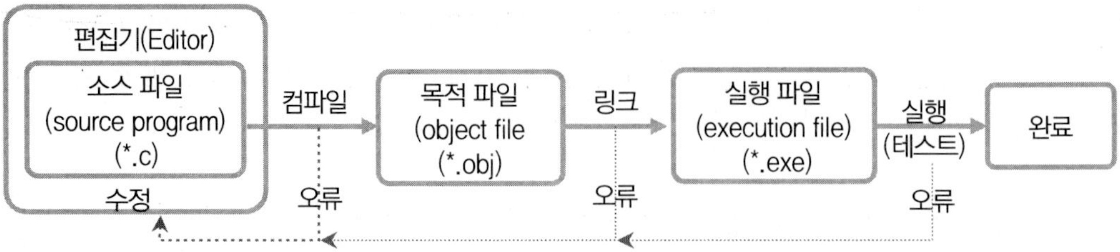

그림 1-3 컴파일러의 처리 순서

컴파일 단계에서 생성된 목적 파일은 기계어로 번역되어 있지만 컴퓨터에서 실행할 수 있는 완전한 프로그램은 아니다. 실행 가능한 프로그램이 되려면 링크 단계를 거쳐야 한다. 링크 과정은 프로그램 실행에 필요한 다른 요소(내장 함수)를 합쳐서 실행이 가능한 하나의 파일로 만드는 과정이다. 이 과정에서 성공하면 실행 파일(execution file)이 생성되고, 오류가 발생하게 되면 메시지가 출력되고 실행파일은 생성되지 않는다. 링크에 실패하게 되면 다시 처음 단계로 돌아가서 오류를 발생시키는 소스 프로그램을 수정한다. 소스 파일이 조금 이라도 수정되면 다시 컴파일과 링크 단계를 거쳐야 한다.

1.3.3 프로그램 실행과 테스트

컴파일과 링크 단계를 거쳐서 생성된 실행 파일은 컴퓨터에서 실행시킬 수 있다. 프로그램이 실행된다고 모든 과정이 끝난 것은 아니다. 실행 결과가 원하는 결과와 일치하여야 한다. 반지름을 입력하여 정확하게 원의 면적이 출력되는지 확인해야 한다. 여러 가지 입력 자료에 대하여 정확한 결과가 나오는지를 확인하는 과정을 프로그램 테스트(test)라 한다. 이 과정에서 오류가 발생하면 다시 소스 프로그램을 수정하고, 컴파일과 링크 과정을 거쳐야 한다. 테스트를 통과함으로써 하나의 프로그램이 완성된다.

1.4 비주얼 Studio 사용 환경

1.4.1 프로그래밍 개발 환경

프로그램은 컴퓨터에게 지시할 일련의 처리 작업 내용을 담고 있고, 프로그램을 사용하는 사용자의 프로그램 조작에 따라 적절한 명령이 컴퓨터에세 지시를 내려 프로그램이 실행된다. 컴퓨터에서 특정 목적의 일을 수행하는 프로그램을 만드는 과정을 "프로그래밍한다"라고 표현한다. 또한 이러한 프로그램을 만드는 사람을 프로그램 개발자(Developer)또는 프로그래머(Programmer)라고 한다.

프로그램을 개발하기 위해서는 가장 먼저 프로그램의 개발에 사용할 **프로그램 언어**를 하나 선정하여 그 언어의 사용법을 알아야 한다. 그 다음에는 선정한 언어를 이용하여 프로그램을 개발하기 위한 환경인 개발 도구(Developing Tools)가 필요하다.

우리는 이 책에서 모든 언어 중에서 가장 기본이라 할 수 있는 C언어와 프로그램을 개발하는데 필요한 에디터, 컴파일러, 링커, 디버그 등을 통합적으로 제공하는 개발환경(통합 개발 환경, Integrated Development Environments: IDE)중 가장 대표적인 제품인 마이크로소프트사의 비주얼 C++(MS Visual Studio 2008의 C++)를 소개한다.

1.4.2 비주얼 C++ 사용법

비주얼 C++에서 프로그램 개발은 프로젝트(project) 단위로 이루어진다. 소스 파일과 프로그램 개발 과정에서 생성되는 모든 파일은 프로젝트에 의해 관리된다. 한 프로젝트에는 하나의 소스 프로그램만 포함되어야 한다. 단, 하나의 프로그램이 여러 부분(파일)으로 나누어져서 개발될 경우에는 모든 파일이 하나의 프로젝트에 포함되어야 한다. 함수 장을 학습하기 전에는 하나의 main() 함수로 구성된 프로그램을 작성하기 때문에 당분간 하나의 프로젝트에 하나의 소스 파일만 사용하기로 한다. 또한 모든 프로젝트는 솔루션(solution)에 소속된다. 서로 관련이 있는 프로젝트는 동일한 솔루션에 포함시켜 관리할 수 있다. 새로운 프로젝드를 만들 때 기존 솔루션에 포함시킬 수도 있고, 아니면 새로운 솔루션에 포함시킬 수도 있다. 새로운 프로젝트를 만들고 소스 파일을 추가하는 절차는 다음과 같다(비주얼 C++ 2008 기준).

❶ 새 프로젝트를 만들려면: **파일** 메뉴에서 **새로 만들기**를 가리킨 다음 **프로젝트**를 클릭한다.
❷ Visual C++ 프로젝트 형식에서 Win32를 클릭한 다음 'Win32 **콘솔 응용 프로그램**'을 클릭한다.
❸ 프로젝트 이름을 입력: 프로젝트가 포함된 솔루션의 이름은 기본적으로 새 프로젝트의 이름과 동일하지만 사용자가 직접 다른 이름을 입력할 수도 있다. 원하는 경우 프로젝트의 위치를 다른 곳으로 지정할 수 있다. **확인**을 클릭하여 새 프로젝트를 만든다.
❹ Win32 응용 프로그램 마법사에서 **빈 프로젝트**를 선택하고 **마침**을 클릭한다.
❺ 솔루션 탐색기가 열려 있지 않으면 **보기** 메뉴에서 **솔루션 탐색기**를 클릭한다.
❻ 프로젝트에 새 소스 파일을 추가한다.
  - 솔루션 탐색기에서 **소스 파일** 폴더를 마우스 오른쪽 단추로 클릭하고 **추가**를 가리킨 다음 새 항목을 클릭한다.
  - **코드** 노드에서 C++ **파일**(.cpp)을 클릭하고 파일 이름을 입력한 다음 **추가**를 클릭한다.
  - cpp 파일이 솔루션 탐색기의 소스 파일 폴더와 탭 창에 나타난다. 이 창에서 필요한 코드를 입력할 수 있다.
❼ **빌드** 메뉴에서 **솔루션 빌드**를 클릭한다. 빌드 로그의 위치 및 빌드 상태를 나타내는 메시지 등의 컴파일 진행 상황 정보가 출력 창에 표시된다.
❽ **디버그** 메뉴에서 '**디버깅하지 않고 시작**'을 클릭한다.

C++ 2010 버전에서 빌드(❼)와 실행 과정(❽)은 다음과 같다.
❶ **디버그** 메뉴에서 **솔루션 빌드**를 선택하거나 [F7]을 클릭한다.
❷ 실행: [Ctrl]+[F5]를 누른다.

1.4.2.1 프로젝트 만들기

❶ 윈도우즈 작업표시줄에서 [시작]-[모든 프로그램]-[Visual C++ 2008]을 선택하여 실행한

다. 새로운 프로젝트를 만들기 위해 [시작 페이지] 창의 [새 프로젝트]를 선택한다. 다른 방법은 [파일]-[새로 만들기]-[프로젝트]를 선택하여 만들 수 있다.

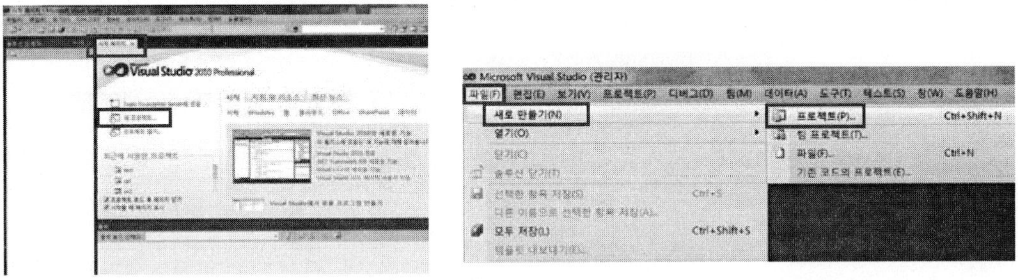

그림 1-4 프로젝트 만들기

❷ 새 프로젝트 창에서 프로젝트 형식 [Win32]를 선택하고 [Win32 콘솔 응용 프로그램]을 선택한다. 아래 빈 칸에 프로젝트 이름 'ex'를 입력한다. 이때 솔루션 이름도 동일하게 나타나지만 사용자가 원하는 이름으로 변경할 수 있다. [찾아보기]를 클릭하여 원하는 위치를 지정할 수 있다. [확인]을 누르면 응용 프로그램 마법사가 실행된다.

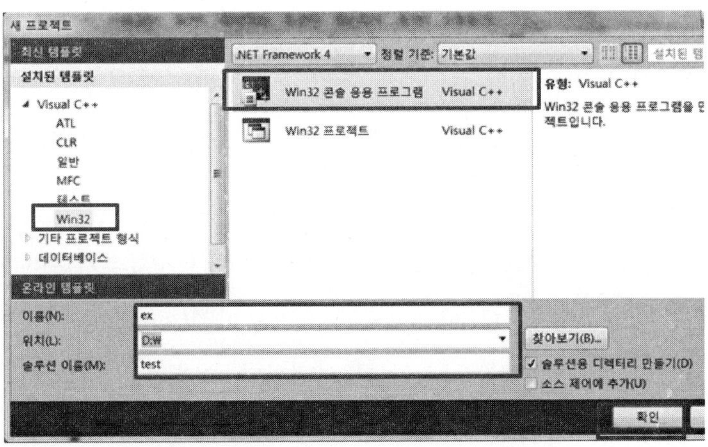

그림 1-5 Win32 콘솔 응용 프로그램

❸ Win32 응용 프로그램 마법사 창이 나타나면 [다음]을 누른다. 새로 나타난 '응용 프로그램 설정' 창에서 응용 프로그램 종류에는 [콘솔 응용 프로그램]을, 추가 옵션에는 [빈 프로젝트]선택한 후에 [마침]을 선택한다. 프로젝트가 생성되고 [솔루션 탐색기] 창이 나타난다.

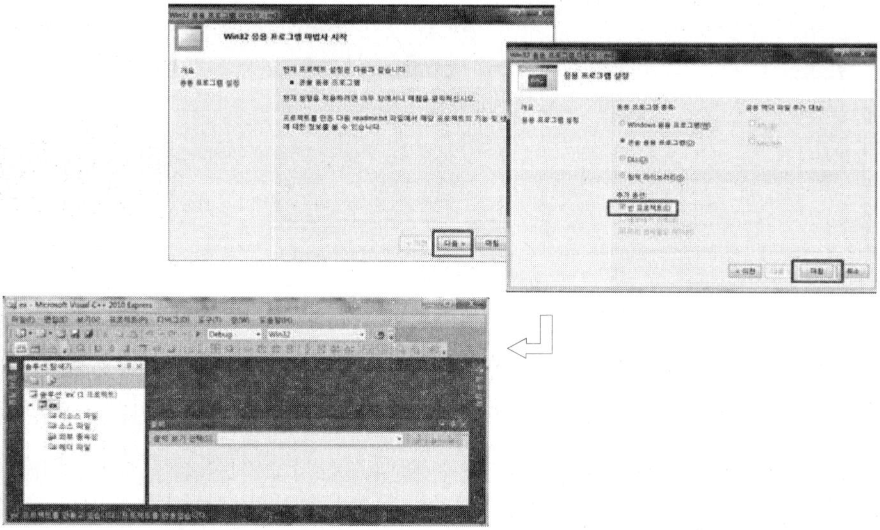

그림 1-6 응용 프로그램 설정

1.4.2.2 프로젝트에 소스 파일 추가

솔루션 탐색기에는 생성된 솔루션과 프로젝트 이름이 보이고, 프로젝트 아래에는 네 개의 폴더가 만들어졌다.

❶ 프로젝트 아래 [소스 파일]에 마우스 오른쪽 버튼을 누르고 [추가]-[새 항목]을 선택한다. 새항목 추가 창에서 [Visual C++]-[코드]와 [C++ 파일(.cpp)]를 선택하고, 아래 이름 칸에 파일 이름 'ex1.c'를 입력하고 [추가]를 선택한다. 이름을 입력할 때 확장자 '.c'까지 붙인다. 확장자를 생략하면 기본적으로 'cpp'가 된다.

❷ 소스 프로그램 작성: 프로젝트에 빈 소스 파일이 추가되면서 솔루션 탐색기 오른쪽에 소스 파일 편집창이 나타나고, 그 아래에는 출력 창이 나타난다. 소스 편집창에 소스 프로그램을 입력하고 저장한다.

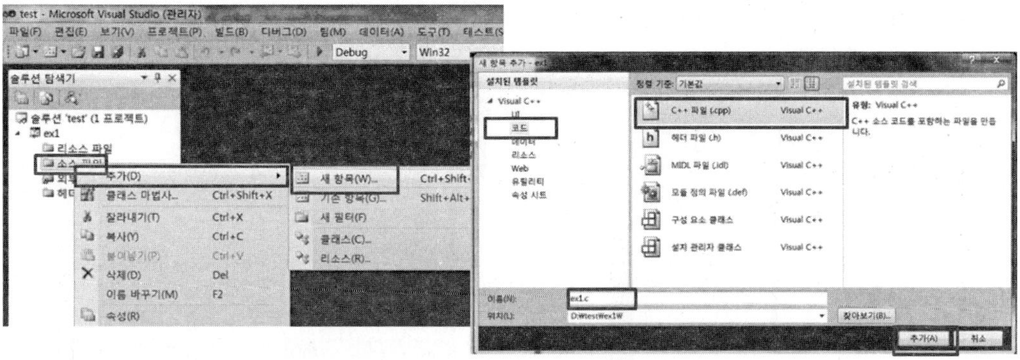

그림 1-7 소스 파일 추가

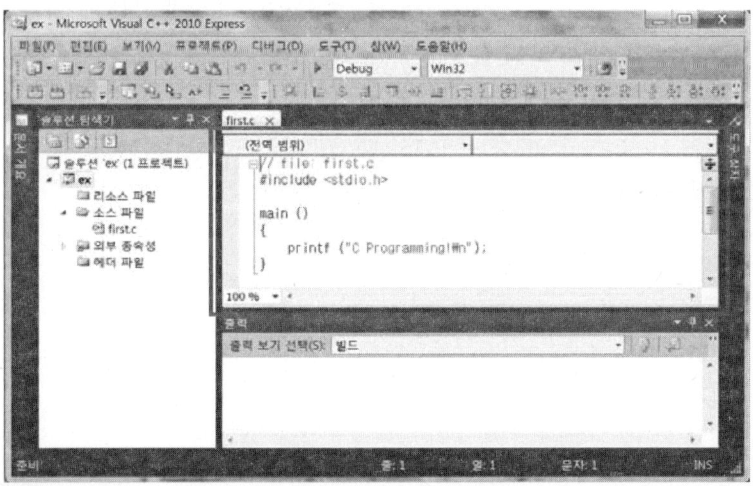

그림 1-8 소스 프로그램 편집

1.4.2.3 빌드와 실행

❶ 빌드(컴파일과 링크): 빌드 단계는 소스 프로그램을 컴파일하고 링크한 결과를 결과 창으로 출력한다. [빌드]-[솔루션 빌드]를 선택하면 빌드 결과가 출력된다. 결과의 마지막 메시지가 "빌드: 성공 1, 실패 0"이면 실행 파일이 생성된다.

❷ 실행: [디버그]-[디버깅하지 않고 시작]을 선택하거나 단축키 [Ctrl]+[F5]을 누르면 프로그램이 실행되면서 실행 창에 결과가 나타난다. 프로그램이 정상적으로 종료되면 미지막에

'계속하려면 아무 키나 누르십시오'가 나타난다. 아무키나 누르면 실행 창이 사라진다.

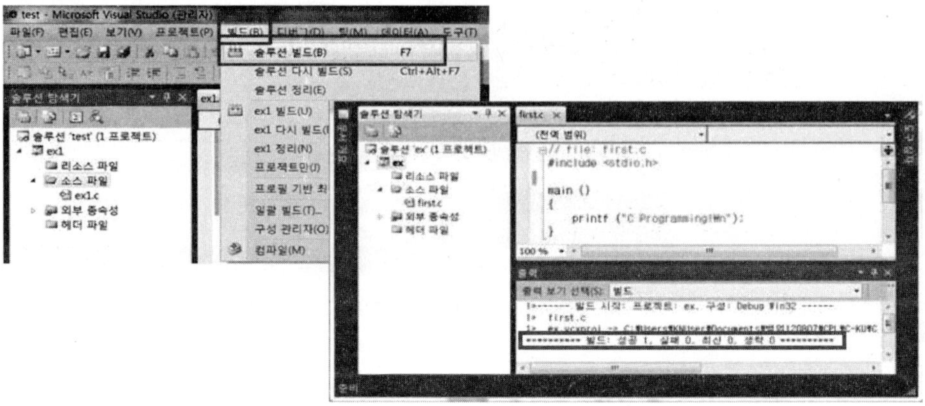

그림 1-7 솔루션 빌드

그림 1-8 프로그램 실행

1.4.2.4 프로젝트 관리

[파일] 탭을 누르면 프로젝트를 다루는데 필요한 서브 메뉴가 나타난다. 많이 사용하는 기능은 다음과 같다.

[새로 만들기]	새 프로젝트 만들기
[열기]	기존의 솔루션을 찾아서 열기
[추가]	현 솔루션에 프로젝트를 추가
[솔루션 닫기]	사용중인 솔루션 닫기
[모두 저장]	모든 파일을 저장
[끝내기]	프로그램 종료

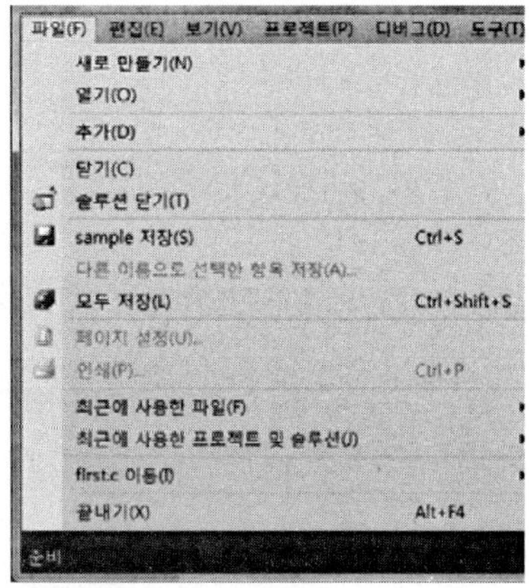

그림 1-9 파일 메뉴

❶ 기존의 솔루션 열기: 이전에 저장된 솔루션을 다시 열고 싶다면 [파일]-[열기]-[프로젝트/솔루션]을 선택한다. 프로젝트 열기 창이 나타나면 솔루션 파일이 저장된 폴더를 찾아서 *.sln 파일을 연다.

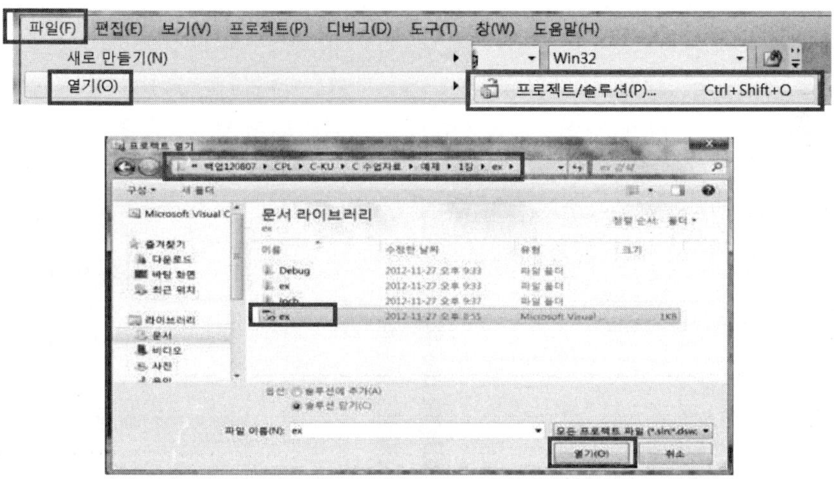

그림 1-10 기존 솔루션 열기

❷ 솔루션에 프로젝트 추가: 작업 중인 솔루션에 새로운 프로젝트를 추가하려면 [파일]-[추가]-[새 프로젝트]를 선택한다. 새 프로젝트 창이 나타나면 절차에 따라 프로젝트를 생성한다. 솔루션 탐색기에 두 개의 프로젝트 'first'와 'sample'이 보인다.

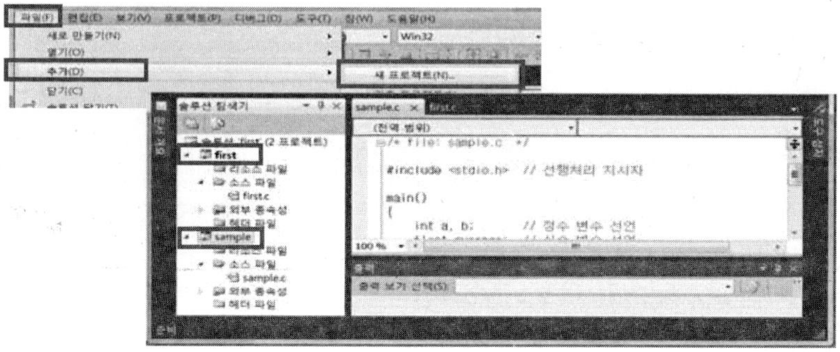

그림 1-11 프로젝트 추가

❸ 시작 프로젝트로 설정: 하나의 솔루션에 여러 개의 프로젝트가 존재할 경우에 굵은 글씨(first)로 보이는 프로젝트가 활성화되어 있다는 것을 표시한다. 다시 sample 프로젝트를 활성화하려면, 이름을 선택하고 [프로젝트]-[시작 프로젝트로 설정]을 선택하거나, 이름 위에 마우스 오른쪽 버튼을 클릭한 후에 메뉴가 나타나면 [시작 프로젝트로 설정]을 선택한다. 프로그램을 실행하게 되면 시작 프로젝트로 설정되어 있는 프로그램이 실행된다.

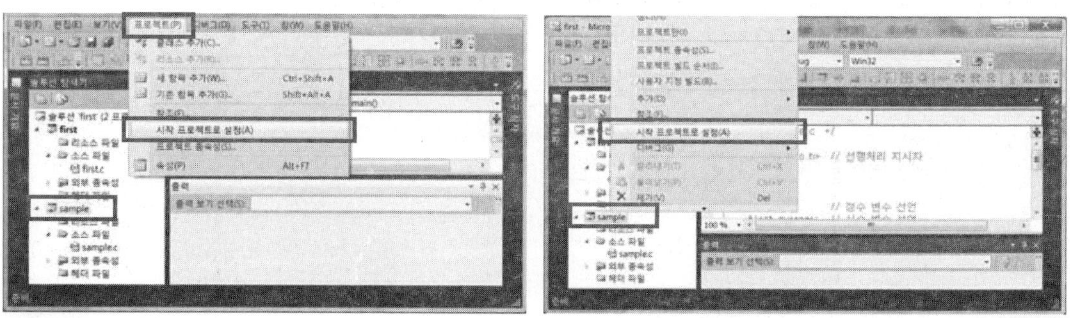

그림 1-12 시작 프로젝트 설정

1.4.2.5 빌드 오류

작성된 소스 프로그램은 컴파일과 링크 과정을 거쳐서 실행 프로그램으로 만들어진다. 이 과정에서 오류(error)가 없다면 순조롭게 실행 프로그램이 생성되지만, 오류가 발견될 경우에는 다시 소스 프로그램을 수정하여야 한다. 이러한 오류를 찾아서 수정하는 작업을 디버깅(debugging)이라고 한다. 빌드 단계에서는 컴파일과 링크 작업이 순차적으로 이루어진다. 컴파일과정에서는 언어의 문법적인 오류를 발견하여 고치고, 링크 과정에서는 하나의 프로그램으로 결합하는 과정에서의 문제들이 발견된다.

A. 컴파일 오류

컴파일 과정에서 나타나는 오류를 확인하기 위하여 다음 printf() 함수의 맨 마지막에 ';'을 삭제하고 단축키 [F7]을 누르면 다음과 같이 오류 메시지가 출력된다. 출력 창의 오류 메시지를 클릭하면 편집창의 커서가 오류 메시지에 표시된 줄 번호 앞으로 이동한다.

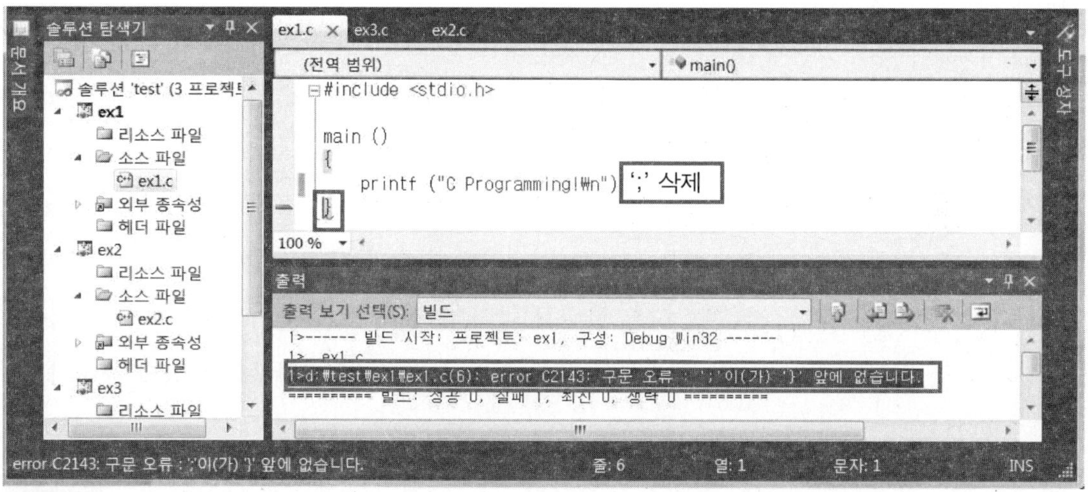

그림 1-13 컴파일 오류

1>d:\test\ex1\ex1.c(6): error C2143: 구문 오류: ' ; '이(가) ' } ' 앞에 없습니다.

소스 파일 경로 / 줄번호 / 오류 코드 / 오류 내용

오류 내용을 확인(';' 누락)하고 줄 번호를 기준으로 앞에서 누락된 곳을 찾는다. 5번째 줄의 마지막에 ';'을 추가한다. 소스 프로그램이 조금이라도 수정되면 다시 빌드를 수행해야 한다.

B. 링크 오류

소스 프로그램의 함수 printf()에서 't'를 빼고 단축키 [F7]을 누르면 'error LINK 2001: _print 외부 기호를 확인할 수 없습니다.'라는 오류 메시지가 출력된다. print라는 표준 함수를 찾지 못한 것이다. 다시 printf로 수정하고 빌더를 실행하면 성공적으로 실행파일이 만들어진다.

1.5 C프로그램의 구성 요소

C프로그램은 함수(function)들로 구성된다. 함수는 프로그램에서 주어진 기능을 수행하는 독립적인 부분으로, 조립 장난감에서 하나의 부품과 같은 역할을 한다. 함수의 종류에는 main() 함수, 내장 함수(library function), 사용자 정의 함수(user defined function)로 구분된다. C프로그램은 반드시 한 개의 main() 함수가 있어야 한다. 프로그램을 작성한다는 것은 main() 함수를 작성하는 것과 같다. 프로그램을 실행하면 main() 함수가 실행된다. 내장함수란 컴파일러 제작사가 컴파일러에 포함시켜 제공하는 함수를 말하는 데, 필요할 때마다 호출하여 사용한다. 사용자가 직접 정의하여 사용하는 함수가 사용자 정의 함수이다. 이 함수도 필요할 때마다 호출하여 사용한다.

다음 프로그램은 아주 간단한 동작을 수행한다. 프로그램이 실행되면 키보드에서 두 개의 정수를 입력받아 평균을 구하여 출력한다. 입력과 출력을 위하여 두 개의 내장 함수 printf()와 scanf() 함수를 호출하여 사용한다. 각 줄마다 표시된 번호는 프로그램의 일부가 아니고 편의상 붙인 것이다.

```
/*
   file: sample.c
*/

#include <stdio.h>              // 전처리 지시자

main()
{
        int a, b;               // 두개의 정수 변수 선언
        float average;          // 실수 변수 선언

        printf ("두 개의 정수 입력:");  // 출력 함수
        scanf ("%d%d", &a, &b);                 // 입력 함수
        average=(a + b) / 2.0;                  // 평균
        printf ("입력된 두 수의 평균: %f\n", average);
}
```

```
두 개의 정수 입력: 3 4
입력된 두 수의 평균: 3.500000
계속하려면 아무 키나 누르십시오 . . .
```

그림 1-13 프로그램 실행 결과

1.5.1 주석문

주석문(comment)은 프로그램 설명을 기술하기 위해 사용되고, 컴파일 할 때는 무시되는 부분이다. 다만 주석문은 사용자가 프로그램을 이해하는데 도움이 되도록 부가한 설명문이다. 특히 프로그램에 사용되는 변수에 대한 설명과 프로그램의 입출력 설명, 알고리즘 등 이해하기 힘든 부분에 주석을 달아두면 나중에 이 프로그램을 재사용하거나, 이 프로그램을 다시 이해하여 다른 프로그램을 작성하는데 이용하거나 수정할 때 큰 도움이 된다.

주석문은 소스 코드 안에서 '/*'로 시작하여 '*/'로 끝난다. 주석문은 키워드, 함수이름, 변

수 이름의 중앙을 제외하고 어디든지 사용할 수 있으나, 하나의 주석문 내에 또 다른 주석문을 기재할 수 없다. C++에서는 주석문을 표시하기 위해 이중 슬래시(//)를 사용한다. 이중 슬래시 이후부터 해당 줄의 끝까지가 주석에 해당한다. 따라서 C/C++ 컴파일러를 사용하게 되면 두 가지 모두 사용할 수 있다.

```
/*
   file: sample.c
*/
#include <stdio.h> // 전처리 지시자
```

1.5.2 전처리 지시자: #include

C프로그램에서 내장 함수를 사용하게 되면 이 함수가 선언되어 있는 헤더 파일(header file)을 포함시킨다. C에서 표준 라이브러리 함수에 관한 정보는 컴파일러와 함께 제공되는 여러 파일에 존재한다. 이 파일들을 모두 확장자 '.h'를 가지고 있으며, 컴파일러는 내장 함수를 처리하기 위해 이 파일들의 정보를 이용한다. 프로그램은 특정 라이브러리 함수를 사용할 때 필요한 특정 헤더 파일을 포함시키기 위해 프로그램 첫머리에 #include란 전처리 지시자(preprocessor directive)를 사용해야 한다.

프로그램에서 #로 시작하는 문장을 전처리 지시자(preprocessor directives)라 하며 컴파일하기 전에 먼저 처리해야 할 일을 수행하도록 명령을 내리는 문장이다. 지시자 #include는 다음에 나오는 헤더 파일(header file) 'stdio.h'를 찾아서 이 문장이 있는 부분에 삽입하는 역할을 수행한다. 입력과 출력 함수를 사용하는 프로그램은 반드시 이 헤더 파일을 포함시켜야 한다.

1.5.3 main() 함수

모든 C프로그램은 반드시 하나의 main() 함수를 포함한다. 함수는 한 쌍의 괄호('{'과 '}')로 표시되는 몸체를 가지는 데, 괄호 안에는 몸체를 구성하는 문장들로 구성된다. 프로그램을 실행시킬 때, main() 함수의 몸체 내부에 기술된 문장들이 순차적으로 실행된다.

1.5.4 변수 선언

프로그램에서 자료를 저장하기 위해서 기억장소에 주어지는 이름을 변수라고 한다. 변수는 사용되기 전에 선언되어야 한다. 정수, 실수, 문자 등 자료의 종류에 따라 자료의 형(data type)과 변수 이름을 나열한다. 아홉 번째와 열 번째 줄에 두 개의 정수를 저장하기 위한 정수 변수와 평균을 저장하기 위한 실수 변수가 선언되었다

```
int a, b;        // 두 개의 정수 변수 선언
float average;      // 실수 변수 선언
```

1.5.5 출력과 입력 함수

출력 함수 printf()는 괄호 속의 겹 따옴표("...") 사이에 표시된 문자들(문자열, string)을 화면으로 출력한다. 이때 큰 따옴표는 출력되지 않는다. 열여섯 번째 줄의 printf() 함수의 문자열의 마지막에 기술된 '\n'은 커서의 위치를 다음 줄로 이동시킨다(줄 바꿈 문자). 변수의 값을 출력하려면 출력 위치에 '%' 다음에 자료형에 따른 변환 문자를 표시하고, 뒤에 변수를 기술한다. '%f' 자리에 실수 변수 avarage의 값이 출력된다.

```
printf ("두 개의 정수 입력: ");        // 출력 함수
...
printf ("입력된 두 수의 평균: %f \ n", average);
                              ↑    3.5    |
```

13번째 줄에 표시된 scanf() 함수는 키보드에서 자료를 입력하여 변수에 저장한다. 키보드에서 첫 번째로 입력된 자료는 정수로 변환('%d')되어 변수 a에 저장되고, 두 번째 입력한 자료도 정수로 변환('%d')되어 변수 b에 저장된다. 입력할 자료형에 따라 변환문자를 기술하고, 저장할

변수 앞에는 주소연산자('&')를 붙여 사용한다. 자주 사용되는 정수, 실수, 문자형 자료에 대한 변환문자는 %d, %f, %c를 사용한다.

```
scanf ("%d%d", &a, &b);     // 입력 함수
```

입력과 출력 내장 함수를 사용하려면, 전처리 지시자 #include를 사용하여 헤더 파일 'stdio.h'를 포함시켜야 한다.

연습문제

1 프로그래밍에 필요한 사전 절차에 관하여 설명하시오.

2 C^{++} 에디터 프로그램의 사용방법에 관하여 토론해 보시오.

3 프로그램 실행 방법에 관하여 설명하시오.

4 소스 프로그램의 저장과 에디터 영역에 불러 오는 방법에 관하여 설명하시오.

5 프로그램의 컴파일 방법에 관하여 말해 보시오.

6 프로그램에 오류가 발생하였을 경우 수정 방법에 관하여 토론하고, 쉽게 틀린 곳을 발견하는 도구가 있는지 검토하시오.

2

데이터 형과 기본 입출력문

2 데이터 형과 기본 입출력문

C언어에서 다루는 자료의 상수 표현과 자료형을 살펴보고 자료형에 따른 입력과 출력을 이해하도록 한다.

2.1 키워드와 식별자

키워드(keyword)는 프로그램 언어에서 고유한 의미를 갖는 예약된 단어(reserved words)이다. 이러한 의미에서 키워드는 예약어라고도 한다. 프로그램 언어마다 고유한 키워드를 갖는데 C언어에는 32개의 기본 키워드를 갖는다. [표 2-1]은 미표준화위원회(ANSI)에서 지정한 C언어의 32개의 키워드로, 전처리 지시자는 키워드에서 제외된다.

식별자는 프로그램 작성을 위하여 사용자가 직접 정의하여 사용하는 단어를 말하는데, 주로 변수 이름과 함수이름 등이 있다. 프로그램 내부의 일정한 영역에서 식별자는 서로 구별되어야 하며 키워드는 식별자로 이용할 수 없다. 식별자는 다음 작성 규칙을 반드시 따라야 한다.

- 식별자를 구성하는 문자는 영문 대소문자(A~Z, a~z), 숫자(0~9), 밑줄(_)을 포함한 63개뿐이다.
- 식별자의 첫 글자로 숫자를 사용할 수 없다.
- 대소문자는 구별하며, 키워드는 사용할 수 없다.

[표 2-1] ANSI에서 지정한 C언어의 32개의 키워드

auto	do	goto	signed	unsigned
break	double	if	sizeof	void
case	else	int	static	volatile
char	enum	long	struct	while
const	extern	register	switch	
continue	float	return	typedef	
default	for	short	union	

2.2 상수와 변수

2.2.1 상수

상수(constant)는 프로그램에 의해 변경되지 않는 고정된 값을 말한다. 상수는 다양한 형태와 크기가 있으므로 형태에 따른 일정한 표현 방식을 갖는다. 상수에는 정수형 상수(integer constant), 실수형 상수(real constant), 문자형 상수(character constant), 문자열 상수(string constant)가 있다.

A. 정수형 상수

정수형 상수는 고정 소수점 상수(fixed point constant)라고도 하며 소수점(decimal point)이 없는 상수이다. 10진수인 경우 +, - 부호 및 0~9로 구성되며, 16진수인 경우 a~f(또는 A~F)가 추가된다. 정수형은 부호가 있는 수(signed number)와 부호가 없는 수(unsigned number)로 나누어지며 +는 생략할 수 있다. 10진수 표현은 숫자 앞에 아무것도 붙지 않으며, 16진수 표현은 숫자 앞에 0x 또는 0X가 붙고 8진수 앞에는 0(zero)이 붙는다. long 형태의 정수는 숫자 뒤에 L 혹은 l을 붙일 수 있다.

예 정수형 상수

234	10진수
0x20d4	16진수임을 표시 (0x)
0264	8진수임을 표시 (0)
236L	long 형태의 정수임을 표현 (L)

B. 실수형 상수

실수형 상수는 소수점을 포함하는 상수로서 십진형(decimal form)과 지수형(exponential form)으로 구분되며 부동 소수점 상수(floating point constant)라고도 한다. 십진형인 경우 부호가 +일 때 생략할 수 있고, 기종에 따라 다르지만 사용 범위의 제한이 있다. 지수형은 10의 거듭제곱 형태로 표현하는 실수형 상수로 지수부의 문자는 E 혹은 e로 나타내며 10의 거듭제곱을 나타내는 밑수를 나타낸다.

예 실수형 상수

-.123	(-0.123과 동일)
1.23	(+1.23과 동일)
0.123E+02	(0.123 * 10^2과 동일)
.123E+02	
.123E2	
0.123e02	
+0.123e+02	

C. 문자형 상수

문자를 나타낼 때에는 반드시 작은따옴표('와 ')를 사용해야 하며 문자형 상수는 하나의 문자만 사용해야 한다. 할당된 문자 상수의 값은 ASCII 값으로 기억된다. escape 문자들은 역슬래시('\')와 결합 형태로 기술된다. C에서 사용되는 escape 문자들을 부록에 수록하였다.

'B'	ASCII 코드값 0x42가 기억됨
'\n'	ASCII 코드값 0xa가 기억됨(새로운 줄로 바꿈)
'\a'	ASCII 코드값 0x7이 기억됨(벨소리를 울림)
'\b'	ASCII 코드값 0x8이 기억됨(커서를 backspace)

D. 문자열 상수

문자형 상수는 한 문자만 사용되나 C프로그램에서는 여러 문자를 상수로 사용할 수 있는 문자열 상수가 있다. 문자열 상수는 반드시 큰 따옴표(“와 ”)를 사용해야 하며 빈칸(blank)이나 escape 문자의 사용이 가능하다.

```
"C programming language."
"This is a escape character.\n"
```

2.2.2 변수

변수는 데이터를 기억시킬 수 있는 기억 장소를 사용자가 이름으로 명기한 것이다. 변수에 저장(기억)된 데이터는 프로그램의 수행 중에 필요에 따라 변할 수 있다. 변수는 저장되는 데이터의 형태에 따라 저장 장소(기억 장소)의 크기가 다르며, 저장되는 형식이 다르므로 프로그램에서 사용되기 전에 미리 선언되어야 한다. 변수의 이름은 아래와 같이 부여한다.

- 의미를 잘 설명할 수 있는 이름을 주는 것이 좋다.
- 첫 문자는 항상 밑줄(‘_’) 또는 영문자로 시작한다.
- 영문자의 대문자와 소문자는 구별된다. 즉, 다른 문자로 취급된다.
- 변수명의 최대 길이는 컴파일러에 따라 다르나 대개 31문자까지 가능하다.
- 키워드(keyword)는 변수명으로 사용될 수 없다.

예 radius, RADIUS, Radius 모두 각각 다른 변수이다.

C프로그램에서 사용되는 기본 데이터 형은 프로그램 실행 중 그 값이 변하지 않는 상수 데이터(constant data)와 프로그램 실행 중 그 값이 변할 수 있는 변수 데이터(variable data)로 구분된다. 이들 데이터는 다시 정수형, 실수형, 문자형, 문자열 등으로 구별된다.

보통 수학에서 어떤 변수 x의 값이 26.3이면, x=26.3으로 표현한다. 이때, 사용된 연산자 ‘=’

은 서로 같음(equal)을 의미한다. 그러나 C프로그램에서 x=26.3은 변수 x에 실수 26.3을 대입(assign)하는 의미이며, [그림 2-1]과 같이 기억 장소 x에 실수 26.3이 저장되는 것과 동일하다. 이때, 이전에 x에 저장되어 있던 값은 없어지고, 그 값 대신 실수 26.3이 할당(대입)된다.

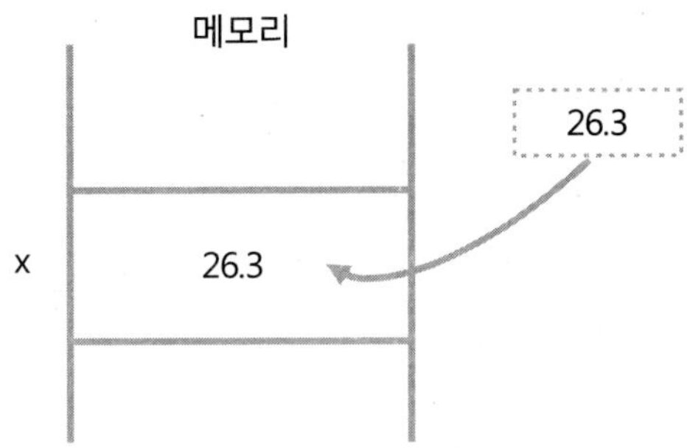

그림 2-1 변수 x에 값을 저장

2.3 자료형

2.3.1 자료형

C는 void, char, int, float, double의 5가지의 기본 자료형이 있으며, void를 제외한 기본 자료형은 C의 형 수정자(type modifier) signed, unsigned, long, short 등을 사용하여 좀 더 적합한 형태로 수정할 수 있다.

2.3.2 변수 선언 형식

1. data type 변수명1, 변수명2, …, 변수명n;
2. data type 변수명1=k1, 변수명2 = k2, …, 변수명n=kn;

형식에서 data type은 C 자료형이다. ❶에서와 같이 프로그램에서 사용할 변수명 및 자료형만 지정할 수도 있으며, ❷와 같이 각 변수에 초기값 설정을 혼용하여 선언할 수 있다.

아래 예에서 변수명 i, j, k들은 프로그램 내에서 정수형 변수로 사용되며, 변수 k는 초기 값이 0으로 설정됨을 알 수 있다. 변수 average는 실수를 저장하는데 사용되고, 변수 ch는 문자형으로 선언되었다.

```
int i, j, k=0;
float average;
char ch;
```

2.3.3 정수형

정수(integer)란 부호는 있지만 소수점 이하를 표현하지 못하는 즉, 소수점이 없는 수이다. 0, -13, 26 등의 값들은 정수이며, 1.0, 28.2, 5.4 이런 값은 소수점이 있으므로 정수가 아니다.

정수형이란 이런 정수 값을 저장할 수 있는 타입이다. 정수형 변수의 타입 이름은 integer에서 앞의 세 자를 딴 int이다. 따라서 정수형 변수 i와 j를 선언하려면 다음과 같은 선언문을 사용해야 한다.

```
int i, j;
```

키워드 int 다음에 원하는 변수 이름 그리고 마지막에 세미콜론(';')으로 구성되어 있다. 컴파일러는 이 선언문을 만났을 때 정수 값을 저장하기 위해 4바이트의 공간(컴파일러에 따라 차이가 있음)을 할당하고 이 공간에 대해 i 라는 이름을 붙여줄 것이다. 이 후, i 라는 변수명을 사용해 이 기억장소에 정수 값을 저장할 수 있고 또 값을 읽을 수도 있다.

예제 2-1

정수 변수 i를 선언한 후에 정수 33과 다른 값을 저장하고 출력한다.

예제 2-1 실행결과

```
#include <stdio.h>
main()
{
    int i; // 정수 변수 선언

    i=33; // 저장
    printf ("%d\n", i);
    i=-214748;
    printf ("%d\n", i);
}
```

```
33
-214748
Press any key to continue
```

정수형은 자료가 저장되는 기억장소의 크기에 따라 short, int, long의 세 가지로 구분된다. 그리고 부호 비트의 사용 여부에 따라 signed와 unsigned가 사용된다. 정수형에는 [표 2-2]에서 보는 바와 같이 여섯 가지가 있다.

[표 2-2] 정수형

타입	크기	부호	범위
(signed) int	4 바이트	있음	$-2,147,483,648 \sim 2,147,483,647\ (2^{31}-1)$
(signed) short (int)	2 바이트	있음	$-32,768 \sim 32,767\ (2^{15}-1)$
(signed) long (int)	4 바이트	있음	$-2,147,483,648 \sim 2,147,483,647\ (2^{31}-1)$
unsigned (int)	4 바이트	없음	$0 \sim 4,294,967,295\ (2^{32}-1)$
unsigned short (int)	2 바이트	없음	$0 \sim 65,535\ (2^{16}-1)$
unsigned long (int)	4 바이트	없음	$0 \sim 4,294,967,295\ (2^{32}-1)$

[표 2-2]를 보면 각 타입 별로 할당된 바이트 수와 부호 여부가 다르다는 것을 알 수 있다. 크기와 부호 여부에 따라 표현 가능한 수의 범위가 달라진다. 4바이트 크기의 unsigned int는 최대 약 43억이라는 큰 값을 기억할 수 있는데 비해 2바이트 크기의 unsigned short int는 65,535

까지만 기억할 수 있다. int형은 부호가 있고 4바이트의 크기를 가지므로 $-2^{31} \sim 2^{31}-1$까지의 범위를 가지는데 비해 unsigned형은 같은 4바이트이지만 부호가 없기 때문에 음수를 표현할 수 없는 대신 $0 \sim 2^{32}-1$까지 표현할 수 있다. 타입의 이름은 다음 두 가지 규칙에 의해 좀 더 간략하게 표현할 수도 있다.

- 부호에 대한 수식어가 생략되면 signed가 적용되어 부호가 있는 것으로 선언된다. signed int는 int와 같고 signed short int는 short int와 같다. 그래서 signed는 보통 붙이지 않는다.
- int 앞에 수식어가 있을 경우 int는 생략할 수 있다. 그래서 unsigned int는 unsigned로 간단하게 쓸 수 있으며 long int는 long과 같다. 부호 있는 4바이트 정수형은 signed int라고 쓰는 것이 원칙이나 signed를 생략하고 int로 쓸 수도 있고 int를 생략하고 signed로 쓸 수도 있다. 그러나 통상 signed라고 쓰지 않고 int라고 간략하게 쓰는 것이 보통이다.

2.3.4 실수형

실수란 소수점 이하를 가지는 수이며 정수형보다는 한 단계 더 확장된 범위를 포괄한다. 3.14나 57.4와 같이 정수부 다음에 소수점과 소수 이하의 소수부가 있다. 실수형은 이런 실수를 저장하는 타입이며 C에서는 크기별로 다음 두 가지 종류가 제공된다. 실수형은 부호를 가질 수 있다.

```
float  변수명;
double 변수명;
```

위와 같이 선언하는 방법은 정수형과 동일하다. 아래 [표 2-3]은 실수형의 타입과 크기, 유효자리수, 범위를 나타낸 표다.

[표 2-3] 실수형

타입	크기	유효자리수	절대값의 범위
float	4	7	$3.4 * 10^{-38} \sim 3.4 * 10^{38}$
double	8	15	$1.7 * 10^{-308} \sim 1.7 * 10^{308}$

예제 2-2

실수 변수 i를 선언하고 여기에 서로 다른 값을 대입하고 출력한다.

예제 2-2 실행결과

```
#include <stdio.h>
main()
{
    float i;      // 실수 변수 선언
    i=33.0;
    printf("%f\n", i);
    i=i / 2.3;      // i의 값을 2.3으로 나누기
    printf("%f\n", i);
}
```

```
33.000000
14.347826
Press any key to continue_
```

2.3.5 문자형

문자형이란 문자 하나를 표현하는 자료형이다. 컴퓨터는 데이터를 숫자로 처리하기 때문에 문자도 숫자로 기억한다. 이때 어떤 숫자와 어떤 문자를 대응시키는가에 따라 여러 가지 방식이 있는데 PC에서는 통상 아스키(ASCII) 코드 방식을 많이 사용한다. 아스키 코드는 0~255사이의 숫자에 문자를 대응시켜 놓았는데 [표 2-5]를 보면 대문자 'A'는 문자 코드 65(0x41)로 표현하며 문자 '1'은 49(0x31)로 표현한다.

256개의 서로 다른 문자를 기억하기 위해서는 단지 1 바이트(8bit)만 있으면 된다. 문자형은 char인데 정수형과 마찬가지로 char형도 앞에 수식어를 붙일 수 있다. 길이는 1바이트로 고정되어 있으므로 long이나 short같은 크기에 대한 수식어는 붙일 수 없고 부호의 여부에 따라 unsigned, signed 수식어만 붙일 수 있다. unsigned char형은 8비트 길이를 가지므로 0~255까지를 표현할 수 있고 signed char 형은 1바이트의 좁은 공간에도 음수 표현을 위해 제일 왼쪽 비트(Most Significant Bit: MSB)를 부호 비트로 사용한다.

[표 2-4] 문자형 타입

타 입	크 기	부 호	범 위
signed char	1	있음	-128~127
unsigned char	1	없음	0~255

예제 2-3

문자형 변수 i를 선언하고 상수 값을 대입하고 출력한다.

예제 2-3 실행결과

```
#include 〈stdio.h〉
main()
{
    char i;
    i='A';
    printf("%c %d\n", i , i);
    i=i-12;
    printf("%c %d\n", i , i);
}
```

참조 변수의 선언 앞에 const를 사용하여 상수로 사용할 수 있다. 아래의 예에서 e와 m은 상수를 가지는 변수로 사용 된다.

```
const double e = 2.71828182845905;
const char m = 'A';
```

[표 2-5] 아스키코드표 (ASCII CODE)

10진수	16진수	문자	10진수	16진수	문자	10진수	16진수	문자
0	0	Null	43	2B	+	86	56	V
1	1	SOH	44	2C	,	87	57	W
2	2	STX	45	2D	-	88	58	X
3	3	ETX	46	2E	.	89	59	Y

4	4	EOT	47	2F	/	90	5A	Z
5	5	ENQ	48	30	0	91	5B	[
6	6	ACK	49	31	1	92	5C	\
7	7	Bell	50	32	2	93	5D	]
8	8	BS	51	33	3	94	5E	^
9	9	Tab	52	34	4	95	5F	_
10	A	LF	53	35	5	96	60	
11	B	VT	54	36	6	97	61	a
12	C	FF	55	37	7	98	62	b
13	D	CR	56	38	8	99	63	c
14	E	SO	57	39	9	100	64	d
15	F	SI	58	3A	:	101	65	e
16	10	DLE	59	3B	;	102	66	f
17	11	DC1	60	3C	〈	103	67	g
18	12	DC2	61	3D	=	104	68	h
19	13	DC3	62	3E	〉	105	69	i
20	14	DC4	63	3F	?	106	6A	j
21	15	NAK	64	40	@	107	6B	k
22	16	SYN	65	41	A	108	6C	l
23	17	ETB	66	42	B	109	6D	m
24	18	CAN	67	43	C	110	6E	n
25	19	EM	68	44	D	111	6F	o
26	1A	SUB	69	45	E	112	70	p
27	1B	ESC	70	46	F	113	71	q
28	1C	FS	71	47	G	114	72	r
29	1D	GS	72	48	H	115	73	s
30	1E	RS	73	49	I	116	74	t
31	1F	US	74	4A	J	117	75	u
32	20	공백	75	4B	K	118	76	v
33	21	!	76	4C	L	119	77	w
34	22	"	77	4D	M	120	78	x
35	23	#	78	4E	N	121	79	y
36	24	$	79	4F	O	122	7A	z
37	25	%	80	50	P	123	7B	{
38	26	&	81	51	Q	124	7C	|
39	27	'	82	52	R	125	7D	}
40	28	(	83	53	S	126	7E	~
41	29	)	84	54	T	127	7F	Del
42	2A	*	85	55	U			

2.4 기본 입출력문

C의 중요한 기본 요소 중 하나는 라이브러리 함수이며, ANSI C 표준은 모든 C컴파일러에서 제공해야 하는 기본 라이브러리 함수를 규정하고 있다. 이것은 일반적으로 C 표준 라이브러리(standard library)라 부르며, 대부분의 C프로그램들은 C 표준 라이브러리에 있는 함수들을 이용한다. 그 중 가장 기본이 되며 앞으로 학습에 많이 사용하는 표준 입출력 함수를 먼저 학습하고, 나머지 함수들에 대한 상세한 설명은 어느 정도 C의 구문을 이해한 후 점진적으로 학습하기로 한다.

2.4.1 입출력 명령형식

❶ printf ("형식 문자열", 인자);
❷ scanf ("형식 문자열", &인자);

형식 ❶은 화면에 데이터를 일정한 형식으로 출력하기 위해 가장 많이 사용하는 출력 형식이며, 형식 문자열은 단순 문자, 변환 문자, escape 문자 세 가지 요소로 구성된다. 출력문에서 인자는 출력할 변수나 수식을 나타내고, 입력문에서 인자는 자료를 저장할 기억장소의 주소를 나타낸다. 아래와 같이 첫 번째 출력문은 화면에 문자열 "Computer Science"를 출력하고, 두 번째 출력문은 문자열과 함께 '%d' 자리에 x의 값 3이 출력된다.

```
int x=3;
printf("Computer Science\n");
printf("x=%d\n", x);
```

위의 출력 문장을 실행하면 다음과 같이 출력된다.

```
Computer Science
x=3
```

형식 ❷는 표준 입력 장치인 키보드로부터 데이터를 입력하는 함수로 일정한 형식에 의해 다양한 형태의 데이터를 입력할 수 있다. 형식 문자열은 % 다음에 데이터 형태를 지정하는 제어 문자열로 구성되며, 인자 앞에 &(주소 연산자)를 붙여 사용해야 한다(문자열 제외). 아래 문장을 실행하여 키보드에서 정수를 입력하면 정수형 변수 x에 데이터가 저장된다.

```
scanf("%d", &x);
 |      | └──────▶ 입력 변수
 |      └────────▶ 주소 연산자
 └───────────────▶ 정수형 데이터 형 지정
```

C컴파일러는 라이브러리 함수들을 처리하기 위하여 다수의 표준 헤더파일들을 제공한다. 이 파일들은 모두 확장자 '.h'를 가지며, 프로그램에서 라이브러리 함수를 사용할 때 필요한 헤더 파일들이 반드시 선언되어야 한다. 이들 표준 헤더 파일들을 명시하기 위해서는 프로그램의 첫 머리에 #include란 선행처리 지시자를 사용한다. 만약 형식 ❶, ❷를 프로그램에서 사용할 경우 #include 〈stdio.h〉 로 명기해야 한다. 좀 더 상세한 내용은 뒷장에서 다루기로 한다.

[표 2-6]과 [표 2-7]은 표준 입출력 함수 printf()와 scanf()에서 많이 사용되는 변환 문자와 escape 문자를 보여 준다. escape 문자는 함수 printf()에서 인쇄할 수 없거나 키보드로 표현할 수 없는 특별한 문자를 말하며, 백슬래시('\')와 결합하여 표기한다.

[표 2-6] 자주 사용하는 변환 문자의 종류

변환 문자	의 미
%d	부호 있는 정수형 10진수
%x or %X	부호 없는 정수형 16진수
%f	부동 소수점 소수점형
%c	1개 문자
%s	문자열

[표 2-7] 자주 사용하는 escape 문자

escape	기 능
\n	커서를 다음 줄로 바꿈
\t	커서를 tab만큼 이동
\“	“ 문자를 출력
\‘	‘ 문자를 출력
%%	% 문자를 출력

2.4.2 수치 데이터의 출력

printf()는 하나의 표준 라이브러리 함수로서 stdio.h에 정의되어 있으며, 데이터를 표준 출력 장치인 모니터로 출력할 때 사용한다. printf() 함수에 의하여 문자열이나 숫자를 출력할 때에는 printf 다음의 괄호 속에 출력할 형식과 출력할 내용을 인용부호(“ ”)를 이용하여 표시한다.

수치 자료는 크게 정수와 실수로 구분된다. 정수(int 형)는 변환자로 ‘d’를 사용하고, 실수(float 형)는 ‘f’를 사용하여 나타낸다.

예제 2-4

정수 변수 x에 345를 , 실수 변수 y에 34.564를 저장하고 여러 가지 형식으로 출력한다.

예제 2-4 실행결과

```
#include <stdio.h>
main()
{
    int x = 345;
    float y = 34.564;

    printf("1234567890\n");
    printf("%d\n", x);
    printf("%10d\n", x); /* x를 열 칸에 맞추어 출력한다. */
    printf("%-10d\n", x); /* x를 열 칸에 맞추어 출력하고 출력은 왼쪽에 맞춘다. */
    printf("%010d\n", x); /* x를 열 칸에 맞추어 출력하고 남는 공백을 0으로 채운다. */
```

```
    printf("%f\n", y);
    printf("%.1f\n", y);      /* y를 소수점 이하 1자리까지 출력한다. */
    printf("%-10.2f\n", y); /* y를 소수점 이하 2자리, 전체 자릿수는 10자리,
                              출력은 왼쪽에 맞추어 출력 */
}
```

```
1234567890
345
       345
345
0000000345
34.563999
34.6
34.56
계속하려면 아무 키나 누르십시오 . . .
```

2.4.3 문자열의 출력

문자열을 출력하려면 printf 다음의 괄호() 속에 출력할 문자열을 인용 부호 내에 기술한다. 문자열 속에 포함된 줄바꿈 문자('\n')는 커서를 다음 줄의 첫 칸으로 이동시킨다.

예제 2-5

줄 바꿈 문자('\n')를 사용하지 않거나 또는 포함하여 문자열을 출력한다.

예제 2-5 실행결과

```
#include <stdio.h>
main()
{
    printf("무궁화 ");
    printf("무궁화\n");
    printf("우리 나라 꽃\n");
    printf("\n");
    printf("삼천리 강산에\n");
    printf("우리 나라 꽃");
}
```

참조 아래의 두 문장은 오른쪽의 주석문과 같이 한 문장으로 표시할 수 있다.

```
printf("우리 나라 꽃\n");
printf("\n");            // printf("우리나라 꽃\n\n");
```

2.4.4 scanf()를 이용한 데이터 입력

키보드에서 자료를 입력하려면 scanf() 함수를 이용한다. 입력 형식은 다음과 같다.

---

scanf ("변환문자", 인자1, 인자2...);

---

a. 변환문자는 입력 자료의 형을 지정한다.

b. 인자는 입력 자료가 저장될 기억장소(변수)의 주소를 나타내며, 변환문자의 개수와 같아야 한다.

c. 일반 변수를 인자로 사용할 때는 인자 앞에 주소 연산자('&')를 사용한다. 문자열을 저장하는 장소에는 사용하지 않는다.

d. 여러 개의 데이터를 입력할 때 데이터 사이의 구분은 공백 또는 엔터키로 구분한다.

예 나이(정수), 몸무게(실수), 혈액형(문자), 이름(문자열) 입력

```
int age; float weight; char btype, name[11]; // 변수 선언

printf ("나이와 몸무게(Kg) 입력:"); // 입력 메시지
scanf ("%d %f", &age, &weight);
printf ("혈액형과 이름 입력:"); // 입력 메시지
scanf ("%c %s", &btype, name); // name은 주소를 나타냄
```

위 문장을 실행하여 입력 메시지가 아래와 같이 나타나면 키보드에서 자료를 입력하고 [Enter]를 누른다. 밑줄로 표시된 부분은 키보드에서 입력하는 자료를 나타낸다.

나이와 몸무게(Kg) 입력: 20 60.4[Enter]
혈액형과 이름 입력: A 김한국[Enter]

예제 2-6

두 정수값을 입력받아 변수 a와 b에 저장하고 그 합을 출력한다.

예제 2-6 실행결과

```
#include 〈stdio.h〉
main()
{
    int a, b, sum;

    printf("input two numbers:");
    scanf("%d %d", &a, &b); /* 정수 두 개를 입력받아 변수 a와 b에 저장 */
    sum = a + b;
    printf("sum of two numbers: %d\n", sum);
}
```

```
input two numbers : 23 42
sum of two numbers : 65
Press any key to continue
```

예제 2-7

정수, 실수, 문자를 입력하여 변수 x, y, z에 저장하고 순서대로 출력한다.

예제 2-7 실행결과

```
#include 〈stdio.h〉
main()
{
```

```
    int x;
    float y;
    char ch;

    printf("10진정수, 실수, 단일문자를 입력하시오 !\n");
    scanf("%d %f %c", &x, &y, &ch);
    printf("10진정수: %d, 실수 :%f, 단일문자 :%c\n", x, y, ch);
}
```

```
10진정수, 실수, 단일문자를 입력하시오 !
23 -53.7 c
10진정수 :23, 실수 :-53.700001, 단일문자 :c
Press any key to continue
```

2.5 컴퓨터 수 체계

사람이 산술 연산을 하거나 수량을 나타내기 위해 십진수를 사용하고 있다. 그러나 컴퓨터 내부에서는 수의 표현과 연산에 이진법을 사용하고 있어 우리가 익숙하게 표현하는 수체계와 컴퓨터 수체계가 서로 다른 경우가 많이 있다. 이 절에서는 제한된 길이로 양의 정수 및 음의 정수 표현 방법과 이진수와 십진수 상호 변환관계에 관하여 간단하게 설명한다.

2.5.1 2진수의 10진수 변환

10진법에서 모든 자리는 1의 자리, 10의 자리, 100의 자리, 1000의 자리 등으로 구분하여 표시할 수 있다. 예를 들면, 10진수 2,945는 다음과 같이 분해하여 표기할 수 있다.

$$2{,}945 = 2000 + 900 + 40 + 5$$

10의 멱수(power)로 표기하면 다음과 같다.

$$2{,}945 = 2\times10^3 + 9\times10^2 + 4\times10^1 + 5\times10^0$$

이와 비슷한 방법으로 어떠한 2진수도 간단하게 부분으로 분해하여 2의 멱수로 표현할 수 있다. 예를 들어, 2진수 111은

$$111 = 100 + 10 + 1$$

이 된다.

이와 동등한 10진수로 표시하면 흥미로운 사실을 알게 된다.

111	=	100	+	10	+	1	2진수
↓		↓		↓		↓	
7	=	4	+	2	+	1	10진수

따라서 2진수를 부분으로 나눠 표현하는 것은 그와 동등인 10진수를 1, 2, 4, 8 등으로 쪼개어 표시하는 것과 같다는 것을 알 수 있다. 바꾸어 말하면 2진수 각 자리수는 그 자리에 따라 어떤 특정한 값을 갖고 있다는 의미가 된다. 가장 오른쪽 자리에 있는 자리수는 1의 자리값을 가지며, 오른쪽에서 두 번째 자리에 있는 자리수는 2, 그 다음은 차례로 4, 8, 16, 32, … 등의 자리값을 갖는다. 즉, 2진수가 갖는 각 자리값을 10진수로 표시하면 아래와 같다.

32	16	8	4	2	1

또, 이를 2의 멱수로 표시하면 아래와 같이 된다.

2^5	2^4	2^3	2^2	2^1	2^0

즉, 2진수를 그에 대응 하는 10진수로 변환하려면 다음과 같이 하면 된다.

❶ 어느 자리에 1이 있으면, 그 자리 값을 더하라.

❷ 어느 자리에 0이 있으면, 그 자리 값을 무시하라.

예를 들어, 2진수 101, 1011, 11001을 대응하는 10진수로 표시하면 다음과 같이 표현된다.

101 → 4 + 0 + 1 =5

1011 → 8 + 0 + 2 + 1 = 11

11001 → 16 + 8 + 0 + 0 + 1 = 25

2.5.2 10진수의 2진수 변환

10진수를 그와 동등인 2진수로 변환하는 한 가지 방법은 앞에서 기술한 과정을 거꾸로 행하면 된다. 예를 들어, 10진수 9를 2진수로 변환한다고 생각해 보자. 9를 2의 멱수로 표시한 다음, 적절한 자리에 1 혹은 0을 써 넣기만 하면 된다. 예를 들어, 9와 25에 대한 변환은 다음과 같다.

$$9 = 8 + 1 = 8 + 0 + 0 + 1 \rightarrow 1001$$

$$25 = 16 + 8 + 1 = 16 + 8 + 0 + 0 + 1 \rightarrow 11001$$

10진수를 2진수로 변환하는 좀 더 일반적인 방법은 소위 말하는 더블 대블법(double dabble method)이다. 이 방법에 따르면 주어진 10진수를 2로 나누어 나머지 수를 옆에 써 놓고, 나누어진 수를 다시 2로 나누고 나머지 수를 옆에 써 놓는다. 이러한 나눗셈을 반복한 후에 나머지 수들을 거꾸로 주워 모으면 그것이 구하는 2진수가 된다. 몇 개의 예를 다루면 이 방법을 이해할 수 있을 것이다. 10진수 9를 2진수로 바꾸어 보자.

9 ÷ 2 = 4 나머지 1

4 ÷ 2 = 2 나머지 0

2 ÷ 2 = 1 나머지 0

1 ÷ 2 = 0 나머지 1

제1단계에서 9를 2로 나누어 4를 얻고 나머지 수가 1이 되었다. 다음 단계에서 처음 나눗셈에서 얻은 첫 번째 몫(4)을 2로 나누어 몫 2와 나머지 수 0을 얻는다. 이렇게 차례로 몫을 2로 나누면서 그때마다 나머지 수를 기록한다. 제일 마지막 단계에서는 1÷2=0이고 나머지 수 1을 얻는다. 즉, 1은 2로 나눌 수 없다는 뜻이므로 몫은 0이고, 나머지 수가 1이 되는 것이다. 이제 나머지 수들을 거꾸로(아래서 위로) 주워 모으면 답으로 1001을 얻는다.

2.5.3 보수

2진수에서 **1의 보수**(1's complement)라 함은 0을 1로, 1을 0으로 바꿈으로써 얻어지는 수를 말한다. 즉 100의 1의 보수는 011이 되며, 1001의 1의 보수는 0110이 된다. 다음 보기에서 1의 보수를 보여준다.

0101의 1의 보수는 1010

0001의 1의 보수는 1110

1100의 1의 보수는 0011

2진법에서 **2의 보수**(2's complement)는 1의 보수에 1을 더하여 얻어지는 수를 말한다.

2의 보수 = 1의 보수 + 1

예를 들어, 1011의 2의 보수를 구하려면, 처음에 1의 보수인 0100을 구한 다음, 여기에 1을 더하면, 1011의 2의 보수로서 0101이 얻어진다.

또 다른 보기로서 11001의 2의 보수를 구하여 보자. 1의 보수로서 00110이 얻어지고, 여기에 1을 더하면 00111이 된다. 따라서 11001의 2의 보수는 00111이 된다. 다음에 2의 보수를 구하는 예를 더 들어 보자.

2진수	2의 보수
1110	0001 + 1 = 0010
0001	1110 + 1 = 1111
10110	01001 + 1 = 01010

컴퓨터 내부에서 정수의 음수 표현은 2의 보수로 표현된다. 아래 예와 같이 8비트로 표현되는 정수는 -2^7 ~ $+2^7-1$ 까지 표현될 수 있다.

양의 정수를 2진수로 표현할 경우 앞의 잉여 자리는 모두 0으로 채워진다. 그러나 음의 정수를 2 진수 2의 보수 형태로 표현할 경우 앞의 잉여 자리는 모두 1로 채워진다.

10진수	2진수
0	0 0 0 0 0 0 0 0
1	0 0 0 0 0 0 0 1
2	0 0 0 0 0 0 1 0
3	0 0 0 0 0 0 1 1
4	0 0 0 0 0 1 0 0
5	0 0 0 0 0 1 0 1
⋮	⋮
125	0 1 1 1 1 1 0 1
126	0 1 1 1 1 1 1 0
127	0 1 1 1 1 1 1 1
−128	1 0 0 0 0 0 0 0
−127	1 0 0 0 0 0 0 1
−125	1 0 0 0 0 0 1 0
⋮	⋮
−6	1 1 1 1 1 0 1 0
−5	1 1 1 1 1 0 1 1
−4	1 1 1 1 1 1 0 0
−3	1 1 1 1 1 1 0 1
−2	1 1 1 1 1 1 1 0
−1	1 1 1 1 1 1 1 1

연습문제

1 아래의 그림을 출력하는 프로그램을 작성하시오.

☞ 실행 결과

```
*
* * *
* * * * *
* * * * * * *
* * * * * * * * *
```

a) printf( ) 함수를 5개 사용하여 작성하시오.

b) printf( ) 함수를 1개 사용하여 작성하시오.

2 아래의 두 단어를 실행 결과와 같이 출력하는 프로그램을 작성하시오.

Programming , Language

☞ 실행 결과

Programming

Language

3 정수 데이터 x, y를 읽어 a) 덧셈(x+y), b) 각 수의 제곱(x*x, y*y), c) 상호 간 뺄셈(x−y) 계산을 하는 프로그램을 완성하시오.

4 문자 데이터 'X', 'Y', 'Z'를 읽어 a) 화면에 문자와 b) ASCII 코드값을 출력하는 프로그램을 완성하시오.

5 각 자료형(문자, 실수, 정수형)의 데이터의 표현 범위를 테스트하시오.

6 사각형의 가로, 세로 길이를 입력받아서 넓이를 구하는 프로그램을 작성하시오.

3 연산자

3 연산자

C프로그램에서 사용되는 연산자(operator)는 변수와 상수 등 기본적인 자료를 대상으로 연산을 지시하는 기호이며, 연산의 대상이 되는 것을 피연산자(operand)라고 한다. 연산자가 요구하는 피연산자의 수에 따라 단항 연산자(unary operator), 2항 연산자(binary operator), 3항 연산자(ternary operator) 등으로 구분된다. C연산자는 다른 고급 언어의 연산자와 달리 기계코드의 연산자 명령어와 거의 대응 되도록 설계되어 있어 프로그램 작성이 간결하고 실행 속도가 빠르다.

```
area = 3.14159 * (radius * radius);
```

피연산자(operand)

연산자(operator)

C는 아주 많은 종류의 연산자를 제공하는데 이런 풍부한 연산자 지원이 C의 큰 장점이기도 하다. 제공하는 연산자가 많다는 것은 그만큼 데이터를 가공할 수 있는 능력이 탁월하다는 뜻이다. 이런 연산자들을 자유자재로 사용할 수 있으면 복잡한 연산을 간단하게 처리할 수 있다. 연산자를 종류별로 분류해 보도록 하자. 분류 방법에는 여러 가지가 있지만 일단 연산자의 기능별로 분류하는 것이 가장 일반적이다. [표 3-1]은 기능적으로 분류한 연산자의 종류를 보여준다.

연산자의 우선순위는 ① 괄호() 안의 식이 가장 먼저 실행된다. ② 4칙 연산은 (*, /), (+, -) 순으로 실행된다. ③ 우선순위가 동일한 연산자인 경우 몇몇 연산자를 제외하고 일반적으로 좌측에서 우측으로 실행된다. 알기 쉽게 코딩하기 위하여 괄호를 사용하는 것이 바람직하다.

사칙 연산자는 피연산자로 정수형이나 실수형 모두 사용할 수 있다. 그러나 나머지 연산자 %의 피연산자는 항상 정수형이어야 한다.

[표 3-1] 연산자의 종류

<table>
<tr><th>종 류</th><th>연 산 자</th></tr>
<tr><td>산술 연산자</td><td>+ - * / %</td></tr>
<tr><td>부호 연산자</td><td>+ -</td></tr>
<tr><td>대입 연산자</td><td>= += -= *= /= %= &= |= ^= 〈〈= 〉〉=</td></tr>
<tr><td>관계 연산자</td><td>== != 〈= 〈 〉= 〉</td></tr>
<tr><td>증감 연산자</td><td>++ --</td></tr>
<tr><td>포인터 연산자</td><td>* & []</td></tr>
<tr><td>구조체 연산자</td><td>. -〉</td></tr>
<tr><td>논리 연산자</td><td>|| && !</td></tr>
<tr><td>비트 연산자</td><td>| & ~ 〉〉 〈〈</td></tr>
<tr><td>조건(삼항) 연산자</td><td>? :</td></tr>
<tr><td>쉼표 연산자</td><td>,</td></tr>
<tr><td>sizeof 연산자</td><td>sizeof</td></tr>
<tr><td>형변환 연산자</td><td>(type) type()</td></tr>
<tr><td>괄호 연산자</td><td>()</td></tr>
</table>

[표 3-2] 연산자의 우선순위

<table>
<tr><th>우선순위</th><th colspan="2">형(명칭)</th><th>가지수</th><th>연 산 자</th></tr>
<tr><td>1 높음</td><td colspan="2"></td><td>4</td><td>(), [], . , -〉</td></tr>
<tr><td>2</td><td colspan="2">단항연산자</td><td>10</td><td>* , &, +(단항), -(단항), !, ~, ++, --, sizeof, (type)</td></tr>
<tr><td>3</td><td rowspan="10">이항연산자</td><td>곱셈 연산자</td><td>3</td><td>* , /, %</td></tr>
<tr><td>4</td><td>덧셈 연산자</td><td>2</td><td>+, -</td></tr>
<tr><td>5</td><td>시프트 연산자</td><td>2</td><td>〉〉, 〈〈</td></tr>
<tr><td>6</td><td>관계 연산자</td><td>4</td><td>〈, 〉, 〈=, 〉=</td></tr>
<tr><td>7</td><td>관계 연산자</td><td>2</td><td>==, !=</td></tr>
<tr><td>8</td><td>비트 AND 연산자</td><td>1</td><td>&</td></tr>
<tr><td>9</td><td>비트 XOR 연산자</td><td>1</td><td>^</td></tr>
<tr><td>10</td><td>비트 OR 연산자</td><td>1</td><td>|</td></tr>
<tr><td>11</td><td>논리 AND 연산자</td><td>1</td><td>&&</td></tr>
<tr><td>12</td><td>논리 OR 연산자</td><td>1</td><td>||</td></tr>
</table>

<table>
<tr><td>13</td><td></td><td>삼항</td><td>조건 연산자</td><td>1</td><td>? :</td></tr>
<tr><td>14</td><td></td><td rowspan="2">이항</td><td>대입 연산자
복합대입연산자</td><td>11</td><td>=, +=, -=, * =, /=, %=,
&=. |=, ^=, <<=, >>=</td></tr>
<tr><td>15</td><td>낮음</td><td>콤마 연산자</td><td>1</td><td>,</td></tr>
</table>

참조 연산자의 결합법칙(즉, 순위가 같은 연산자가 연달아 나올 경우)은 대부분 좌에서 우로 수행되나, 단항연산자, 조건연산자, 및 대입 연산자는 우에서 좌로 수행된다.

[예] a + b - c; x = y = z = 0;

3.1 산술 연산자

3.1.1 연산자의 사용 형식

산술 연산자는 +(덧셈), -(뺄셈), *(곱셈), /(나눗셈), %(나눗셈 나머지)가 제공되며, 나머지 연산자 %는 정수형 연산에서만 사용할 수 있다. 연산자의 사용 형식은 다음과 같다.

사용 형식	연산	사용 예	결과(a=2, b=3일 때)
피연산자1 + 피연산자2	더하기	a + b	5
피연산자1 - 피연산자2	빼기	a - b	-1
피연산자1 * 피연산자2	곱하기	a * b	6
피연산자1 / 피연산자2	나누기	a / b	0
피연산자1 % 피연산자2	나머지	a % b	2

C프로그램에서는 다섯 개의 산술연산자만이 사용된다. 거듭제곱(x^k)과 상용 로그(log) 및 자연 로그(ln)를 계산하는 연산자는 없으므로 math 라이브러리 함수를 사용하여야 한다. 대개의 경우 피연산자들을 연산자와 붙여 사용할 수 있으나 문자 연산일 경우 오류가 발생할 수 있으므로 연산자와 띄어 쓰는 것이 바람직하다.

사칙연산에서 피연산자의 자료형이 모두 같으면 연산의 결과도 같은 자료형이다. 즉, 정수 계산에서 나눗셈은 계산 결과의 몫이 소수점 이하 절삭되므로 주의해야 한다. 그러나 연산에 참여하는 자료형이 다르면, 표현 범위가 작은 자료형을 표현의 범위가 큰 자료형으로 변환하여 연산을 수행한다. 아래에는 연산의 결과를 보여준다.

27 / 4 → 6
31.98 / 3 → 10.663333
3 * (7 / 3) → 3 * (2) → 6

예제 3-1

변수 i에 24를 저장하고 이 값에 산술 연산자를 적용하여 출력한다. 여기서 '%' 기호를 출력하기 위해서 '%%' 기호를 사용해야 한다.

예제 3-1 실행결과

```
#include <stdio.h>
main()
{
    int i;
    i = 24;
    printf("i * 3 = %d\n", i * 3);
    printf("i + 10 = %d\n", i + 10);
    printf("i - 30 =%d\n", i - 30);
    printf("i / 4 = %d\n", i / 4);
    printf("i %% 5 = %d\n", i % 5);
}
```

```
i * 3 = 72
i + 10 = 34
i - 30 = -6
i / 4 = 6
i % 5 = 4
Press any key to continue_
```

연습 초기치가 3.14인 float 변수 x를 선언하고, x + 5,67, x - 5.67, x * 5.67, x / 5.67를 구하는 프로그램을 작성하라.

예제 3-2

표준 입력으로 두 개의 정수를 입력 받아 변수 num1과 num2에 저장하고, 두 수의 곱과 합을 출력한다.

예제 3-2 실행결과

```
#include <stdio.h>
main()
{
    int num1, num2;
    printf("정수1 입력?"); scanf("%d", &num1);
    printf("정수2 입력?"); scanf("%d", &num2); /* 두 수의 곱 */
    printf("%d * %d = %d\n", num1, num2, num1 * num2); /* 두 수의 합 */
    printf("%d + %d = %d\n", num1, num2, num1 + num2);
}
```

연습 직사각형의 가로와 세로의 길이(실수값)를 입력하여 면적과 둘레를 구하는 프로그램을 작성하라.

예제 3-3

다음 프로그램은 키(cm)를 입력하여 피트로 계산하여 출력한다. 1피트는 30.48센치이다.

예제 3-3 실행결과

```
#include <stdio.h>
main()
{
    float height, feet;

    printf("키를 입력하시오(cm):");
    scanf("%f", &height);
    feet = height / 30.48;
```

```
    printf("%.f cm는 %.1f 피트입니다.\n", height, feet);
}
```

```
키를 입력하시오(cm) : 180
180 cm는 5.9 피트입니다.
계속하려면 아무 키나 누르십시오 . . .
```

3.2 단항 연산자

피연산자를 하나만 요구하는 연산자를 단항 연산자라고 한다. 단항 연산자의 사용 형식은 다음과 같다.

연산자 형식	기 능	사용 예	결과(a=3일때)
❶ - 피연산자	부호 반대	-a	-3
❷ ++피연산자	1 증가	++a	4
❸ 피연산자++	1 증가	a++	4
❹ --피연산자	1 감소	--a	2
❺ 피연산자 --	1 감소	a--	2
❻ (type) expression	형 변환	(float) a	3.0
❼ sizeof (type)	기억장소의 크기	sizeof (int)	4
❽ sizeof varname	기억장소의 크기	sizeof a	4

형식 ❶은 단항 마이너스(minus) 연산자로 피연산자의 부호를 반대로 바꾸어 준다. 형식 ❷와 ❸은 증가 연산자(increment operator)이며 피연산자의 값을 1 증가 시킨다. 증가 연산자가 대입 연산자(=)와 함께 사용되면 형식 ❷는 피연산자를 먼저 증가시킨 후 대입 연산자가 실행되며, 형식 ❸은 대입 연산자가 실행된 후 피연산자가 증가된다.

형식 ❹와 ❺는 감소 연산자(decrement operator)로 피연산자의 값을 1 감소시킨다. 증가 연산자와 같이 대입 연산자와 함께 사용되는 형식 ❹는 피연산자를 먼저 1 감소시킨 후 대입 연산자가 실행되고, 형식 ❺는 대입 연산자가 먼저 실행 된 후 피연산자를 1 감소시킨다.

증가·감소 연산자는 변수, 배열의 원소, 포인터 변수에만 사용 가능하고 상수나 수식의 연산자로는 사용할 수 없다. 그리고 피연산자의 앞에 위치(전치)할 때는 피연산자의 값을 먼저 증가 또는 감소시킨다. 피연산자의 뒤에 위치(후치)할 때는 문장의 다른 기능을 다 수행한 후에 자신을 증가 또는 감소시킨다. 아래 왼쪽의 출력 문장은 오른쪽의 두 문장과 동일하다.

printf (“x: %d\n”, x++);	printf (“x: %d\n”, x); x++;

형식 ❻은 임의의 수식에 사용된 변수의 자료형을 변환시킬 때 사용된다. type은 char, int, float, long, double 등 자료형에 사용된 형식을 모두 사용할 수 있으며, 뒤에 기술된 수식의 결과 값에 대하여 해당 자료형으로 변환한다. 이러한 연산자를 형변환(type cast) 연산자라 한다. 예를 들어, 정수 변수 n에 3이 저장되어 있다면 float(n)의 결과는 3.0이 된다. 이때 n의 값은 변화지 않는다.

형식 ❼, ❽은 연산 대상의 자료형 또는 피연산자의 크기를 바이트 수로 계산할 때 사용된다. 자료형의 크기는 사용하는 컴파일러에 따라 다를 수 있다. [표 3-3]은 단항 연산자의 사용 예와 결과를 보여준다.

[표 3-3] 단항 연산자의 사용 예 (int x = 22; float y = 23.34; char ch;)

수 식	우선 순위	변 수 값	결 과
++x	x ← x + 1	x = 22	x : 23
y = ++x	x ← x + 1 y ← x	〃	x : 23 y : 23
y = x++	y ← x x ← x + 1	〃	y : 22 x : 23
--x	x ← x - 1	〃	x : 21
y = --x	x ← x - 1 y ← x	〃	x : 21 y : 21

y = x--	y ← x x ← x - 1	"	y : 22 x : 21
(float) x		"	22.0
(int) y		y = 23.34	23
sizeof x		int x	4
sizeof y		float y	4
sizeof ch		char ch	1
sizeof(double)			8

예제 3-4

'i++'의 의미는 i = i + 1로 해석할 수 있다. '++i' 역시 i=i+1과 같은 계산을 하지만 순서에 있어서 'i++'는 i를 먼저 출력하고 덧셈을 수행한다. '++i'는 덧셈을 먼저 실행하고 출력한다는 순서의 차이가 있다

예제 3-4 실행결과

```
#include <stdio.h>
main()
{
    int i;
    i = 24;
    printf("i = %d\n", i);
    printf("i++ = %d\n", i++);
    printf("i = %d\n", i);
    printf("i-- = %d\n", i--);
    printf("i = %d\n", i);
    printf("--i = %d\n", --i);
    printf("++i = %d\n", ++i);
}
```

```
i = 24
i++ = 24
i = 25
i-- = 25
i = 24
--i = 23
++i = 24
Press any key to continue
```

예제 3-5

증·감 단항 연산자를 대입 연산자와 함께 사용하였을 경우 결과를 보여준다.

예제 3-5 실행결과

```
#include <stdio.h>
main()
 {
   int i, j, k;

   i = j = 5;
   printf("i = %d\tj = %d\t\t", i, j);
   k = ++i + j--;
   printf("(++i + j--) = %d\n", k);

   i = j = 5;
   printf("i = %d\tj = %d\t\t", i, j);
   j += --i;
   printf("( j+= --i) = %d\n", j);

   i = j = 5, k = 3;
   printf("i = %d\tj= %d\t\tk = %d\t", i, j, k);
   k  * = i + ++j;
   printf("k *  = i + ++j) = %d\n", k);
}
```

```
i = 5   j = 5           (++i + j--) = 11
i = 5   j = 5           ( j+= --i) = 9
i = 5   j= 5            k = 3   k * = i + ++j) = 33
Press any key to continue
```

예제 3-6

단항 연산자 sizeof를 사용하여 데이터 형과 변수에 대하여 기억장소의 크기를 출력한다.

예제 3-6 실행결과

```
#include <stdio.h>
main()
{
```

```
    char c = ‘A’;
    int  i, j;
    float x = 102.45;
    double y;

    i = sizeof(char);
    printf(“sizeof(char) = %d\t\t”, i);
    i = sizeof(int);
    printf(“sizeof(int) = %d\n”, i);
    i = sizeof(float);
    printf(“sizeof(float) = %d\n”, i);
    j = (int)x;
    y= (double)c;
    printf(“(int)x = %d  (double)c = %lf\n”, j, y);
    i = sizeof j;
    printf(“sizeof j = %d\n”, i);
}
```

```
sizeof(char) = 1                sizeof(int) = 4
sizeof(float) = 4
(int)x = 102  (double)c = 65.000000
sizeof j = 4
Press any key to continue
```

연습 double과 long double의 길이를 구하는 프로그램을 작성하라.

3.3 관계 및 논리 연산자

관계 연산자는 두 수식 간 혹은 두 변수 간의 관계를 참(true) 혹은 거짓(false)으로 나타내고, 상호 비교하여 그 결과를 알고자 할 때 사용된다. 참일 때는 1, 거짓일 때는 0으로 표현된다. 그리고 논리 연산자는 참 또는 거짓에 대한 논리 연산을 수행한다. 사용 형식은 다음과 같다.

종류	사용 형식	기능	사용 예
관계 연산자	❶ 피연산자1 == 피연산자2	같다	a == b
	❷ 피연산자1 != 피연산자2	다르다	a != b
	❸ 피연산자1 〉 피연산자	크다	a 〉 b
	❹ 피연산자1 〉= 피연산자2	크거나 같다	a 〉= b
	❺ 피연산자1 〈 피연산자2	작다	a 〈 b
	❻ 피연산자1 〈= 피연산자2	작거나 같다	a 〈= b
논리 연산자 (logical operator)	❼ 피연산자1 && 피연산자2	논리 곱	a && b
	❽ 피연산자1 || 피연산자2	논리 합	a || b
	❾ !피연산자1	논리 부정	!a

형식 ❶과 형식 ❷는 왼편의 변수 혹은 수식의 값과 오른편의 수식 혹은 변수의 값이 서로 같은지 다른지를 판정하는 연산자이다. 형식 ❸, ❹, ❺, ❻은 왼편의 수식과 오른편의 수식 사이의 크고 작음을 판정하는 연산자로 == 와 != 연산자보다 우선순위가 앞선다.

관계 연산자의 사용 예는 다음과 같다. 여기서 'a'는 97, 'A'는 65와 같다.

('a' + 1) == 98	1(참)
'a' != 'A'	1(참)
'a' 〈 89	0(거짓)
('a' + 1) !='b'	0(거짓)

서로 다른 두 개의 기호로 구성된 관계연산자(〉=)는 연산 기호의 순서가 명확해야 한다. 예를 들어, 크거나 같을 때 사용하는 관계연산자 '〉='를 '=〉'와 같은 순서로 사용하지 않아야한다. 관계 연산자 == 와 대입 연산자(=)를 혼동하지 않도록 주의해야 한다. 대입 연산자(=)는 오른편의 변수 혹은 수식의 값을 왼편 변수에 대입(assignment)하는 의미한다. 관계연산자는 주로 비교를 위한 조건문(4장)에서 많이 사용된다.

[표 3-4] 관계연산자 (a = 2, b = 5 일 때)

연산자	관계식	연산 결과
==	a == b	0
!=	a != b	1
〉	a 〉 b	0
〈	a 〈 b	1
〉=	a 〉= b	0
〈=	a 〈= b	1

논리 연산자는 참과 거짓에 대하여 논리 연산을 수행한다. 진리표에서 참 대신 1, 거짓 대신 0을 사용했다. 피연산자의 값이 0이 아니면 무조건 참으로 간주한다.

[표 3-5] 논리 연산

p q	p && q	p || q	!p
0 0	0	0	1
0 1	0	1	1
1 0	0	1	0
1 1	1	1	0

관계 연산자는 모두 산술 연산자보다 우선순위가 낮으며, 산술 연산자와 관계 연산자를 혼용하여 사용할 경우 결과에는 문제가 없으나 사용자가 혼란이 일어나므로 가능하면 괄호 연산자 ( )를 사용하여 구분하는 것이 바람직하다. 관계연산자와 논리 연산자 간에는 논리부정(!)이 제일 높고, 다음으로 관계연산자, 논리 연산자 순이다.

! ← (〉, 〉=, 〈, 〈=) ← (==, !=) ← && ← ||

가장 높음 가장 낮음

예제 3-7

두 정수 a와 b를 입력하여 a가 b보다 크면 “a가 b보다 크다.”를 출력하고, 아니면 “a가 b보다 작거나 같다.”를 출력한다.

예제 3-7 실행결과

```
#include <stdio.h>
main()
{
    int a, b;

    printf ("정수 a와 b 입력:");
    scanf ("%d %d", &a, &b);
    if (a > b)
            printf("a가 b보다 크다.\n"; // 관계식이 참일 경우
    else
            printf("a가 b보다 작거나 같다.\n"); // 관계식이 거짓일 경우
}
```

예제 3-8

아래 프로그램은 두 정수를 입력받아 관계 연산자와 논리 연산자를 사용한 결과를 보여 준다

예제 3-8 실행결과

```
#include <stdio.h>
main()
{
    int i, j;

    printf("Please insert number1:");
    scanf("%d", &i);
    printf("Please insert number2:");
    scanf("%d", &j);

    printf("(i == j ) → %d\n", i == j);
    printf("(i > j ) → %d\n", i > j);
    printf("(i && j ) → %d\n", i && j);
    printf("(i || j ) → %d\n", i || j);
    printf("(!i) → %d\n", !i);
}
```

```
Please insert number1:3
Please insert number2:0
(i == j )-->0
(i > j )-->1
(i && j )-->0
(i || j )-->1
(!i)-->0
Press any key to continue
```

연습 실수 x를 입력하여 x가 1.5 보다 크고 5.9보다 작으면 1(참)을 그렇지 않으면 0(거짓)을 출력하는 프로그램을 작성하라.

예제 3-9

논리연산자를 포함한 논리식의 결과를 보여준다. 논리값은 0이 아니면 참으로 평가된다.

예제 3-9 실행결과

```
#include <stdio.h>
main()
{
    printf("연산자 &&의 이용\n");
    printf("3 && 4 결과 값은 %d\n", 3 && 4);
    printf("0.0 && 4 결과 값은 %d\n", 0.0 && 4);
    printf("연산자 ||, !의 이용\n");
    printf("(3>4) ||!(4==1) 결과 값은 %d\n", (3 > 4) || !(4 == 1));
    printf("0.3 || 0.2 결과 값은 %d\n", 0.3 || 0.2);
}
```

```
연산자 &&의 이용
3 && 4 결과 값은 1
0.0 && 4 결과 값은 0
연산자 ||, !의 이용
(3>4) ||!(4==1) 결과 값은 1
0.3 || 0.2 결과 값은 1
Press any key to continue
```

3.4 조건 연산자

조건 연산자는 C언어에서 유일하게 피연산자 세 개를 가지는 삼항 연산자이다. 사용 형식은 다음과 같다. 조건식이 참이면 '?' 다음의 문장을 실행하고, 거짓이면 ':' 다음의 문장을 실행하는 구조이다.

(조건식) ? 값1 : 값2 ;

예 출력문에서 조건 연산자 사용

```
printf("%s\n", x%2 ? "홀수입니다.": "짝수입니다.");
```

출력문은 산술식 x%2의 값이 1이면(2로 나눈 나머지가 1이면: 홀수) '?' 다음의 문자열 "홀수입니다."가 출력되고, 아니면 ':' 다음의 문자열 "짝수입니다."가 출력된다.

예제 3-10

임의의 정수를 입력받아 조건연산자를 이용하여 이 숫자가 홀수인지 짝수인지를 검사하여 홀수이면 "홀수입니다."를 짝수이면 "짝수입니다."를 출력하는 프로그램이다.

예제 3-10 실행결과

```
#include <stdio.h>
main()
{
    int x;
    printf("임의의 정수입력:");
    scanf("%d", &x);
    printf("입력한 수 %d(은)는", x);
    printf("%s\n", x%2 ? "홀수입니다.": "짝수입니다.");
}
```

예제 3-11

두 수를 입력 받고, 조건연산자를 이용하여 두 수 중에서 큰 수를 구하는 예제이다.

예제 3-11 실행결과

```
#include <stdio.h>
main()
{
    int x, y, max;

    printf("정수1 입력:");
    scanf("%d", &x);
    printf("정수2 입력:");
    scanf("%d", &y);
    max = x > y ? x  : y;
    printf("두 수 중 큰 수는 %d입니다.\n", max );
}
```

```
정수1 입력 : 34
정수2 입력 : 56
두 수 중 큰 수는 56입니다.
Press any key to continue
```

연습 ❶ 두 개의 정수를 입력하여 같으면 "같다"를 그렇지 않으면 "같지 않다"를 출력하는 프로그램을 작성하라.

❷ 세 개의 정수를 입력하여 가장 큰 수를 구하는 프로그램을 작성하라.

3.5 비트 연산자

C언어는 비트 단위의 논리 연산, 왼쪽 또는 오른쪽으로 이동(shift), 1의 보수 등의 연산을 수행한다. 사용 형식은 다음과 같다.

연산자	기능	사용 예
❶ ~	1의 보수로 변환	~a
❷ &	논리 곱	a & b
❸ |	논리 합	a | b
❹ ^	배타적 논리합 (exclusive or: XOR)	a ^ b
❺ <<	왼쪽 이동	a << 3
❻ >>	오른쪽 이동	a >> 2

C언어는 두 피연산자의 대응되는 비트끼리 논리 연산을 하는 연산자를 가지고 있으며, 형식 ❷는 비트끼리 AND 연산을, 형식 ❸은 비트끼리 OR 연산을, 형식 ❹는 비트끼리 XOR 연산을, 그리고 형식 ❶은 피연산자의 1의 보수로 변환시켜 준다. 이 연산자들은 문자형과 정수형에만 사용할 수 있다. 아래 예는 두개의 8비트 문자형 변수에 대한 비트 연산과 그 결과를 보여준다.

```
   1001 0110       1001 0110       1001 0110
 & 0011 0011     | 0011 0011     ^ 0011 0011     ~0011 0011
 -----------     -----------     -----------     ----------
   0001 0010       1011 0111       1010 0101      1100 1100
```

형식 ❺는 피연산자를 왼쪽으로 n비트만큼 이동시키며, 형식 ❻은 피연산자를 오른편으로 n비트만큼 이동시키는 연산자이며 이들 연산자를 시프트(shift) 연산자라 한다. 오른쪽 시프트 연산일 경우 unsigned이면 왼쪽 비트를 0으로 채우며, 부호가 있는 음수인 경우 왼쪽 비트는 1로 채워 부호 비트를 유지한다.

예제 3-12

#define은 기호상수를 정의하는데 사용된다(11장 참조). #define문 이후에 MASK가 나오면 이것은 0177임을 나타내며, SET가 나오면 0124를 나타낸다. 0177과 0124는 8진수 값이다. flag에 255를 입력하면 이진수로 0000000011111111이다. MASK는 이진수로 0000000001111111이다. flag와 MASK를 비트끼리 AND하면 x는 0000000001111111이 된다. y와 z도 마찬가지 방법으로 구할 수 있다. 출력 문에서 %o는 8진수로 출력하는 변환문자이다.

예제 3-12 실행결과

```
#include <stdio.h>
#define MASK 0177 // 기호 상수
#define SET  0124

main()
{
    short flag, x, y, z;

    scanf("%d", &flag);

    x = flag & MASK;
    y = flag | SET;
    z = flag & ~MASK;
    printf("flag = %o  x = %o  y = %o  z = %o\n", flag,  x, y, z);
}
```

```
255
flag = 377  x = 177  y = 377  z = 200
Press any key to continue
```

연습 위 프로그램에서 y와 z가 377과 200이 나온 이유를 설명하라.

예제 3-13

프로그램의 입력 값(8)을 2진수로 표현하면 1000이 된다. 왼쪽으로 3번 이동시키면 1000000 (26=64)이며, 반대로 오른쪽으로 3번 비트이동을 하게 되면 1(20)이 된다. 이것은 〈〈 연산자로 1번 이동 하게 되면 2를 곱한 효과와 같다. 그러므로 3비트 왼쪽으로 이동하게 되면 2×2×2=8이 되어 8＊8=64 가 되고, 〉〉 연산자로 1번 이동하게 되면 2로 나눈 효과와 같다. 3비트 오른쪽으로 이동하게 되면 23=8이 되어 8/8=1이 된다.

예제 3-13 실행결과

```
#include <stdio.h>
main()
{
   int x, y;

   printf("비트 이동(shift)할 정수를 입력하세요:");
   scanf("%d", &x);
```

```
    printf("비트 이동(shift)할 횟수를 입력하세요:");
    scanf("%d", &y);

    printf("%d << %d는 %d입니다.\n", x, y, x << y);
    printf("%d >> %d는 %d입니다.\n", x, y, x >> y);
}
```

```
비트 이동(shift)할 정수를 입력하세요 : 8
비트 이동(shift)할 횟수를 입력하세요 : 3
8 << 3는 64입니다.
8 >> 3는 1입니다.
Press any key to continue
```

연습 43을 입력하여 왼쪽으로 3 비트, 오른쪽으로 3비트 시프트한 결과를 보이는 프로그램을 작성하라.

3.6 sizeof 연산자 및 형 변환 연산자

sizeof 연산자는 피연산자로 주어진 변수나 데이터의 형 또는 배열의 저장장소의 크기를 구하는 연산자이다. 형식은 아래와 같이 기호를 사용하지 않고 키워드 sizeof를 사용한다. 결과 값은 바이트 단위의 정수로 나타내며, 값은 사용 환경에 따라 달라질 수 있다. 컴파일러마다 자료형에 따른 저장 공간의 크기가 다르기 때문이다.

```
sizeof (데이터형)
sizeof 변수명
```

예제 3-14

아래 프로그램은 sizeof 연산자를 사용하여 C의 각 자료형의 크기를 출력하는 예를 보여준다.

예제 3-14 실행결과

```
#include <stdio.h>
main()
{
    printf(“The size of some fundamental types is computed.\n\n”);
    printf(“char:%3d byte \n”, sizeof(char));
    printf(“short:%3d bytes\n”, sizeof(short));
    printf(“int:%3d bytes\n”, sizeof(int));
    printf(“long:%3d bytes\n”, sizeof(long));
    printf(“float:%3d bytes\n”, sizeof(float));
    printf(“double:%3d bytes\n”, sizeof(double));
    printf(“long double:%3d bytes\n”sizeof(long double));
}
```

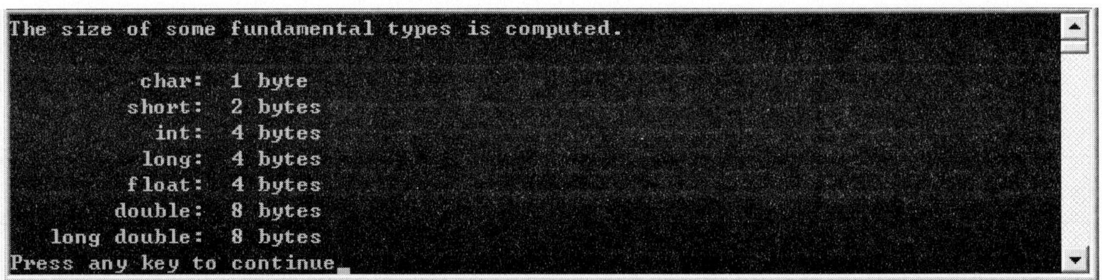

형변환 연산자는 수식 내에서 자료의 타입을 강제로 다른 타입으로 바꾼다. 형변환 연산자의 형식은 아래 두 가지 형식으로 나타낼 수 있다.

(데이터형) 변수
데이터형 (변수)

예제 3-15

아래 프로그램은 키(cm)를 입력하여 피트와 인치로 변환한다. 1피트는 30.48센치로, 1인치는 2.54센치로 계산한다. 피트와 인치로 변환된 값은 실수이다. 이 값을 정수로 변환하기 위해서 (int)형변환 연산자를 사용한다.

예제 3-15 실행결과

```
#include <stdio.h>
main()
{
    int height, feet, inch;

    printf("키를 입력하시오(cm):");
    scanf("%d", &height);

    feet = (int) (height / 30.48); // 피트로 환산
    inch = (int) ((height - (feet * 30.48)) / 2.54); // 인치로 환산

    printf("%d cm는 %d 피트 %d 인치입니다.\n", height, feet, inch);
}
```

3.7 복합 대입 연산자

대입 연산자(=)는 연산자 오른쪽의 수식 결과를 왼쪽 변수에 대입한다. 복합 대입 연산자는 대입연산자 왼쪽에 위치한 피연산자가 오른쪽에 위치한 수식에 다시 사용될 때 사용한다. 이는 연산식을 간결하게 줄여 표현하게 한다.

대입연산자 사용	복합 대입 연산자 사용
피연산자1 = 피연산자1 + 피연산자2;	피연산자1 += 피연산자2;
피연산자1 = 피연산자1- 피연산자2;	피연산자1 -= 피연산자2;
피연산자1 = 피연산자1 * 피연산자2;	피연산자1 *= 피연산자2;
피연산자1 = 피연산자1 / 피연산자2;	피연산자1 /= 피연산자2;
피연산자1 = 피연산자1 % 피연산자2;	피연산자1 %= 피연산자2;
피연산자1 = 피연산자1 & 피연산자2;	피연산자1 &= 피연산자2;

피연산자1 = 피연산자1 | 피연산자2;	피연산자1 |= 피연산자2;
피연산자1 = 피연산자1 ^ 피연산자2;	피연산자1 ^= 피연산자2;
피연산자1 = 피연산자1 << 피연산자2;	피연산자1 <<= 피연산자2;
피연산자1 = 피연산자1 >> 피연산자2;	피연산자1 >>= 피연산자2;

예제 3-16

아래 프로그램은 복합 대입 연산자의 사용과 그 결과를 보여준다.

예제 3-16 실행결과

```
#include <stdio.h>
main()
{
    int i, j, k1 = 1, k2 = 2, k3 = 3, k4 = 4, k5 = 5, k6 = 6, k7 = 7, k8 = 8;

    printf("Please insert integer1 and 2:");
    scanf("%d%d", &i, &j);

    k1 += i; k2 *= (i + j); k3 % = i;
    k4 &= i - j; k5  ^= i; k6  <<= i;
    k7 += ++j + 1;
    k8  * = j-- + 2;

    printf("k1 = %d  k2 = %d  k3 = %d  k4 = %d \n", k1, k2, k3, k4);
    printf("k5 = %d  k6 = %d  k7 = %d  k8 = %d \n", k5, k6, k7, k8);
}
```

```
Please insert integer1 and 2: 9 2
k1 = 10  k2 = 22  k3 = 3  k4 = 4
k5 = 12  k6 = 3072  k7 = 11  k8 = 40
Press any key to continue
```

연습 위 프로그램의 결과 값이 나온 과정을 설명하라.

연습문제

1 아래의 수식의 결과를 출력하시오.

① a = 3, c = 7, b = a++ + ++c; a, b 값을 출력

② a = 4, b = 32, c *= ++a – b--; a, b, c 값을 출력

③ a = 3, c = 4, b = 28, b 〉〉= ++a + c--; a, b 값을 출력

④ a = 10, b = 20, c = 3, c = (a++ == 11) && (b++ == 20); a, b, c값을 출력

2 다음 프로그램의 예상 결과를 작성하시오.

```
#include 〈stdio.h〉
main()
{
int x = 3, y = 4, m = 6, n = 9;
printf("연산 x 〉 y || m 〈 n 결과는 %d \n", x 〉 y || m 〈 n);
printf("연산 (-x 〉 -n) - sizeof m 결과는 %d \n", (-x 〉 -n) - sizeof m);
printf("연산 (!n - 9) 〈〈 1 결과는 %d \n", (!n - 9) 〈〈 1);
printf("연산 (3 〉 y) & (m == n) 결과는 %d \n", (3 〉 y) & (m == n));
printf("연산 m = 2 결과는 %d \n", m = 2);
printf("연산 m == 2 결과는 %d \n", m == 2);
printf("연산 ++n 〉〉 2 | 5 결과는 %d \n", ++n 〉〉 2 | 5);
}
```

3 임의의 양의 정수를 입력받아 5의 배수인지 판별하는 프로그램을 작성하시오.

4 삼각형의 밑변과 높이를 입력 받아서 삼각형의 면적을 구하여 출력하는 프로그램을 작성하시오.

5 임의의 인치를 입력받아 센티미터(cm)로 계산하여 출력하는 프로그램을 작성하시오. 단, 1인치는 2.54cm 이다.

6 시프트 연산자를 이용하여 입력받는 정수에 2n을 곱하는 프로그램을 작성하시오.

7 아래 계산 결과를 프로그램 출력으로 확인하시오(i와 j는 임의의 정수, k는 임의의 문자).

a) k *= ++i - j--;

b) k >>= ++i + ++j;

c) k %= ++i % j--;

d) k += ++i >> 2 - j << 2;

e) k += ++i - j++;

8 반지름을 입력받아 a)원의 넓이, b)구의 부피, c)구의 표면적을 계산하고, 높이를 입력받아 원뿔의 부피를 계산하는 프로그램을 작성하시오.

9 학생의 국어, 영어, 수학 성적을 입력하여 합계와 평균을 구하는 프로그램을 작성하시오.

10 하나의 정수를 입력하여 이것을 십진수, 16진수, 8진수로 출력하는 프로그램을 작성하시오.

11 모든 데이터 형의 크기를 출력하는 프로그램을 작성하시오.

4

프로그램 제어문

4 프로그램 제어문

프로그램은 작성된 문장의 순서대로 수행된다. 이러한 순차적 실행을 필요에 따라 일부분을 반복하거나 선택하기 위해 흐름을 제어할 경우가 있다. 이 장에서는 이들 제어문의 종류와 특징 그리고 형식에 관하여 설명한다. 제어문의 종류는 조건문과 반복문, 그리고 기타 제어문으로 구분된다.

[표 4-1] 조건식 사용과 결과 (i = 5, j = -27, k = 14 일 때)

식	결 과
5	TRUE (0이 아니므로)
'a'	TRUE (0이 아니므로)
1 > 9	FALSE (성립하지 않으므로)
0	FALSE (0이므로)
i >= j	TRUE (성립하므로)
i == k	FALSE (성립하지 않으므로)
i == 5 && k > 10	TRUE (성립하므로)
25 % i	FALSE (나머지가 0이 아니므로)
j	TRUE (0이 아니므로)
'\0'	FALSE (0이므로)
! i	FALSE (TRUE의 역)
! (i >> 3)	TRUE (FALSE의 역)

조건문에는 if문과 switch문이 있으며, 반복문에는 for문, while문, do~while문 그리고 기타 제어문으로 break문, continue문, goto문 등이 있다. 조건문이나 반복문들은 조건식의 결과가 참인지, 거짓인지에 따라 제어의 흐름이 결정된다. 조건식이 참인 경우 조건문이나 반복문에 포함된 실행문 혹은 실행 블록을 실행하며, 거짓인 경우 실행하지 않고 다음 문장이 실행된다.

조건식은 흔히 관계 연산자와 논리 연산자를 사용하여 표현한다. [표 4-1]에서 조건식에 대한 결과를 보여준다.

4.1 if 조건문

if문은 조건문 중 하나이며, 조건식의 결과가 참인지, 거짓인지에 따라 실행문을 선택하는 구조이다. if문은 아래와 같이 세 가지 형태로 표현된다.

if문
if~else문
중첩 if~else문

4.1.1 if문

if문의 형식은 다음과 같이 두 가지로 표현할 수 있다. if 다음의 조건식의 결과가 '참'이라면 조건식 다음의 문장이나 블록에 포함되어 있는 실행문들이 실행되고, 조건식이 '거짓'이면 문장이나 블록의 문장이 실행되지 않는다.

이 조건식은 다양한 연산자 즉, 관계, 논리, 산술 연산자 등을 사용하여 표현되며, 결과는 참 또는 거짓이다. C언어에서는 참과 거짓을 표현하는 자료 유형이 따로 정해져 있지 않다. C언어에서는 여러 종류의 자료 유형에 따라 참과 거짓을 의미하는데, 정수형에서 0은 거짓을 의미하며 0이 아닌 모든 수는 참을 의미한다.

```
❶ if (조건식) 실행문;
❷ if (조건식) {
     실행문;
     …
     실행문;
  }
```

예제 4-1

아래 프로그램은 학점을 입력하여 학점이 4.3보다 크거나 같으면 "장학금을 받습니다."를 1.5미만이면 "학사경고입니다"를 출력하는 예제이다.

예제 4-1 실행결과

```
#include <stdio.h>
main()
{
    float grade;

    printf("학점을 입력하세요:");
    scanf("%f", &grade);

    if(grade >= 4.3)
            printf("장학금을 받습니다.\n");
    if(grade < 1.5)
            printf("학사경고입니다.\n");
}
```

```
학점을 입력하세요:1.3
학사경고입니다.
Press any key to continue_
```

연습 학점이 0.0 보다 작거나 4.5보다 크면 "잘못된 학점"이라고 출력하도록 위 프로그램을 수정하라.

예제 4-2

아래 프로그램은 온도를 입력받아서 세 가지의 온도 범위 중 한 가지를 출력하는 예제이다.

예제 4-2 실행결과

```
#include <stdio.h>
main()
{
    float degree;
    printf(“적당한 온도를 입력하세요? >>”);
    scanf(“%f”, &degree);

    if (12 > degree) printf(“\n\t쌀쌀합니다.\n”);
    if (12 <= degree &&  degree <= 24)
    printf(“\n\t적당한 온도입니다.\n”);
    if (degree > 24) printf(“\n\t덥습니다.\n”);
}
```

연습 위 프로그램이 올바르게 작성되었는지를 테스트하기 위해 여러 입력에 대하여 수행해 보라.

예제 4-3

다음 프로그램은 sw의 입력 값에 따라 길이의 단위인 피트(feet)와 미터 간의 단위를 변환하는 프로그램이다. if문의 조건에서 sw의 값이 1일 경우 피트 단위를 미터 단위로 계산하여 출력한다. sw의 값이 1이 아니면 문 ①은 무시되고, 두 번째 if문의 조건문을 검사하며, 조건문 검사에서 참(sw의 값이 2인 경우)으로 판명되면 미터 단위를 피트 단위로 계산하여 출력한다. 만약 sw값이 1과 2 모두 만족하지 않을 경우 프로그램은 문 ①과 ② 모두 실행하지 않고 종료하게 된다.

예제 4-3 실행결과

```
#include <stdio.h>
main()
{
```

```
    float value;
    int sw;

    printf("enter value:");
    scanf("%f", &value);
    printf("1: feet to meters, 2: meters to feet");
    printf("select 1 or 2:");
    scanf("%d", &sw);

    if(sw == 1)
      printf("%5.2f feet ==> %5.2f meter\n", value, value / 3.28);//①
    if(sw == 2)
      printf("%5.2f meter ==> %5.2f feet\n", value, 3.28 * value);//②
}
```

```
enter value : 23.45
 1: feet to meters, 2: meters to feet select 1 or 2 : 2
23.45 meter ==> 76.92 feet
Press any key to continue_
```

예제 4-4

다음은 n을 입력받아 n이 1이면 국어와 영어의 평균을 계산하고 아니면 국어와 수학의 평균을 계산하여 출력한다.

예제 4-4 실행결과

```
#include <stdio.h>
main()
{
    int n, kor, eng, mat, sum;
    double average;

    printf("성적을 입력하시오(국어 영어 수학):");
    scanf("%d %d %d", &kor, &eng, &mat);

    printf("1)국어와 영어 평균, 2)국어와 수학 평균 : 종류 입력(1/2):");
    scanf("%d", &n);

    sum = (n == 1) ? kor + eng : kor + mat;
    average = sum / 2.0;
```

```
        if (n == 1)
            printf("국어와 영어의 평균은 %.1f입니다.\n", average);
        else
            printf("국어와 수학의 평균은 %.1f입니다.\n", average);
}
```

```
성적을 입력하시오(국어 영어 수학) :90 80 93
1)국어와 영어 평균, 2)국어와 수학 평균 : 종류 입력(1/2): 2
국어와 수학의 평균은 91.5입니다.
계속하려면 아무 키나 누르십시오 . . .
```

4.1.2 if~else문

if~else문의 형식은 다음과 같이 두 가지로 표현할 수 있다. 조건식의 결과가 '참'이라면 문장이나 블록에 포함되어 있는 실행문들이 실행되고, 조건식이 '거짓'이면 else문에 속해있는 문장이나 블록의 문장이 실행된다.

경우에 따라 조건식에 의해 실행문이 하나 실행될 경우와 실행문이 두 개 이상일 경우가 발생한다. 실행문이 하나이면 블록 표시를 하지 않아도 되나 실행문이 두 개 이상이 되면 반드시 블록으로 표시해야 한다.

```
❶ if (조건식)
       실행문;
   else
       실행문;
❷ if (조건식) {
       실행문;
   }
   else {
       실행문;
   }
```

예제 4-5

아래 프로그램은 학점을 입력하여 학점이 4.3보다 크거나 같으면 “장학금을 받습니다.”를 그렇지 않으면 “더욱 노력하세요.”를 출력하는 예제이다.

예제 4-5 실행결과

```
#include <stdio.h>
main()
{
    float grade;

    printf(“학점을 입력하세요:”);
    scanf(“%f”, &grade);

    if(grade>=4.3)
            printf(“장학금을 받습니다.\n”);
    else
            printf(“더욱 노력하세요.\n”);
}
```

```
학점을 입력하세요:4.0
더욱 노력하세요.
Press any key to continue_
```

예제 4-6

다음 프로그램은 온도를 입력받아서 두 가지의 온도 범위 중 한 가지를 출력하는 예제이다. [예제 4-2]와 달리 적당한 온도 이외에는 모두 덥거나 쌀쌀한 날씨로 판단하게 구성되어 있다.

예제 4-6 실행결과

```
#include <stdio.h>
main()
{
    double degree;

    printf(“적당한 온도를 입력하세요? >>”);
    scanf(“%lf”, &degree);
```

```
    if (12 <= degree &&  degree <= 24)
            printf("\n\t적당한 온도입니다.\n");
    else
            printf("\n\t덥거나 쌀쌀한 날씨입니다.\n");
}
```

```
적당한 온도를 입력하세요? >> 30

        덥거나 쌀쌀한 날씨입니다.
Press any key to continue_
```

예제 4-7

하나의 정수를 입력하여 짝수인지 홀수인지를 판별하는 프로그램이다. 정수를 2로 나눈 나머지가 0이면 짝수이다.

예제 4-7 실행결과

```
#include <stdio.h>
main()
{
   int number;

  printf("하나의 정수를 입력하시오:");
  scanf("%d", &number);

  if(number % 2 == 0)
      printf("짝수입니다.\n");
  else
      printf("홀수입니다.\n");
}
```

```
하나의 정수를 입력하시오:47
홀수입니다.
Press any key to continue_
```

연습 하나의 정수를 입력하여 3의 배수인지 아닌지를 구별하는 프로그램을 작성하라.

4.1.3 중첩 if~else문

중첩 if~else문은 아래와 같은 형식으로 if 조건문 구조 안에 다른 조건문들을 넣을 수 있다. 종속되는 문장의 숫자에는 제한이 없으나 너무 많은 중첩 if문을 사용하면 논리상 혼돈을 야기할 수 있으므로 사용자가 흐름도(flow-chart) 등을 작성하여 논리흐름을 잘 조율해야 한다. 중첩된 if문은 아래와 같이 들여쓰기를 하면 어떤 if문이 중첩되었는지 쉽게 알 수 있다.

```
if (조건식) {
      if (조건식) {
            실행문;
      }
      else {
            실행문;
      }
}       // end of if
else {
      if (조건식) {
            실행문;
      }
      else {
            실행문;
      }
}  // end of else
```

예제 4-8

다음 프로그램은 임의의 숫자를 입력받아 1에서 45사이의 숫자인지를 판별하는 중첩된 if문을 사용한 예를 보여준다.

예제 4-8 실행결과

```
#include <stdio.h>
main()
{
    int number = 0, valid = 0;
    printf("1에서 45사이의 값을 입력하시오. -> ");
    scanf("%d", &number);
```

```
            if (number < 1) {
            printf("입력받은 숫자가 1보다 작다.\n");
            valid = 0;
    }
    else    {                   // number >= 1
            if(number > 45) {
                printf("입력받은 숫자가 45보다 크다.\n");
                valid = 0;
            }
            else                // number >= 1 && number <= 45
                valid = 1;
    }

    if (valid == 1) {
            printf("%d은 타당한 숫자이다.\n", number );
    }
    else {          // valid != 1
            printf("%d은 타당하지 않은 숫자이다.\n", number );
    }
}
```

```
1에서 45사이의 값을 입력하시오. -->47
입력받은 숫자가 45보다 크다.
47은 타당하지 않은 숫자이다..
Press any key to continue_
```

예제 4-9

이 프로그램은 두 숫자와 연산자를 문자로 입력받아 실행결과를 출력해주는 프로그램이다. 위 코드에서 볼 수 있듯이 하나의 if~else문에 if~else문이 세 번 반복되는 형식이다. 이 프로그램의 실행 시에 주의할 점은 입력할 때 연산자 앞 뒤 한 개의 빈칸을 두어야 한다는 것이다.

예제 4-9 실행결과

```
#include <stdio.h>
main()
{
    int invalid_operator = 0;
    char op;
    float number1, number2, result;
```

```
    printf("두 수를 다음과 같은 형태로 입력하라.\n");
    printf("연산자는 네 가지(+, -,  * , /) 중의 하나를 입력하라.\n");
    printf("number1 연산자 number2\n");
    scanf("%f %c %f", &number1, &op, &number2);

    if(op == ' * ') result = number1  *  number2;
    else if(op == '/') result = number1 / number2;
    else if(op == '+') result = number1 + number2;
    else if(op == '-') result = number1 - number2;
    else invalid_operator = 1;

    if(invalid_operator != 1) {
            printf("\n>>>>>>>>> 결과는 \n");
            printf("%5.2f%c%5.2f = %5.2f\n", number1, op, number2, result);
    }
    else    printf("연산자가 잘못 입력되었습니다.\n");
}
```

```
두 수를 다음과 같은 형태로 입력하세요.
연산자는 네 가지(+, -, *, /) 중의 하나여야 합니다.
number1 연산자 number2
32 - 23

>>>>>>>>> 결과는
32.00 - 23.00 =  9.00
Press any key to continue
```

4.2 for 반복문

for 반복문은 실행 조건을 검사하여 조건 검사 결과가 참일 때까지 지정된 문장이나 블록을 반복 실행하는 가장 일반적으로 많이 사용하는 반복문 중 하나이다. for 문의 구조에서 for 다음의 괄호 ( ) 부분은 초기화(initialization), 조건검사, 증감연산의 세 부분으로 구성되고, 이들은 세미콜론(;) 으로 구분된다. 첫 번째 초기화 부분은 반복을 제어하는 초기값을 설정한다. 이때 사용되는 변수를 반복 제어 변수(loop control variable)라 부르고, 반복 제어 변수의 초기화 문장이 2개 이상인 경우 ','로 구분하여야 한다.

두 번째 조건 검사는 한 개의 실행문(형식 ❶)이나 블록문(형식 ❷)을 반복 실행하기에 앞서 반복 제어 변수를 검사하여 검사 결과가 '참'이면 for문에 포함된 문 혹은 블록을 실행한다.

마지막 증감 연산은 문장이나 블록을 실행 후에 실행된다. 조건 제어 변수의 초기화 부분은 for문 ( )의 실행 초기에 한 번 실행되나, 조건 검사 및 증감 연산 식은 문장이나 블록의 실행 전후로 매번 실행된다. 이때 세미콜론(;)은 항상 필요하다.

```
❶ for (초기화; 조건검사; 증감연산) 실행문;

❷ for (초기화; 조건검사; 증감연산) {
          실행문;
           …
          실행문;
  }
```

다음 for 구조의 예는 변수 i의 값이 5에서 1까지 감소되면서 출력된다.

```
for(i = 5; i > 0; i--)
        printf ("%d\n", i);
```

예제 4-10

이 프로그램은 임의의 정수를 입력받아 1에서 입력된 수까지 합을 계산하는 프로그램이다.

예제 4-10 실행결과

```
#include <stdio.h>
main()
{
    int i, x, sum = 0;
```

```
    printf("insert input number:");
    scanf("%d", &x);
    for(i = 1; i <= x; i++)
            sum = sum + i;
    printf("1 + 2 + 3 +.... + %d = %d\n", x, sum);
}
```

```
insert input number :23
 1 + 2 + 3 +.... + 23 = 276
Press any key to continue
```

연습 두 수 n과 m을 입력하여 n에서 m까지의 합을 구하는 프로그램을 작성하라.

예제 4-11

이 프로그램은 임의의 정수 x를 입력받아 x!을 구하는 프로그램이다.

예제 4-11 실행결과

```
#include <stdio.h>
main()
{
    int  i, x;
    long fact = 1;

    printf("insert factorial number:");
    scanf("%d", &x);
    for(i = 1; i <= x; i++)
            fact = fact * i;
    printf("1 * 2 * 3 *.... * %d = %ld\n", x, fact);
}
```

```
insert factorial nunmber :6
 1 * 2 * 3 *.... * 6 = 720
Press any key to continue
```

연습 정수 x를 입력하여 1 * 1/2 * 1/3 * 1/4 * … 1/x를 구하는 프로그램을 작성하라.

예제 4-12

이 프로그램은 임의의 두 정수 a0과 a1을 입력받아 a0에서 a1까지 대응되는 아스키 문자를 출력하는 예제이다.

예제 4-12 실행결과

```
#include <stdio.h>
main()
{
    int    i, a0, a1;

    printf("insert two integer of start and end number:");
    scanf("%d%d", &a0, &a1);
    printf("a0 = %d a1 = %d\n", a0, a1);

    for(i = a0; i <= a1; i++)
            printf("문자 %2c 의 ASCII CODE는 십진수로 %3d 이다.\n", i, i);
}
```

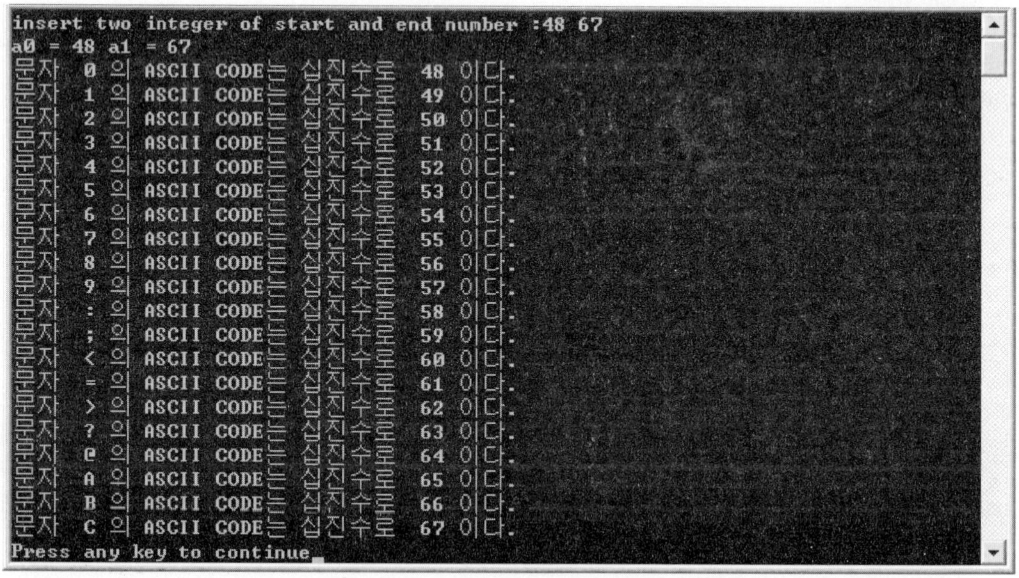

연습 영문자 A에서 Z까지와 각 문자에 대응되는 아스키 코드값(정수)을 출력하는 프로그램을 작성하라.

예제 4-13

다음 네 개의 프로그램들의 출력 결과를 예측해 보고, 실제로 실행한 결과와 비교하라.

❶

```
#include <stdio.h>
main()
{
   int    i;

   for(i = 5; i <= 20; i = i + 2)
      printf("%d", i);
}
```

❷

```
#include <stdio.h>
main()
{
   int    i;

   for(i = 25; i >0; i -= 5)
      printf("%d", i);
}
```

❸

```
#include <stdio.h>
main()
{
  float    x;
  for(x = 0.1; x <5.0; x += 1.0)
     printf("%f", x)
}
```

❹

```
#include <stdio.h>
main()
{
    int    i;
    for(i = 10; i ; --i)
       printf("%d", i);
}
```

예제 4-14

0에서 시작하여 계단형식으로 숫자를 1만큼 증가하여 출력하는 예제이다.

예제 4-14 실행결과

```
#include <stdio.h>
main()
{
    int i, j;

    for(i = 1; i <= 10; i++) {
          for(j = 0; j < i; j++)
               printf("%d", j);
```

```
        putchar('\n');
    }
}
```

```
0
01
012
0123
01234
012345
0123456
01234567
012345678
0123456789
Press any key to continue_
```

예제 4-15

1부터 n까지 3으로 나누어지지 않는 수를 출력하는 프로그램이다.

예제 4-15 실행결과

```
#include <stdio.h>
main()
{
    int i, n, count = 1;

    printf("1부터 n까지 3으로 나누어지지 않는 수를 출력: \n");
    printf("정수(n) 입력:");
    scanf("%d", &n);
    putchar('\n');

    for (i = 1; i <= n; i++) {
        if ( i % 3 ) {
            printf("%3d%c", i, (count % 5) ? ' ' : '\n');
            count += 1;
        }
    }
    putchar('\n');
}
```

```
1부터 n까지 3으로 나누어지지 않는 수를 출력 :
정수(n) 입력 : 50

  1   2   4   5   7
  8  10  11  13  14
 16  17  19  20  22
 23  25  26  28  29
 31  32  34  35  37
 38  40  41  43  44
 46  47  49  50
Press any key to continue
```

연습 위 프로그램에서 count 변수와 printf문의 (count % 5) ? ' ': '\n'의 역할은 무엇인가?

예제 4-16

1에서 100까지의 합을 계산하는 프로그램들을 for문을 사용하여 다양하게 코딩할 수 있음을 보여준다.

예제 4-16 실행결과

```
// [예 1:]
#include <stdio.h>
main()
{
  int count, sum=0;

  for (count=1; count <= 100; count++)
       sum = sum + count;
  printf("1+2+3+...+100 = %d\n", sum);
}

// [예 2:]
#include <stdio.h>
main()
{
  int count, sum;

  for (count = 1, sum = 0; count <= 100; count++)
       sum += count;
  printf("1+2+3+...+100 = %d\n", sum);
}
```

```
// [예 3:]
#include <stdio.h>
main()
{
  int count = 1, sum = 0;

  for (; count <= 100; count++)
       sum += count;
  printf("1+2+3+...+100 = %d\n", sum);
}

// [예 4:]
#include <stdio.h>
main()
{
  int count = 100, sum = 0;

  for (; count; count--)
       sum += count;
  printf("1+2+3+...+100 = %d\n", sum);
}

// [예 5:  ]
#include <stdio.h>
main()
{
  int count = 100, sum = 0;

  for ( ; count; )
       sum += count--;
  printf("1+2+3+...+100 = %d\n", sum);
}
```

```
1+2+3+...+100 = 5050
Press any key to continue
```

예제 4-17

자료의 개수 n을 입력하고, 입력된 n개의 정수 중에서 최대값을 구하는 프로그램이다.

예제 4-17 실행결과

```
#include <stdio.h>
main()
{
    int   i, n, x, max;

    printf(“정수의 개수는:”);
    scanf(“%d”, &n);

    if(n < 1) {
        printf(“최대값을 구할 정수가 없음\n”);
        exit(1);
    }

    printf(“%d 개의 정수를 입력하시오:”, n);
    scanf(“%d”, &x);

    max = x;
    for(i = 2; i <= n; i++) {
        scanf(“%d”, &x);
        if(x > max)
            max = x;
    }
    printf(“최대값은 %d\n”, max);
}
```

```
정수의 갯수는:10
10 개의 정수를 입력하시오:30 40 50 35 46 78 23 5 9 10
 최대값은 78
Press any key to continue
```

연습 ❶ exit() 함수의 역할을 설명하라.

❷ n개의 정수를 입력하여 최소값을 구하는 프로그램을 작성하라.

4.3 while 반복문

while 반복문은 실행 조건을 먼저 검사하여 검사된 조건이 '참'이면 문장이나 블록을 수행하고, '거짓'이면 수행하지 않고 다음 명령을 수행한다. while 반복문은 조건식이 참일 동안 계속 반복한다.

```
❶ while (조건식) 실행문;

❷ while (조건식) {
      실행문;
       …
      실행문;
   }
```

for 반복문과 차이점은 while 반복문 자체에 초기값이나 증감연산을 포함하고 있지 않다는 것이다. 따라서 while 반복문을 만나기 이전에 초기값을 설정해놓고 종료조건을 만족하는 증감문이나 문장을 따로 설정해 놓아야한다. 다음 예는 변수 k의 값을 5에서 1까지 출력한다.

```
k = 5;
while (k > 0)
      printf("%d\n", k--);          // k 값을 출력한 후에 1 감소
```

예제 4-18

하나의 문자를 입력받아 화면에 출력하고 while반복문의 종료조건과 비교하는 간단한 예제이다.

예제 4-18 실행결과

```
#include <stdio.h>
#include <conio.h>
```

```
main()
{
    char ch = 'a' ;

    printf("> 출력할 문자를 입력해 주세요(종료: q).\n");

    while (ch != 'q') {
            printf("\n입력 문자:");
            ch = getche();
            printf("\n출력 문자: %c\n", ch);
    }
}
```

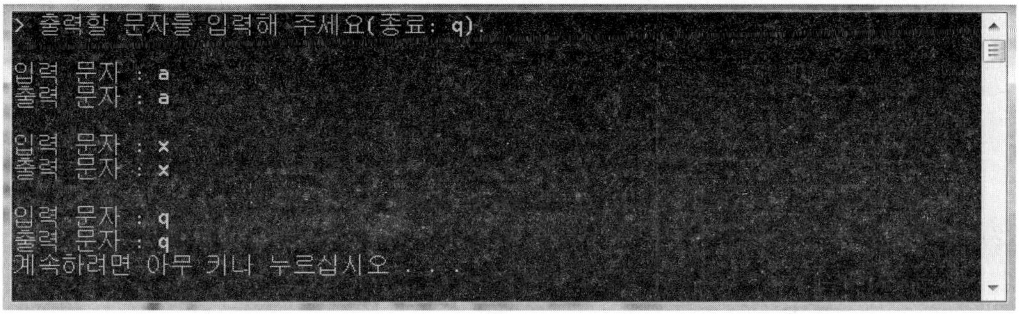

연습 문자 입력 함수 getche()와 getch()의 차이를 설명하라.

예제 4-19

for반복문과 while반복문을 이용하여 1부터 10까지의 곱셈을 하는 예제이다.

예제 4-19 실행결과

```
#include <stdio.h>
main()
{
    int mult, i;

    mult = 1;
    for (i = 1; i <- 10; i++) { // for 반복
            mult * = i;
    }
```

```
    printf(“for 반복문을 이용: \n”);
    printf(“1에서 10까지의 곱은 %d 입니다.\n”, mult);

    i = 1;
    mult = 1;
    while (i <= 10) { // while 반복
            mult * = i;
            i++;
    }
    printf(“while 반복문을 이용: \n”);
    printf(“1에서 %d까지의 곱은 %d 입니다.\n”, 10, mult);
}
```

```
for 반복문을 이용 :
1에서 10까지의 곱은 3628800 입니다.
while 반복문을 이용 :
1에서 10까지의 곱은 3628800 입니다.
Press any key to continue
```

예제 4-20

1부터 차례대로 n까지 더하여 그 합이 10,000을 넘지 않는 최대의 합과 n을 구하는 간단한 예제이다.

예제 4-20 실행결과

```
#include <stdio.h>
main()
{
    int count = 0;
    int sum = 0;

    while (sum <= 10000) {
            sum += ++count;
    }

    printf(“1부터 n까지의 합 중에서 %d를 넘지않는 가장 큰 합은? \n”, 10000);
    printf(“1부터 %d까지의 합이 %d이다.\n”, count - 1, sum - count);
}
```

```
1부터 n까지의 합 중에서 10000를 넘지않는 가장 큰 합은?
1부터 140까지의 합이 9870이다.
Press any key to continue
```

연습 맨 끝의 printf 문에서 count와 sum이 아닌 count - 1과 sum-count를 출력한 이유를 설명하라.

예제 4-21

1에서 100까지 합을 계산하는 프로그램들을 while문의 조건식을 변화시켜 아래와 같이 다양하게 코딩할 수 있으며, 모두 동일한 결과를 얻는다.

예제 4-21 실행결과

```
// [예 1:]
#include 〈stdio.h〉
main()
{
    int i = 1, sum = 0;

    while (i 〈= 100) {
            sum = sum + i ;
            i = i + 1;
    }
    printf(“1+2+...+100 =%d\n”, sum);
}

// [예 2:]
#include 〈stdio.h〉
main()
{
   int i = 1, sum = 0;

   while (i 〈= 100) sum += i++;
   printf(“1+2+...+100 =%d\n”, sum);
}

// [예 3:]
#include 〈stdio.h〉
main()
{
   int i = 101, sum = 0;

   while (i--) sum += i;
   printf(“1+2+...+100 =%d\n”, sum);
}
```

```
1+2+...+100 =5050
Press any key to continue
```

예제 4-22

아래의 두 프로그램은 무한 루프를 도는 즉, 무한정 반복하는 프로그램이다. for문에서 조건검사 부분에 아무것도 없으면 항상 참을 나타낸다.

예제 4-22 실행결과

```
// [예 1:]
#include <stdio.h>
main()
{
   for( ; ; ) printf("********");
}

// [예 2:]
#include <stdio.h>
main()
{
   while(1) printf("********");
}
```

연습 위 프로그램을 실행시켜라.

4.4 do~while 반복문

while 반복문은 실행 조건을 먼저 검사하여 조건이 '참'이면 문장이나 블록을 수행하고 '거짓'이면 수행하지 않고 다음 명령을 수행하는 반복문이고, do~while 반복문은 문장이나 블록을 먼저 한번 수행하고 마지막 시점에서 조건을 검사하는 반복문이다. 종료를 위한 조건 만족이나 초기값의 설정은 while문과 같다. do~while 반복문도 while 반복문과 마찬가지로 조건식이 참일 동안 계속 반복 실행된다.

```
do {
    실행문;
} while (조건식);
```

다음 예는 변수 k가 5에서 1까지 감소되면서 출력된다. 반복을 종료하는 조건이 마지막에 놓여있다.

```
k = 5;
do {
      printf ("%d\n", k--); // k 값을 출력한 후에 1 감소
} while (k > 0);                        // 종료 조건
```

예제 4-23

정수를 입력받아 1의 자리(끝자리)부터 거꾸로 출력하는 프로그램이다. 이를 위해 10으로 나눈 나머지를 먼저 출력하고 다시 10으로 나눈 몫을 다시 나눠서 나머지를 출력하는 방식으로 몫이 0이 될 때까지 실행을 반복한다.

예제 4-23 실행결과

```
#include <stdio.h>
main()
{
   int  value, r_digit;
   printf("정수를 입력하세요.\n");
   scanf("%d", &value);
   printf("\n입력한 수를 1의 자리수부터 거꾸로 출력하면 >>>");

   do {
      r_digit = value % 10;
      printf("%d", r_digit);
      value = value / 10;
   } while( value != 0 );
   printf("\n");
}
```

```
정수를 입력하세요.
2865

입력한 수를 1의 자리수부터 거꾸로 출력하면 >>> 5682
Press any key to continue
```

예제 4-24

정수를 입력받아 그 숫자를 출력하고, 입력된 값이 0이 아니면 다시 입력받는 과정을 반복한다. 즉, 입력받은 숫자가 0이면 반복을 종료한다.

예제 4-24 실행결과

```
#include <stdio.h>
main()
{
    int  value;

    do {
             printf("정수를 입력하세요. >>");
             scanf("%d", &value);
             printf("\n\t입력한 수는 %d입니다.\n\n", value);
    } while(value != 0);
}
```

연습 위 예제를 while문을 사용하여 바꾸어라.

예제 4-25

1부터 임의의 정수까지 더하여 10,000을 넘지 않는 최대의 값과 마지막 수를 구하는 예제 4-20을 do~while문을 이용하여 다시 작성해 보았다.

예제 4-25 실행결과

```
#include <stdio.h>
main()
{
```

```
    int i = 0, sum = 0;
    do {
            sum += ++i;
     } while (sum <= 10000);

    printf(“1부터 n까지의 합 중에서 %d를 넘지 않는 가장 큰 합은?\n”, 10000);
    printf(“1부터 %d까지의 합이 %d입니다.\n”, i - 1, sum - i);
}
```

```
1부터 n까지의 합 중에서 10000를 넘지 않는 가장 큰 합은?
1부터 140까지의 합이 9870입니다.
Press any key to continue
```

4.5 continue문

continue문은 반복문 내에서 사용된다. 반복문이 실행되는 과정에서 continue문을 만나게 되면 continue문 아래 부분은 실행되지 않고, 다음 반복을 계속하는 문장이다. 주로 반복을 하던 중 특정조건에 대해 처리를 제외하고자 할 때 사용한다.

for 문에서 continue문을 만나면 증감연산 부분으로 이동하여 계산을 하고 조건식을 검사한다. while문이나 do~while문에서 continue문을 만나면 조건검사 부분으로 이동하여 조건 검사를 하여 참이면 반복을 계속한다.

```
continue;
```

예제 4-26

1과 10 사이의 숫자를 입력한 후에, 입력된 숫자를 제외하고 나머지 숫자의 합을 출력하는 예제이다.

예제 4-26 실행결과

```
#include <stdio.h>
main()
{
    int i = 1, sum = 0, miss;

    printf("1과 10사이의 한 정수를 입력하세요. >>");
    scanf("%d", &miss);

    for (; i <= 10; i++) {
            if (i == miss) continue;
            sum += i;
    }
    printf("1과 10사이에서 %d를 제외한 합은 %d입니다.\n", miss, sum);
}
```

```
1과 10사이의 한 정수를 입력하세요. >> 5
1과 10사이에서 5를 제외한 모든 정수의 합은 50입니다.
Press any key to continue
```

예제 4-27

1부터 30까지의 정수 중에서 5의 배수를 제외한 모든 홀수를 출력하는 프로그램이다.

예제 4-27 실행결과

```
#include <stdio.h>
main()
{
    int count = 1, i;

    for (i = 1; i <= 30; i = i + 2) {
            if ( !(i % 5) )
                    continue;
            printf("%3d%c", i, (count++ % 4) ? ' ' : '\n');
    }
}
```

```
  1   3   7   9
 11  13  17  19
 21  23  27  29
Press any key to continue
```

연습 위 예제는 한 줄에 4개의 수를 출력하도록 작성되어 있다. 한 줄에 6개씩 출력하도록 바꾸어라.

예제 4-28

아래의 프로그램은 사용자에 의해 입력된 수의 합을 구하는 예제이다. 값을 더하기 전에 입력된 수가 정확한 지를 확인한다. 잘못 입력되었으면 continue문을 이용하여 다시 입력한다. 입력된 값이 0이면 끝난다.

예제 4-28 실행결과

```
#include <stdio.h>
#include <conio.h>
main()
{
    int total = 0, i;
    char ch;

    do {
        printf("Enter next number (0 to stop):");
        scanf("%d", &i);
        printf("Is %d correct? (Y/N):", i);
        ch = getche(); // 한 문자 입력
        printf("\n");
        if (ch == 'N')
                continue;
        total = total + i;
    }while(i);

    printf("Total is %d\n", total);
}
```

```
Enter next number (0 to stop): 56
Is 56 correct? (Y/N) : Y
Enter next number (0 to stop): 34
Is 34 correct? (Y/N) : N
Enter next number (0 to stop): 23
Is 23 correct? (Y/N) : Y
Enter next number (0 to stop): 0
Is 0 correct? (Y/N) : Y
 Total is 79
Press any key to continue
```

연습 대문자 'N' 뿐만 아니라 소문자 'n'이 입력되었을 때도 반복이 종료되도록 프로그램을 고쳐라.

4.6 break문

break문은 반복문 내의 어디서나 현재 실행되고 있는 반복문을 빠져 나오고자 할 때 사용된다. continue문과 반대되는 개념으로 생각하면 된다. 중첩된 반복문일 경우, break문을 포함하는 가장 안쪽 반복 구조를 빠져 나온다. 특정 조건에 반복을 종료하기 위해서 주로 if문과 함께 사용된다.

```
break;
```

다음 예는 변수 ch의 값이 문자 'n'이거나 'N'이면 종료한다.

```
if (ch == 'N' || ch == 'n')
    break;
```

예제 4-29

제어 변수 i가 1에서 순차적으로 증가하면서 출력된다. 이때 i 값이 10이 될 때 for반복문을 빠져 나오는 예제이다.

예제 4-29 실행결과

```
#include 〈stdio.h〉
main()
{
    int i;

    for ( i = 1; i 〈 100 ; i++ ) {
            printf("%d", i);
            if (i == 10) break;
    }
}
```

```
1 2 3 4 5 6 7 8 9 10 Press any key to continue
```

예제 4-30

아래의 프로그램은 사용자에 의해 입력된 수의 합을 구하는 예제이다. 입력 후, 계속 여부를 물어 'N' 또는 'n'으로 답하면 끝낸다.

예제 4-30 실행결과

```
#include <stdio.h>
#include <conio.h>
main()
{
    int total, i;
    char ch;

    total = 0;
    do {
        printf("Enter next number:");
        scanf("%d", &i);
        total = total + i;
        printf("계속 할 것인가? (Y/N):");
        ch = getche();
        printf("\n");
        if (ch == 'N' || ch == 'n') break;
    }while( 1 );
    printf("Total is %d\n", total);
}
```

```
Enter next number : 23
계속 할 것인가? (Y/N) : y
Enter next number : 34
계속 할 것인가? (Y/N) : y
Enter next number : 67
계속 할 것인가? (Y/N) : 7
Enter next number : 88
계속 할 것인가? (Y/N) : n
 Total is 212
Press any key to continue
```

4.7 switch문

if문은 둘 중 하나 혹은 많아도 3개 중 하나를 택할 경우 사용하기 편리하지만, 3개 이상 여러 개 중 하나를 선택할 경우에는 중첩 if문을 사용해야 한다. switch문은 일치하는 상수 값을 이용하여 간단하게 다중 선택문을 사용할 수 있다.

중첩된 if문에서 조건식이 정수형의 등호식이라면 switch문에서도 이용할 수 있다. switch문은 여러 개의 선택을 처리하는 구문으로 switch 이후의 괄호 ( ) 안의 식의 값 중에서 case의 값과 일치하는 것을 처리하는 문장이다. 그 형식은 다음과 같다.

```
switch ( 식 ) {
      case k1: 실행문들;
               break;
      case k2: 실행문들;
               break;
      ...
      case kn: 실행문들;
               break;
      default: 실행문들;
}
```

먼저 키워드 switch 다음의 괄호 속의 식을 평가한다. 이 식에 사용할 수 있는 자료 형태는 정수형이나 문자형만 사용할 수 있다. 평가된 식의 값과 일치하는 case 다음의 값을 차례대로 찾는다. 첫 번째 k1과 일치하면 그 뒤의 실행문들이 실행되고, break문에 의해 switch 블록을 탈출하게 된다. 만약 식의 값이 상수 kn이면 그 뒤의 실행문들이 실행되고, 역시 break문에 의해 switch 블록을 탈출하게 된다. 만일 식의 값이 상수 k1, k2,... kn의 어떤 값과도 일치하지 않으면 default에 있는 실행문들이 실행된다. 여기서 default문이 없으면서 일치하는 문장이 없을 경우 아무것도 수행되지 않는다.

예제 4-31

하나의 정수를 입력받아 0, 1, 2가 맞는지 아니면 다른 수인지 여부를 판단하는 예제이다.

예제 4-31 실행결과

```
#include <stdio.h>
main()
{
    int i;

    printf("값을 입력해 주세요:");
    scanf("%d", &i);

    switch ( i ) {
            case 0: printf("입력한 값은 0입니다.\n");
                break;
            case 1: printf("1을 입력했습니다.\n");
                break;
            case 2: printf("2입니다.\n");
                break;
            default: printf("0,1,2가 아닌 다른 수입니다.\n");
    }
}
```

```
값을 입력해 주세요 : 43
0,1,2가 아닌 다른 수입니다.
Press any key to continue
```

연습 아래와 같이 case 0과 case 1의 break 문을 없애고 입력을 0 또는 1을 입력하여 실행해 보고, 그 결과를 살펴보라.

```
switch ( i ) {
        case 0: printf("입력한 값은 0입니다.\n");
        case 1: printf("1을 입력했습니다.\n");
        case 2: printf("2입니다.\n");
                break;
        default: printf("0,1,2가 아닌 다른 수입니다.\n");
}
```

예제 4-32

아래 프로그램은 시험 점수를 입력받아 10으로 나눈 몫을 가지고 switch문을 이용하여 아래 표에 따른 등급을 구한다.

점 수	등 급	점 수	등 급	점 수	등 급
90 ~100	A	80~89	B	70~79	C
60~69	D	0~59	F		

예제 4-32 실행결과

```
#include <stdio.h>
main()
{
   int i , k;
   char c1;

   printf("insert integet(0 ~ 100):");
   scanf("%d", &i);
   switch(k = i / 10) {
          case 10:
          case  9: c1 = 'A'; break;
          case  8: c1 = 'B'; break;
          case  7: c1 = 'C'; break;
          case  6: c1 = 'D'; break;
          default: c1 = 'F';
    }
   printf("점수 = %d 등급 = %c\n", i, c1);
}
```

```
insert integet( 0 <= value <=100) : 78
점수 = 78 등급 = C
Press any key to continue_
```

연습 ❶ A, B, C, D, F 등급을 A+(95~100), A0(90~94), B+(85~89), B0(80~84), C+(75~79), C0(70~74), D+(65~69), D0(60~64), F(0~59)로 확대하여 사용할 수 있도록 프로그램을 수정하라.

❷ 입력된 점수가 음수이거나 100보다 클 경우에 다시 입력할 수 있도록 위 프로그램을 수정하라.

4.8 goto문

goto문은 무조건 분기 명령으로 프로그램 실행 중 goto문을 만나면 goto문 뒤에 명기된 레이블로 이동한다. 단, 함수 내에서는 어디든 이동할 수 있지만 함수간의 이동은 불가능하다. 불가피한 경우가 아니면 goto문은 사용하지 않는 것이 바람직하다.

```
goto label;
   …
label:  실행문;
   …
```

예제 4-33

1부터 100까지의 합을 goto문을 이용하여 작성한 예제이다. i 값이 100 이하이면 제어가 label로 이동하여 반복하게 된다.

예제 4-33 실행결과

```
#include <stdio.h>
main()
{
    int i, sum;

   i = 1; sum = 0;

   label:
   sum  = sum + i;
   i = i + 1;
   if (i <= 100)
            goto label;
   printf("합은 %d\n", sum);
}
```

4.9 조건문과 반복문의 응용

특정 조건에 따라 반복을 계속 혹은 중지할 경우에 반복문의 내부에 조건문을 사용한다. 반복문과 조건문을 사용하여 소수 및 최대공약수 문제를 다루어보기로 한다.

예제 4-34

임의의 정수를 입력받아 소수인지 아닌지를 계산하는 프로그램이다. 소수는 1과 자신만으로 나누어지는 수이다.

예제 4-34 실행결과

```
#include 〈stdio.h〉
main()
{
    int   a, j, k = 0;

    printf(“insert integer:”);
    scanf(“%d”, &a);

    for (j = 1; j 〈= a; j++)
            if (!(a % j))          // a가 j로 나누어지면
                 k++;          // k를 증가
    if (k == 2)
            printf(“소수\n”);
    else
            printf(“소수가 아님\n”);
}
```

```
insert integer :23
 소수
Press any key to continue
```

연습 하나의 정수(양수)를 입력하여 이 수까지의 모든 소수를 구하는 프로그램을 위 프로그램을 참고하여 작성하라.

예제 4-35

두 개의 정수를 입력하여, 두 수에 대하여 유클리드의 호제법을 이용하여 최대공약수를 찾는다.

예제 4-35 실행결과

```
#include 〈stdio.h〉
main()
{
    int i, j, result, num1, num2;

    printf("유클리드의 호제법을 이용한 최대공약수를 구하는 예제이다.\n");
    printf("두 개의 서로 다른 숫자를 입력하시오.\n0을 입력하면 종료됩니다.");

    while (1) {
        printf("\n\n 서로 다른 두 개의 숫자를 입력하라 -〉 ");
        scanf("%d %d", &num1, &num2);

        if (num1 〈 0  ||  num2 〈 0) continue; // 다시 입력
        if (num1 == 0  ||  num2 == 0) break; // 종료

        i = num1;
        j = num2;
        while ( j ) {
                    result = i % j;
                    i = j;
                    j = result;
        }
        printf("\n두 숫자 %d와 %d의 최대공약수는 %d이다.", num1, num2, i);
    }
}
```

```
유클리드의 호제법을 이용한 최대공약수를 구하는 예제이다.
두 개의 서로 다른 숫자를 입력하시오.
0을 입력하면 종료됩니다.

 서로 다른 두 개의 숫자를 입력하라 -> 24 18

두 숫자 24와 18 의 최대공약수는 6이다.
```

연습 위 프로그램을 이용하여 두 정수의 최소공배수를 구하는 프로그램을 작성하라.

4.10 간단한 파일 입출력

앞으로 프로그래밍 연습에서 활용하기 위하여 먼저 간단한 파일 입출력 사용법을 배워 자신이 작성한 프로그램의 저장, 수정 등을 할 수 있도록 기초부분만 설명하고, 파일에 관한 상세한 입출력 개념은 뒤편에서 설명한다.

파일에 저장되어 있는 자료를 프로그램에서 입력하려면, 먼저 파일을 만들어서 현재 작업하고 있는 폴더나 특정 위치에 저장하여야 한다. 여기에서 사용하는 입력 파일은 텍스트 파일로 만들어야 한다. 입력 파일은 두 가지 방법으로 만들 수 있다.

① 텍스트 문서를 작성하는 메모장을 실행하여 자료를 입력한 다음, [저장]을 선택하여 위치를 선정하고 파일 이름을 입력하여 저장한다.

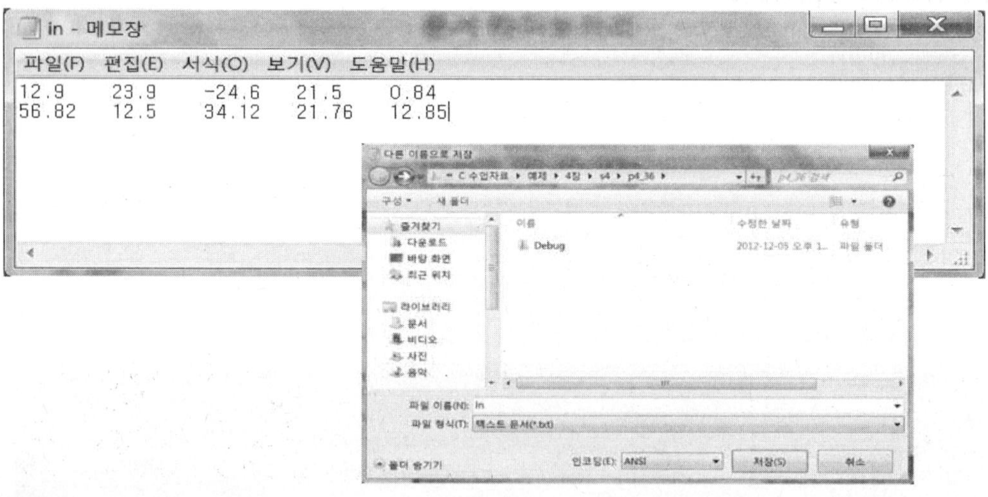

그림 4-1 메모장을 사용한 파일 만들기

② 비주얼 C++ 편집기를 이용하여 텍스트 파일을 만든다. [파일] 메뉴의 [새로 만들기]-[파일]을 선택하면, 새 파일 창이 나타난다. 여기에서 [일반]과 [텍스트 파일]을 선택하고 [열

기]를 클릭하면 편집창이 나타난다. 여기에 자료를 입력하고 저장 위치를 선정한 다음, 파일 이름을 입력하고 [저장]을 누른다.

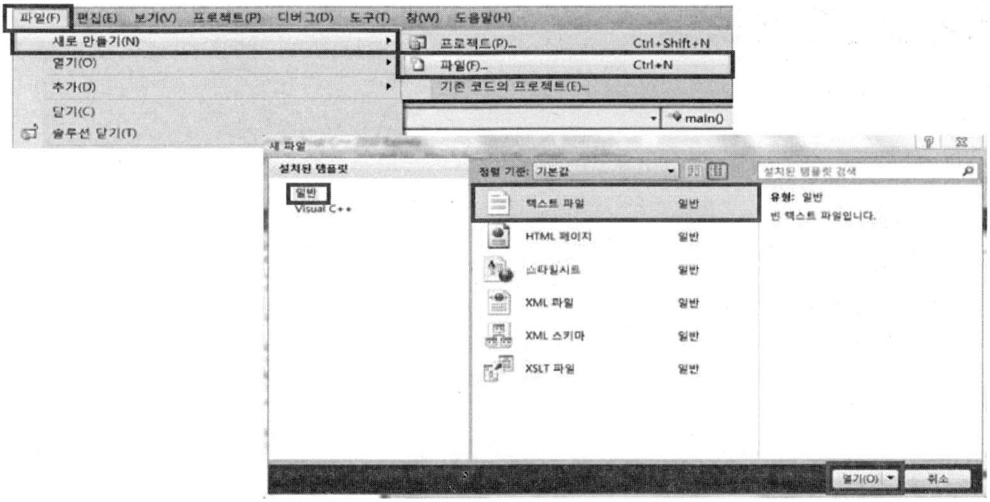

그림 4-2 텍스트 파일 설정

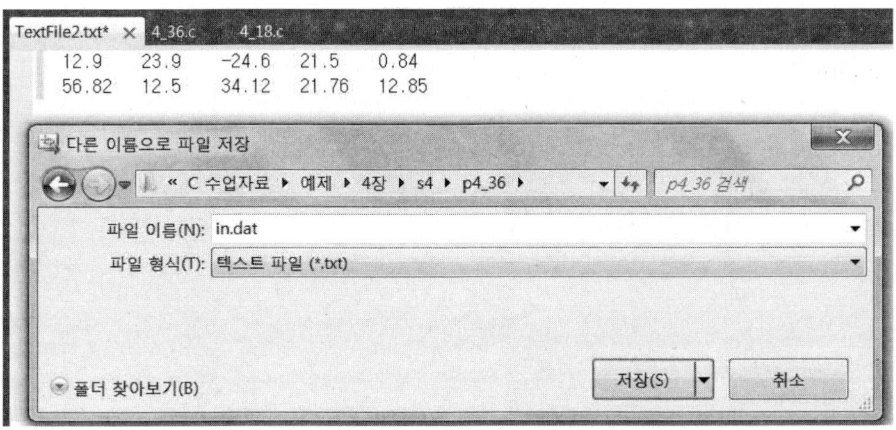

그림 4-3 파일 저장

예제 4-36

프로그램은 in.dat 라는 입력 데이터 파일에서 10개의 실수 값을 읽어 합과 평균을 구한 후 그 결과를 out.dat 파일에 출력한다.

예제 4-36 in.dat 입력 파일과 출력 파일

```
#include <stdio.h>
main()
{
    float x, sum, average;
    int i;
    FILE  * fpi,  * fpo;        // 파일 포인터 선언

    fpi = fopen("in.dat", "r");        // 파일 열기
    fpo = fopen("out.dat", "w+");

    sum = 0.0;
    for(i = 1; i <= 10; i++) {
            fscanf(fpi, "%f", &x);         // 파일에서 입력
            sum = sum + x;
    }
    average = sum / 10.0;
    fprintf(fpo, "Sum is %f\n", sum);        // 파일로 출력
    fprintf(fpo, "Average is %f\n", average);

    fclose(fpi);        // 파일 닫기
    fclose(fpo);
}
```

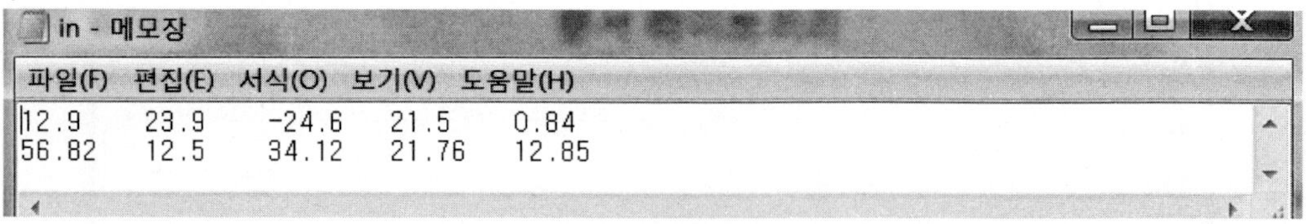

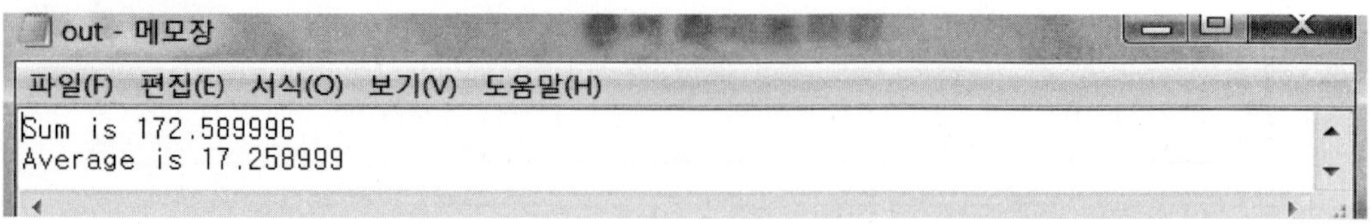

연습문제

1 아래 프로그램들의 실행결과를 예측해 보고, 실제로 실행한 결과와 비교해 보시오.

❶

```
#include <stdio.h>
main()
{
  int a = 2;
  int c;

  c = a >> 2;
  if(c == 0) printf("a >> 2 =0\n");
}
```

❷

```
#include <stdio.h>
main()
{
  double a, b, c;
  double d;

a = 2.0; b = 4.0; c = 8.0;
d = b * b - 4 * a * c;
  if(d == 0) printf("중근\n");
  else if(d > 0) printf("서로 다른 실근\n");
  else printf("허근\n");
}
```

❸

```
#include <stdio.h>
main()
{
  int i = 15;

  while(i >= 0) {
          printf("Computer\n");
          i -= 3;
  }
}
```

❹

```
#include <stdio.h>
main()
{
  int i, j;

  for(i = 2; i < 10; i++){
          for(j = 1; j < 10; j++)
           printf("%2d * %2d=%2d", i, j, i * j);
            printf("\n");
  }
}
```

❺

```
#include <stdio.h>
main()
{
  int sum, i;

  sum = 0;
  for(i = 1; i <= 10; i++){
            sum += i;
            if(sum > 20) break;
  }
  printf("1+2+3+ ... + %d=%d\n", i, sum);
}
```

2 두 정수를 입력 받아 같으면 0을, 앞에 것이 작으면 -1을, 앞에 것이 크면 +1을 출력하는 프로그램을 작성하시오.

3 비트 연산자를 이용하여 임의의 정수를 입력 받아, 값의 내부 저장 표현을 출력(32비트의 이진수)하는 프로그램을 작성하시오.

4 문자 하나와 온도를 실수형으로 입력받아, 문자가 F나 f이면 입력 받은 값을 화씨로 간주하고 섭씨로 바꾸고, 입력 받은 문자가 C나 c이면 입력받은 값을 섭씨로 간주하고 화씨로 바꾸어 결과를 출력하는 프로그램을 작성하시오. 섭씨온도(C)와 화씨온도(F)와의 관계식은 다음과 같다.

$$C = (5 / 9) * (F - 32)$$

5 두 정수를 입력받아 두 정수가 모두 홀수이거나 짝수이면 합을 출력하고, 그렇지 않으면 곱을 출력하는 프로그램을 작성하라.

6 문자를 입력하여 그에 해당하는 아스키코드를 출력하는 프로그램을 작성하라. 단, '.'을 입력하면 종료하도록 작성하시오.

7 입력한 정수의 절대값을 출력하는 프로그램을 if문을 사용하여 작성하시오.

8 다음을 기준으로 학점을 계산하는 프로그램을 if문을 이용하여 작성하시오. 점수는 표준입력으로 받아 결과를 출력한다.

점 수	학 점
0 ~ 59	F
60 ~ 69	D
70 ~ 79	C
80 ~ 89	B
90 ~ 100	A

9 ❶ 하나의 문자와 두 정수를 입력하여 문자가 '+'이면 두 수의 덧셈을, '−'이면 뺄셈을, ' * '이면 곱셈을, '/'이면 나눗셈을, '%'이면 나머지 연산을 하는 프로그램을 switch문을 사용하여 작성하시오.

❷ ❶을 'q'문자가 들어올 때까지 반복하도록 하시오.

10 1부터 n까지의 소수를 out.dat파일에 출력하는 프로그램을 작성하시오.

11 1부터 100까지의 수에서 홀수만 출력하는 프로그램을 작성하시오.

❶ for문 사용
❷ while문 사용
❸ do~while문 사용
❹ if문, goto문 사용

12 11번 문제에서 continue문을 사용하여 짝수가 출력되는 것을 방지하는 프로그램을 작성하시오

13 입력되는 데이터의 개수와 평균 및 합계를 구하는 프로그램을 제시된 조건을 사용하여 작성하시오. 만약, 입력 데이터가 −100보다 작거나 +100보다 큰 경우 프로그램을 종료하시오.

❶ for문 사용

❷ while문 사용
❸ do~while문 사용
❹ if문, goto문 사용
❺ while문, break문 사용

14 문자들을 입력받아 숫자, 영문자, 공백의 수를 출력하는 프로그램을 아래 제시된 조건을 사용하여 작성하시오. '.' 문자는 입력의 끝을 나타낸다.

❶ for문 사용
❷ while문 사용
❸ do~while문 사용
❹ if문, goto문 사용
❺ do~while문, break문 사용

15 아래의 그림을 출력하는 프로그램을 작성하시오.

❶
```
*
* * *
* * * * *
* * * * * * *
* * * * * * * * *
```

❷
```
* * * * * * * * *
  * * * * * * *
    * * * * *
      * * *
        *
```

❸
```
        *
      * * *
    * * * * *
  * * * * * * *
* * * * * * * * *
```

16 두 숫자를 입력받아 최소공배수, 최대공약수를 구하는 프로그램을 아래 제시된 조건을 사용하여 작성하시오.

❶ for문 사용
❷ while문 사용
❸ do~while문 사용
❹ if문, goto문 사용
❺ do~while문, break문 사용

17 in.dat 파일에서 정수 데이터(1에서 9사이의 값)를 읽어 각 정수의 빈도수를 구하여 아래 형태로 out.dat에 출력하는 프로그램을 하시오.

```
정수 데이터      빈도수      막대그래프
    1             23       * * * * * * * * * * * * * * * * * * * * * * *
    2             10       * * * * * * * * * *
                             ·
                             ·
                             ·
```

18 ❶ 학생 수(n)와 n명의 학생들의 학번, 국어, 영어, 수학 성적이 들어 있는 in.dat 파일에 만드시오.

❷ in.dat 파일로부터 학번과 성적을 입력받아 합계, 평균(소숫점 3자리에서 반올림), 학점을 구하여 아래의 양식으로 out.dat 파일에 출력하는 프로그램을 작성하시오. 학점은 평균을 이용하여 90점 이상 100점 이하이면 A, 80점 이상 90점 미만이면 B, 70점 이상 80점 미만이면 C, 60점 이상 70점 미만이면 D, 60점 미만이면 F로 한다.

```
                  * 성 적 표 *
학생수: 20명
학번    국어    영어   수학    합계     평균    학점
--------------------------------------------------
 1      90      80     99      269     89.67    B
                 .
                 .
                 .
--------------------------------------------------
```

5

배열과 문자열

5 배열과 문자열

5.1 배열의 의미

배열(array)이란 변수의 확장 개념으로서 동일한 자료형을 갖는 자료를 그룹화한 것이다. 많은 데이터를 표현하려고 할 때 단순 변수만을 사용하면 변수명을 각기 달리해야 하는 불편한 점이 있다. 배열은 하나의 이름을 사용하여 여러 개의 기억장소를 동시에 선언하여 각각을 독립되게 사용할 수 있다.

5.2 배열의 선언

배열은 동일한 데이터형의 그룹이기 때문에 배열을 선언할 때에는 데이터 형과 함께 배열명과 배열의 크기가 동시에 명시되어야 한다. 배열의 크기는 데이터를 저장하는 데이터 항목의 개수를 나타내며, 각 데이터 항목을 원소(element)라 한다.

데이터형 배열명[배열의 크기];

예 배열의 선언

```
int a [5]; // 크기가 5인 정수형 배열 a
double b [10]; // 크기가 10인 실수형 배열 b
char c [128]; // 크기가 128인 문자형 배열 c
```

예에서 선언된 배열 a에는 다섯 개의 int형 자료를 저장할 수 있는 기억장소가 마련되고, 각 원소는 첨자로 구분되며, 0에서 차례로 4까지 사용된다. 첨자로 구분되는 각 원소는 일반 변수처럼 취급된다.

예 원소의 접근

```
int a [3];
a[0] = 3; // 첫 번째 원소에 3을 대입
scanf("%d", &a[1]); // 두 번째 원소에 정수를 입력하여 저장
a[2] = a[0] + a[1]; // 세 번째 원소에 앞 두 원소의 합을 저장
```

예제 5-1

다섯 개의 원소를 갖는 정수형 배열 a를 선언하고, 각 원소에 정수를 대입한 다음 출력한다.

예제 5-1 실행결과

```
#include <stdio.h>
main()
{
    int a, k[5];

    k[0] = 10;
    k[1] = 20;
    k[2] = 30;
    k[3] = 40;
    k[4] = 50;

    for(a = 0; a < 5 ; a++)
        printf("k[%d] = %d \n", a, k[a]);
}
```

```
k[0] = 10
k[1] = 20
k[2] = 30
k[3] = 40
k[4] = 50
Press any key to continue
```

예제 5-2

10개의 원소를 갖는 정수형 배열 x를 선언하고, 키보드에서 자료를 입력하여 배열에 저장하고, 그 원소들을 출력한다. 그리고 각 원소의 합을 출력한다.

예제 5-2 실행결과

```
#include <stdio.h>
main()
{
     int j, sum, x[10];

     for(j = 0; j < 10; j++) // 배열 원소 입력
        scanf("%d", &x[j]);
    for(j = 0; j < 10; j++) // 배열 원소 출력
             printf("x[%d]=%d", j, x[j]);
     printf("\n");

    sum = 0;
    for(j = 0; j < 10; j++)
             sum += x[j]; // 각 원소의 합
    printf("sum = %d\n", sum);
}
```

```
3 5 7 9 3 6 8 12 45 19
x[0]=3 x[1]=5 x[2]=7 x[3]=9 x[4]=3 x[5]=6 x[6]=8 x[7]=12 x[8]=45 x[9]=19
sum = 117
Press any key to continue
```

연습 배열 원소의 평균을 출력하는 문장을 마지막에 추가하라.

예제 5-3

열 개의 double형 원소를 갖는 배열 ex를 선언하고, 10개의 자료를 입력하여 배열에 저장하고, 그 중 최대값을 구한다.

예제 5-3 실행결과

```
#include <stdio.h>
main()
{
    double max, ex[10];
    int k;

    for(k = 0; k < 10; k++)
        scanf("%lf", &ex[k]); // 배열에 입력

    for(k = 0; k < 10; k++)
            printf("ex[%d]=%.2lf", k, ex[k]); // 배열의 내용 출력
    printf("\n");

    max = ex[0];
    for(k = 1; k <=9; k++)
            if (ex[k] > max)
                    max = ex[k]; // 최대값 찾기
    printf("최대값은 %.2lf\n", max);
}
```

```
2.5 45.6 23.6 35.6 2.45 7.68 1.5 8.9 9.0 12.8
ex[0]=2.50  ex[1]=45.60  ex[2]=23.60  ex[3]=35.60  ex[4]=2.45  ex[5]=7.68  ex[6]
=1.50  ex[7]=8.90  ex[8]=9.00  ex[9]=12.80
최대값은 45.60
Press any key to continue
```

연습 최소값을 구하도록 위 프로그램을 수정하라.

5.3 배열의 초기화 및 활용

5.3.1 배열의 초기화

C에서 배열을 선언하면서 동시에 배열 원소의 값을 할당할 수 있다. 이를 배열의 초기화라고 하는데, 대입연산자 다음에 괄호를 사용하여 값을 나열한다. 배열의 초기화 예는 아래와 같다.

```
int a [5] = {18, 29, 32, 4, 5};
int b [] = {5, 7, 9, 3, 0};
int c [5] = {1};
```

초기값은 중괄호('{'와 '}') 내에 표현되며 각 원소의 값은 콤마로 구분된다. 각 값은 순서대로 원소에 대입된다. 배열 원소들은 모두 초기화할 수도 있고, 부분만 초기화할 수도 있다. 모든 원소를 초기화할 때에는 두 번째 예와 같이 배열 b의 크기를 생략할 수 있다. 배열의 크기가 생략되면 컴파일러가 초기화된 값의 개수에 맞게 배열 크기를 자동으로 지정한다. 부분적으로 초기화한다는 표현은 초기값의 개수가 배열의 크기보다 작은 경우인데, 이때 나머지 배열 원소는 모두 0으로 초기화 된다. 즉, 배열 c의 첫 번째 원소 c[0]에는 1로 초기화되었다. 이 경우 c[1]에서 c[4]까지의 값은 모두 0이 된다. 실수형 배열인 경우는 0.0이, 문자형 배열인 경우는 널문자('\0' 즉, 아스키 코드가 0인 문자)가 주어진다. 배열의 초기화는 배열 선언 시에만 가능하며 프로그램의 다른 위치에서는 사용할 수 없다.

예제 5-4

정수형, 배정도 실수형, 문자형의 배열을 각각 선언하면서 초기화하고, 각 배열의 원소를 출력한다.

예제 5-4 실행결과

```
#include <stdio.h>
main()
{
```

```
    int i = 0;
    int a[5] = {10, 20, 33, 35, 13};
    double b[4] = {1.2, 2.4};
    char c[] = {‘$’, ‘&’, ‘ * ’};

    for (i = 0; i < 5; i++) {
            printf(“%d”, a[i]);
    }
    printf(“\n”);

    for (i = 0; i < 4; i++) {
            printf(“%lf”, b[i]);
    }
    printf(“\n”);

    for (i = 0; i < 3; i++) {
            printf(“%c”, c[i]);
    }
    printf(“\n”);
}
```

```
10 20 33 35 13
1.200000 2.400000 0.000000 0.000000
$ & ?
Press any key to continue_
```

예제 5-5

10명의 성적을 배열에 초기화하고 배열의 내용을 출력한다. 그리고 가장 높은 성적을 구하여 출력한다.

예제 5-5 실행결과

```
#include <stdio.h>
main()
{
    int i = 0, max = 0;
    int score[10] = {10, 20, 33, 35, 13, 22, 77, 45, 67, 88};

    printf(“다음은 10명의 성적입니다. >>\n”);
    for (i = 0; i < 10; i++) {
            if (max < score[i])
```

```
                max = score[i];
            printf("%d%s", score[i], (i==9) ? "\n\n": ",");
    }
    printf("위 10명의 성적 중에서 가장 높은 성적은");
    printf("%d 입니다.\n", max);
}
```

```
다음은 10명의 성적입니다. >>
10, 20, 33, 35, 13, 22, 77, 45, 67, 88

위 10명의 성적 중에서 가장 높은 성적은 88 입니다.
Press any key to continue
```

주의 위 프로그램에서 max의 초기치를 0으로 둔 이유는 성적이 항상 0보다 크거나 같기 때문이다. 만약, 모든 값이 음수인 경우는 위 방법으로 최대값을 구할 수 없다.

예제 5-6

아래 프로그램은 0부터 9까지의 수 20개 정수를 입력하여 배열에 저장하고, 각 숫자의 빈도수를 구하는 예제이다.

예제 5-6 실행결과

```
#include <stdio.h>
main()
{
    int i, freq[10] = {0 };
    int in[20];

    printf("20개의 정수를 입력하시오:\n");
    for (i = 0; i < 20; i++)
            scanf("%d", &in[i]);

    for (i = 0; i < 20; i++)
            freq[in[i]]++;

    printf("빈도수는 아래와 같다\n");
    for (i = 0; i < 10; i++)
            printf("%d의 빈도수 : %d\n", i, freq[i]);
}
```

```
20개의 정수를 입력하시오 :
2 4 6 8 9 0 3 5 1 4 7 9 5 3 2 1 5 8 0 6
빈도수는 아래와 같다
0의 빈도수 : 2
1의 빈도수 : 2
2의 빈도수 : 2
3의 빈도수 : 2
4의 빈도수 : 2
5의 빈도수 : 3
6의 빈도수 : 2
7의 빈도수 : 1
8의 빈도수 : 2
9의 빈도수 : 2
Press any key to continue
```

연습 freq[in[i]]++; 문장의 의미를 설명하라.

5.3.2 배열의 주소

기억장소에서 배열의 각 원소는 순서대로 위치한다. 다섯 개의 원소를 갖는 정수 배열 age는 다음과 같이 메모리에 위치한다.

100	104	108	112	116
age[0]	age[1]	age[2]	age[3]	age[4]

배열의 첫 번째 원소 age[0]이 주소 100에 위치한다면, 두 번째 원소 age[1]은 104, age[2]는 108, age[3]의 주소는 112가 된다. 주소값이 4의 간격으로 할당되는 것은 정수형 데이터의 크기가 4바이트이기 때문이다. 이때, 배정되는 주소는 컴퓨터 시스템에서 임의로 배정되므로 사용할 때마다 달라질 수 있다.

이때 유의할 점은 배열의 이름은 배열 영역의 시작 주소를 나타낸다는 것이다. 즉, C에서 배열명은 배열의 시작 주소 값이다. 그러므로 배열의 이름(age)과 첫 번째 배열 원소의 주소 값(&age[0])은 동일한 값을 갖는다. 이는 배열과 포인터를 관계를 이해하는데 매우 중요한 개념으로 반드시 기억해야 한다. 다음 프로그램 예를 통하여 이를 확인한다.

예제 5-7

프로그램의 출력에서 주소값은 시스템에 따라 다르게 나올 수 있지만 배열의 이름인 age의 주소값과 배열의 첫 번째 원소인 age[0]의 주소값은 항상 동일하다. 그리고 각 배열의 원소는 정수의 크기에 따라 4바이트 간격으로 위치한다.

예제 5-7 실행결과

```
#include <stdio.h>
 main()
 {
    int i, age[5];

    printf("\n age: %p", age); // 배열의 시작 주소
    for(i = 0; i < 5; i++)
            printf("\n address of age[%d]: %p", i, &age[i]);
 }
```

```
age : 0013FF78
address of age[0] : 0013FF78
address of age[1] : 0013FF7C
address of age[2] : 0013FF80
address of age[3] : 0013FF84
address of age[4] : 0013FF88
```

참조 %p는 주소 값을 16진수로 출력하기 위한 형식 지정자이다.

예제 5-8

n명(n은 100보다 작거나 같다)의 학생의 국어, 영어, 수학 성적(정수)을 입력하여 각각의 배열에 저장하고 합계와 평균(소숫점이하 2자리까지)을 출력한다.

예제 5-8 실행결과

```
#include <stdio.h>
main ()
{
```

```
    int kor[100], eng[100], mat[100];
    int sum[100];
    double avg[100];
    int n, i;

    printf("학생 수를 입력하세요:");
    scanf("%d", &n);
    for(i = 0; i < n; i++){
            printf("%d 번째 학생의 성적을 입력 하세요:", i+1);
            scanf("%d %d %d", &kor[i], &eng[i], &mat[i]);
    }

    for(i = 0; i < n; i++) // 합
            sum[i] = kor[i] + eng[i] + mat[i];

    for(i = 0; i < n; i++) // 평균
            avg[i] = sum[i] / 3.0;

    printf("\n성적 결과\n");
    printf("국어 영어 수학 합계 평균\n");
    for(i = 0; i < n; i++)
      printf("%5d %5d %5d %6d %7.2lf\n", kor[i], eng[i], mat[i], sum[i], avg[i]);
}
```

```
학생 수를 입력하세요 : 5
 1 번째 학생의 성적을 입력 하세요 :98 87 89
 2 번째 학생의 성적을 입력 하세요 :60 60 60
 3 번째 학생의 성적을 입력 하세요 :20 60 89
 4 번째 학생의 성적을 입력 하세요 :78 67 98
 5 번째 학생의 성적을 입력 하세요 :23 56 78

성적 결과
  국어  영어  수학  합계  평균
   98    87    89    274   91.33
   60    60    60    180   60.00
   20    60    89    169   56.33
   78    67    98    243   81.00
   23    56    78    157   52.33
Press any key to continue
```

예제 5-9

10개의 원소를 가지는 정수형 배열을 선언하면서 초기화 한 후에 배열 내용을 출력한다. 그리고 오름차순으로 정렬하고 배열 내용을 다시 출력한다.

예제 5-9 실행결과

```
#include 〈stdio.h〉
#define MAX 10
main()
{
    int number[MAX] = {3, 7, 8, 12, 2, 22, 1, 5, 9, 10};
    int i, j, z;

    printf ("원본 배열 값:");
    for(i = 0; i 〈 MAX ; i++) {
            printf("%3d", number[i]);
    }

    for (i = 0; i 〈 MAX-1; i++) {
            for(j = i +1; j 〈 MAX; j++) {
                  if(number[i] 〉 number[j])  {
                              z = number[i];
                              number[i] = number[j];
                              number[j] = z;
                  }
            }
    }

    printf ("\n\n오름차순 정렬:");
    for(i = 0; i 〈 = MAX-1; i++)  {
            printf ("%3d", number[i]);
    }
    printf ("\n");
}
```

```
원본 배열 값 :   3  7  8 12  2 22  1  5  9 10

오름차순 정렬 :   1  2  3  5  7  8  9 10 12 22
Press any key to continue
```

5.3.3 배열의 첨자 범위

다른 언어와 달리 C컴파일러는 배열의 한계 검사를 실시하지 않는다. 한계 검사란 컴파일러가 선언한 배열의 크기를 넘어서는지를 검사하는 것을 말한다. 예를 들어, 사용자가 배열의 크기를 5로 정해두고서 6번째 배열 원소의 값을 사용하여도 C컴파일러는 아무런 에러 메시지를 내지 않는다.

C에서 배열의 한계 검사를 하지 않기 때문에 때때로 매우 심각한 결과를 유발하기도 한다. 선언되지 않은 영역에 데이터가 할당됨으로써 프로그램 코드나 시스템 관련 데이터가 간혹 바뀌질 수 있기 때문이다. C프로그램을 처음 배울 때에는 시스템이 다운되는 경우가 간혹 발생하는데 이는 대부분 사용자가 메모리 영역을 잘못 건드리기 때문이다.

특히, C에서는 배열의 크기가 n인 경우 배열의 첨자가 0에서 시작하기 때문에 n번째 배열 원소의 첨자 값은 n이 아니라 n-1이다. 다른 프로그램 언어에 익숙한 프로그래머인 경우 배열의 마지막 첨자를 n으로 사용하는 실수를 범하기 쉽다. 따라서 프로그램 수행 중 시스템이 다운될 때에는 배열의 한계를 넘어서 데이터를 할당한 곳이 없는지를 체크해 보는 것이 필요하다.

5.4 배열과 문자열

문자열(string)이란 문자형이라는 동일한 타입의 변수들이 모여서 이루어지는 것이므로 문자형 배열을 선언하여 이 배열에 문자열을 저장한다. 아래와 같이 배열을 이용하여 문자열을 선언하면 배열에는 순차적으로 문자들이 저장되며 맨 끝에는 널문자('\0')가 저장되어 문자열의 끝임을 알려준다.

배열을 선언하면서 문자열도 초기화할 수 있다. 초기화 방법은 대입연산자 다음에 큰 따옴표를 사용하여 문자열 상수값을 표현한다. 중괄호를 사용하여 문자를 하나씩 나열할 수도 있다. 이 경우에는 반드시 마지막에 널 문자를 명시하여야 한다. 배열의 크기를 생략 할 경우에는 초기화

값의 개수에 맞게 배열의 크기가 자동으로 지정된다.

```
char str [11] = "C Language";
char s2 [] = {'L', 'a', 'n', 'g', 'u', 'a', 'g', 'e', '\0'};
char s3 [] = "C";
```

아래 그림에서 보는 바와 같이 배열 str과 s3의 마지막 원소에는 널 문자가 추가되어 있다. 배열 s3은 문자열 "C"를 저장하기 위해 두 개의 원소를 갖는다.

	[0]	[1]	[2]	[3]	[4]	[5]	[6]	[7]	[8]	[9]	[10]
str	'C'	' '	'L'	'a'	'n'	'g'	'u'	'a'	'g'	'c'	'\0'

	[0]	[1]
s3	'C'	'\0'

예제 5-10

배열에 문자열을 초기화하는 3가지 다른 방법을 보여주고 문자열을 출력하는 프로그램이다.

예제 5-10 실행결과

```
#include <stdio.h>

main()
{
    char lang[] = "language.";
    char java[] = {'J', 'a', 'v', 'a', '\0'};
    char stmt[80] = "Java is object oriented";

    printf("%s\n", lang);
    printf("%s\n", java);
    printf("%s\n", stmt);
}
```

```
language.
Java
Java is object oriented
Press any key to continue
```

5.4.1 문자열 입력 함수

문자열의 입력은 다른 데이터의 입력처럼 scanf() 함수를 사용할 수 있으나, 뒤에서 설명하는 이유 때문에 주로 gets() 함수를 사용하여 입력한다.

■ gets() 함수를 이용한 입력

```
gets(st_addr);
```

st_addr은 입력될 문자열이 저장될 시작 주소를 나타낸다. 이 함수는 엔터키 앞까지의 모든 문자들이 st_addr에 저장된다. 끝에 문자열의 끝을 나타내는 널 문자가 저장된다.

예 문자열 입력

```
char str [10];
gets(str);
```

입력: Computer Enter↵

아래 그림과 같이 입력된 문자열이 배열 str에 저장된다. 이때, 널 문자가 추가된 점을 주의하라.

	[0]	[1]	[2]	[3]	[4]	[5]	[6]	[7]	[8]	[9]
str	'C'	'o'	'm'	'p'	'u'	't'	'e'	'r'	'\0'	

예 문자열 입력

```
char str[5];
gets(str);
```

[입력] Computer Enter↵

위의 예는 앞에서 본 것과 비슷하나 단지 배열의 크기가 다르다. 이때, 입력된 문자들은 아래 그림과 같이 str에 저장된다. 하지만 배열 str에는 5개의 문자만 저장되도록 할당되었기 때문에 그 이후에 허락되지 않은 장소에 나머지 문자("ter")들이 저장되어 프로그램이 실행될 때 문제를 일으킬 수 있다.

	[0]	[1]	[2]	[3]	[4]	[5]	[6]	[7]	[8]
str	'C'	'o'	'm'	'p'	'u'	't'	'e'	'r'	'\0'

그러므로 배열의 크기는 최소한 입력할 문자들의 개수보다 1 이상 더 큰 장소를 잡아야 한다.

■ scanf() 함수를 이용한 입력

다른 타입의 데이터 입력처럼 문자열의 입력은 scanf() 함수를 사용할 수 있다. scanf() 함수에서 문자열 입력을 위한 변환문자는 %s이다.

예 형식화된 입력

```
char str[40];
scanf("%s", str);
```

위의 예는 앞의 gets() 함수를 사용한 것처럼 입력된 문자열을 배열 str에 저장한다. 그러나 scanf()로 문자열을 입력할 시에 입력될 문자열 중에 공백 문자, 탭 혹은 뉴라인 문자를 만날 때까지만 입력되므로 주의해야 한다.

예를 들어, 입력이 아래와 같을 때를 살펴보자.

입력: This is my computer [Enter↵]

이때 입력되는 문자열은 첫 공백 문자가 나올 때까지 입력되므로 배열 str[]에 "This"만 입력된다. 따라서 공백을 포함한 문자열 전체를 입력할 때는 scanf() 함수가 아니라 gets() 함수를 사용해야 한다.

5.4.2 문자열의 출력

문자열의 출력은 다른 타입의 데이터처럼 printf() 함수를 사용하여 출력하거나 문자열 출력을 위한 함수 puts()를 사용할 수 있다.

■ printf() 함수를 이용한 출력

문자열 출력을 위해서 변환문자 %s를 사용하여 출력한다. 다음 예는 배열 str에 저장된 문자열을 출력하는 문장이다.

예 문자열 출력

```
char str[10] = "Computer";
printf("%s", str);
```

예제 5-11

문자열을 입력하여 배열 str[]에 저장하고, 배열에 포함된 문자의 개수를 출력하는 프로그램이다.

예제 5-11 실행결과

```
#include <stdio.h>
main()
{
    char str[50];
    int count = 0;

    gets(str);
    for(; str[count]; count++);
        printf("입력된 문자열 %s에는 %d개의 문자가 있다.", str, count);
}
```

■ puts() 함수를 이용한 출력

```
puts(addr);
```

함수의 인자 addr은 출력할 문자열이 저장되어 있는 시작 주소이다. 이 함수는 addr이 가리키는 곳의 문자열을 화면에 출력하며, 자동으로 줄바꿈 문자('\n')를 추가하여 줄을 바꾼다.

예제 5-12

puts() 함수를 이용하여 문자열을 출력한다.

예제 5-12 실행결과

```
#include 〈stdio.h〉
main()
{
    char str[10];

    gets(str); // 입력: Computer
    puts(str);
    puts(“two”);
    puts(“three”);
}
```

예제 5-13

두 줄의 문자열을 입력하여 배열 str1[]과 str2[]에 저장하고, 문자열이 같은지 다른지를 출력하는 프로그램이다.

예제 5-13 실행결과

```
#include 〈stdio.h〉
main()
{
    char str1[100];
    char str2[100];
    int i = 0, flag;

    gets(str1);
    gets(str2);
```

```
        flag = 1;
        while (str1[i] == str2[i])
                if(str1[i++] == '\0') {
                        flag = 0;
                        break;
                }

        if(flag)
                printf("%s와 %s는 같지 않다.\n", str1, str2);
        else
                printf("%s와 %s는 같다.\n", str1, str2);
}
```

```
Test program
test program
Test program와 test program는 같지 않다.
```

5.4.3 문자열 처리 함수

C 표준 라이브러리는 많은 문자열 관련 함수들을 제공한다. 그 중에서 많이 사용되는 아래 네 개의 함수에 대해 설명한다. 이 함수들은 <string.h> 헤더 파일을 필요로 한다.

```
strcpy (to, from); // 문자열 복사
strcat (to, from); // 문자열 연결
strcmp (to, from); // 문자열 비교
strlen (str); // 문자열 길이
```

■ 문자열의 복사

함수 strcpy(to, from)는 from 문자열을 to 문자열로 복사하는 함수이다.

예 문자열 복사

```
char str[10];
strcpy (str, "hello");
printf ("%s", str);
```

앞의 예는 문자열 "hello"를 str에 복사하는 것이다. 함수 strcpy() 호출 후 str의 내용은 아래와 같다.

	[0]	[1]	[2]	[3]	[4]	[5]	[6]	[7]	[8]	[9]
str	'h'	'e'	'l'	'l'	'o'	'\0'				

- 문자열의 연결

함수 strcat(to, from)은 from의 문자열을 to 문자열 뒤에 붙이는 함수이다.

예 문자열 복사 후 연결

```
char str[10];
strcpy (str, "This");
strcat (str, "is");
puts (str);
```

배열 str에 "This"를 복사한 후, 그 뒤에 "is"를 붙인 예이다. str의 내용 및 출력 결과는 아래와 같다.

	[0]	[1]	[2]	[3]	[4]	[5]	[6]	[7]	[8]	[9]
str	'T'	'h'	'i'	's'	' '	'i'	's'	'\0'		

마지막 문장의 출력함수 puts()는 문자 "This is"를 출력한다.

- 문자열의 비교

함수 strcmp(s1, s2)는 문자열 s1과 s2를 비교하여 그 결과를 반환하는 함수이다. 함수값은 두 문자열이 같으면 0, s1이 s2보다 작으면 음의 정수, 크면 양의 정수이다. 즉, 이 함수는 두 문자열이 같으면 0을 반환하고, 그렇지 않으면 s1과 s2에서 처음으로 다른 문자에서 코드값의 차(앞 문자 - 뒤 문자)를 반환한다. 따라서 문자열의 작고 큼은 문자의 코드의 작고 큼과 같다.

문자열들이 영문자일 때 문자열은 사전적 순서로 비교된다. 문자열이 사전에서 다른 문자열보다 먼저 나오면 작다고 하고, 뒤에 나오면 크다고 한다. 그러나 대소문자가 섞여 있는 경우는 그렇지 않다. 소문자가 대문자보다 크다. 즉, 코드 표에서 대문자가 소문자보다 앞에 나온다.

예 문자열 비교

```
char str[10], str2[10];
printf("첫 번째 문자열:"); gets(str1);
printf("두 번째 문자열:"); gets(str2);
if (!(strcmp (str1, str2)))
        printf("결과: %s == %s\n", str1, str2);
else if (strcmp (str1, str2) <0)
        printf("결과: %s < %s\n", str1, str2);
else printf("결과: %s > %s\n", str1, str2);
```

첫 번째 줄과 두 번째 줄에 입력한 각 문자열에 대한 출력은 다음과 같다.

```
첫 번째 문자열: one Enter↵
두 번째 문자열: one Enter↵
결과: one == one
```

```
첫 번째 문자열: one Enter↵
두 번째 문자열: three Enter↵
결과: one < three
```

```
첫 번째 문자열: one Enter↵
두 번째 문자열: oney Enter↵
결과: one < oney
```

```
첫 번째 문자열: one Enter↵
두 번째 문자열: One Enter↵
결과: one > One
```

■ 문자열의 길이

함수 strlen(str)은 str에 저장된 문자열의 문자 개수를 함수값으로 반환한다. 이때 널 문자('\0')는 포함되지 않는다. 다음 예는 문자열 "computer"의 길이 8을 출력한다.

예 문자열의 길이 출력

```
char *str = "computer";
printf("%d", strlen(str));
```

예제 5-14

문자열의 길이, 복사, 연결, 비교 등의 문자열 관련 함수를 이용하여 그 결과를 보여준다.

예제 5-14 실행결과

```
#include 〈stdio.h〉
#include 〈string.h〉
main()
{
    int length, compare;
    char s1[] = "Example String";
    char s2[100];

    printf("%s\n", s1);
    length = strlen(s1);
    printf("s1의 길이 = %d\n", length);

    strcpy(s2, s1);
    printf("s1 = %s\ns2 = %s\n", s1, s2);
    strcat(s2, "String");
    printf("s2 = %s\n", s2);

    compare = strcmp(s1, s2);
    if (!compare)
            printf("s1 == s2\n");
    else if (compare 〈 0)
            printf("s1 〈  s2\n");
    else printf("s1 〉 s2\n");
}
```

```
Example String
s1의 길이 = 14
s1=Example String
s2=Example String
s2=Example StringString
s1 < s2
```

예제 5-15

한 줄의 문자열을 표준입력으로 입력 받아 영문자의 대문자는 소문자로, 소문자는 대문자로 변환하여 출력하는 프로그램이다.

예제 5-15 실행결과

```
#include <stdio.h>
#include <ctype.h>
#include <string.h>
#define LINENUM 81

main()
{
    int i, len;
    char line[LINENUM];

    printf("영문 문장을 입력하세요. -> \n");
    gets(line);
    len = strlen(line);
    printf("위에서 입력한 문자열에서 대문자와 소문자를 반대로 변환하면 -> \n");
    for (i=0 ; i < len ; i++) {
            if ('A' <= line[i] && 'Z' >= line[i])        // 대문자
                 line[i] = tolower(line[i]);
            else if ('a' <= line[i] && 'z' >= line[i])        // 소문자
                 line[i] = toupper(line[i]);
            printf("%c", line[i]);
   }
   printf("\n");
}
```

```
영문 문장을 입력하세요. ->
Hello~ C Language!
위에서 입력한 문자열에서 대문자와 소문자를 반대로 변환하면 ->
hELLO~ c lANGUAGE!
Press any key to continue
```

참조 함수 tolower()는 대문자를 소문자로 변환하고, 함수 toupper()는 소문자를 대문자로 바꾸는 함수이다. 이 두 함수를 사용하기 위해서는 헤드 파일 ctype.h이 포함되어야 한다.

5.5 다차원 배열

다차원 배열은 배열 첨자가 두 개 이상인 배열을 의미한다. 두 개의 첨자를 갖는 2차원 배열은 다음과 같이 선언한다.

데이터형 배열명[행의 크기][열의 크기];

예 2차원 배열의 선언
int a [3][2];

2차원 배열의 개념적 구조는 행과 열로 표현된다. 첫 번째 첨자는 행으로 두 번째 첨자는 열의 개수로 이해하면 알기 쉽다. 앞에서 선언된 2차원 배열 a는 두 개의 원소를 갖는 1차원 배열(열)이 세 개(행)인 구조이다.

a[0][0]	a[0][1]
a[1][0]	a[1][1]
a[2][0]	a[2][1]

그러나 이러한 개념은 사용자 입장에서 본 논리적인 데이터의 구조일 뿐 실제 메모리에서는 1차원 배열로 저장된다. 즉, 컴파일러는 2차원 배열을 1차원 배열을 원소로 갖는 1차원 배열로 해석하고 저장한다. 저장 순서는 첫 번째 행의 원소를 순서대로 채우고 다음 행의 순서로 채운다. 이와 같은 배치 방식을 행우선 형식(row-major order)이라 한다. 따라서 위 예의 2차원 배열 a의 각 원소가 실제 메모리에 배치되는 형식은 다음과 같다.

<table>
<tr><td>a[0][0]</td><td>a[0][1]</td><td>a[1][0]</td><td>a[1][1]</td><td>a[2][0]</td><td>a[2][1]</td></tr>
<tr><td colspan="2">0 행</td><td colspan="2">1행</td><td colspan="2">2행</td></tr>
</table>

1차원 배열과 마찬가지로 2차원 배열도 선언과 함께 초기화할 수 있으며, 2차원 배열이 1차원 배열을 원소로 갖는 1차원 배열이라는 원리를 기억한다면 쉽게 이해할 수 있다. 여섯 개의 원소를 갖는 2차원 배열의 초기화 방법은 다음과 같이 여러 가지가 가능하다.

```
int a[ ][ ] = {{1, 2}, {3, 4}, {5, 6}};
int a[3][2] = {1, 2, 3, 4, 5, 6};
int a[ ][2] = {{1, 2}, {3, 4}, {5, 6}};
int a[3][2] = {{1, 2}, {3, 4}, {5, 6}};
```

첫 번째 방법은 초기화 시 배열의 행 및 열의 크기를 명시하지 않은 경우로서 컴파일러는 중괄호 속의 데이터 배치로부터 자동으로 배열의 행과 열의 수를 알아낸다. 두 번째 방법은 1차원 배열 초기화 방식과 동일한데 값을 할당하면 컴파일러가 명시된 행 및 열의 크기를 기초로 2차원 배열의 원소들이 배치되는 순서에 따라 값을 할당하게 된다. 이때, 원소의 수보다 초기 값의 개수가 적을 경우에는 0으로 할당하고 더 많은 경우에는 오류로 처리한다. 세 번째 방법에서는 초기화 값의 그룹을 확인하여 컴파일러가 행의 개수를 설정해 주며, 네 번째는 행과 열의 수에 맞게 자료를 기술한 가장 명확한 방법이다.

예제 5-16

이차원 배열 a를 초기화하고 각 원소의 값을 출력한다.

예제 5-16 실행결과

```
#include<stdio.h>
main ()
{
    int i, j;
    int a[3][2] = {1, 2, 3, 4, 5, 6};

    for(i = 0; i <= 2; i++) {        // 행
        for(j =0 ; j <= 1; j++)      // 열
            printf("a[%d][%d] = %d", i, j, a[i][j]);
        printf("\n");
    }
}
```

```
a[0][0] = 1   a[0][1] = 2
a[1][0] = 3   a[1][1] = 4
a[2][0] = 5   a[2][1] = 6
Press any key to continue
```

연습 ❶ 2차원 배열 a의 초기화 작업을 다른 방법으로 해 보라.

❷ 배열 원소의 합을 출력하도록 프로그램의 마지막에 추가하라.

예제 5-17

정수형 2차원 배열 a[3][4]를 선언하고 12개의 정수를 입력하여 저장한다. 그리고 각 원소의 값을 출력한다.

예제 5-17 실행결과

```
#include <stdio.h>
main ()
{
    int i, j;
   int a[3][4];

    for(i = 0; i <= 2; i++)
            for(j = 0; j <= 3; j++)
                 scanf("%d", &a[i][j]);

    for(i = 0; i <= 2; i++) {
            for(j = 0; j <= 3; j++)
                 printf("a[%d][%d] = %d", i, j, a[i][j]);
    printf("\n");
   }
}
```

```
1 2 3 4 5 6 7 8 9 10 11 12
a[0][0] = 1   a[0][1] = 2   a[0][2] = 3   a[0][3] = 4
a[1][0] = 5   a[1][1] = 6   a[1][2] = 7   a[1][3] = 8
a[2][0] = 9   a[2][1] = 10   a[2][2] = 11   a[2][3] = 12
Press any key to continue
```

연습 배열 a에 실행 결과처럼 데이터를 넣는 작업을 for문을 사용하여 작성하라.

입력 예: a[0][0] 입력 : 1

문자열은 1차원 배열에 저장된다. 여러 개의 문자열을 배열에 저장하려면 문자열의 개수와 동등한 행으로 구성된 이차원 배열이 필요하다. 즉, 문자들의 2차원 배열은 1차원 배열에 저장된 문자열의 모임으로 생각할 수 있다. 아래의 선언문은 최대 13자까지의 문자들로 구성되는 문자열을 저장하는 1차원 배열이 10개로 구성된 2차원 배열로 생각할 수 있다.

char str [10][14]

예제 5-18

한 사람의 이름은 일차원 배열에 저장된다. 다섯 명의 이름을 5개의 행을 가지는 2차원 배열이 필요하다. 다음 프로그램은 이차원 배열에 다섯 명의 이름을 초기화하고 첨자를 입력하여 해당 이름을 출력한다.

예제 5-18 실행결과

```
#include<stdio.h>
main ()
{
    char name [5][11]={"김한국", "싸이", "박찬호", "김C", "송나라"};
    int i;

    do {
            printf ("번호(0-4) 입력:");
            scanf ("%d", &i);
    } while (i < 0 || i > 4);

    printf("%d번째의 이름은 %s\n", i, name[i]);
}
```

```
번호(0-4) 입력: 5
번호(0-4) 입력: 2
2번째의 이름은 박찬호
계속하려면 아무 키나 누르십시오 . . .
```

예제 5-19

아래는 두 3×3 행렬의 합을 구하는 프로그램이다. 행렬을 나타내기 위해 0번 행과 0번 열은 사용하지 않는다. 행렬 A와 B의 값을 입력하고, 서로 대응하는 원소끼리 더하여 행렬 C에 저장하고 출력한다.

$$\begin{pmatrix} 5 & 2 & 0 \\ 7 & 4 & 3 \\ 5 & 2 & 1 \end{pmatrix} + \begin{pmatrix} 5 & 3 & 9 \\ 8 & 3 & 6 \\ 1 & 0 & 2 \end{pmatrix}$$

예제 5-19 실행결과

```
#include<stdio.h>
main ()
{
    int A[4][4], B[4][4], C[4][4];
    int i, j;

    for(i = 1; i <= 3; i++)
            for(j = 1; j <= 3; j++)
                scanf("%d", &A[i][j]);

    for(i = 1; i <= 3; i++)
            for(j = 1; j <= 3; j++)
                scanf("%d", &B[i][j]);

    for(i = 1; i <= 3; i++)
            for(j = 1; j <= 3; j++)
                C[i][j] = A[i][j] + B[i][j];

    printf("합한 결과 행렬 C\n");
    for(i = 1; i <= 3; i++){
            for(j = 1; j <= 3; j++)
                printf("%3d", C[i][j]);
            printf("\n");
    }
}
```

```
5 2 0 7 4 3 5 2 1
5 3 9 8 3 6 1 0 2
합한 결과 행렬 C
 10  5  9
 15  7  9
  6  2  3
Press any key to continue
```

연습 ❶ 다른 행렬의 값을 입력하여 실행해 보라.
❷ 행렬의 곱셈을 하는 프로그램을 작성하라.

예제 5-20

최대 100명의 국어, 영어, 수학 성적(정수)을 입력하여 합계를 구하는 프로그램이다. 학생들의 점수와 합계를 한 개의 2차원 배열 score에 저장한다. i 번째 학생의 성적은 (i-1)번 행에 저장하고, 학생들의 국어 성적은 0번 열에, 영어는 1번 열에, 수학은 2번 열에, 합계는 3번 열에 저장 한다.

예제 5-20 실행결과

```
#include<stdio.h>
main ()
{
    int score[100][4]; // 국어, 영어, 수학, 합계
    int n, i;

    printf("학생 수를 입력하세요:");
    scanf(""%d", &n);
    for(i = 0; i < n; i++){
        printf("%d 번째 학생의 성적을 입력 하세요:", i+1);
        scanf("%d %d %d", &score[i][0], &score[i][1], &score[i][2]);
    }
    for(i = 0; i < n; i++)
        score[i][3] = score[i][0] + score[i][1] + score[i][1];

    printf("\n성적 결과\n");
    printf("국어 영어 수학 합계\n");
    for(i = 0; i < n; i++)
         printf("%5d %5d %5d %6d\n", score[i][0], score[i][1], score[i][2], score[i][3]);
}
```

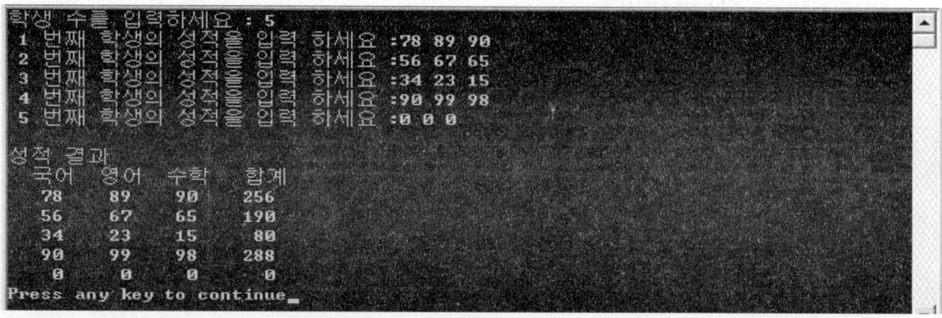

연습 위 프로그램에 평균을 구하는 부분을 추가하라.

예제 5-21

입력한 문자열들 중에서 "if", "do", "while", "switch", "case", "int", "char"라는 단어가 몇 개가 입력되어 있는지 검사하는 예제이다.

예제 5-21 실행결과

```
#include 〈stdio.h〉
#include 〈string.h〉

char reserved[7][10] = {“if”, “do”, “while”, “switch”, “case”, “int”, “char”};
int count[7] = {0, 0, 0, 0, 0, 0, 0};
char quit[] = “quit”;

main()
{
    char text[10];
    int i;
    do {
        gets(text);
        for(i = 0; i 〈= 6; i++)
                if(!(strcmp(text, reserved[i]))) count[i]++;
    } while(strcmp(text, quit));

    for(i = 0; i 〈= 6; i++)
        printf(“%s: %d회\n”, reserved[i], count[i]);
}
```

```
char
char
while
int
switch
case
case
cese
jnt
cher
quit
if : 0회
do : 0회
while : 1회
switch : 1회
case : 2회
int : 1회
char : 2회
Press any key to continue
```

예제 5-22

최대 39자의 길이를 갖는 문자열을 5개 입력하여 이차원 배열 name에 저장하고, 오름차순으로 정렬하여 출력한다. 문자열은 하나의 행에 저장된다. 따라서 이차원 배열에 문자열을 입력할 때는 다음 예와 같이 배열이름과 행을 나타내는 첨자 하나만 사용한다.

gets(name[i]); // 한 줄의 문자열을 입력

예제 5-22 실행결과

```
#include <stdio.h>
#include <string.h>
main()
{
    char name[5][40], temp[40];
    int i, j;

    for(i = 0; i < 5; i++) {
            printf("%d번째 이름:", i);
            gets(name[i]); // i 행에 입력
    }

    for (i = 0; i < 4; i++)
            for (j = i+1; j < 5; j++)
                  if (strcmp (name[i], name[j]) > 0) {
                              strcpy (temp, name[i]);
                              strcpy (name[i], name[j]);
                              strcpy (name[j], temp);
                  }
    printf("\n정렬된 이름:"\n);
    for (i = 0; i < 5; i++)
            printf("이름 [%d]: %s\n", i, name[i]);
}
```

```
0번째 이름: 송나라
1번째 이름: 김한국
2번째 이름: 이상해
3번째 이름: 박찬호
4번째 이름: 김C

정렬된 이름:
이름 [0] : 김C
이름 [1] : 김한국
이름 [2] : 박찬호
이름 [3] : 송나라
이름 [4] : 이상해
계속하려면 아무 키나 누르십시오 . . .
```

연습문제

1 아래 프로그램의 실행결과를 예측하고, 실행하여 결과를 비교하시오.

❶

```
#include<stdio.h>
main ()
{
    char C[20]; int i;

    C[0] = 'C'; C[1] = ' '; C[2] = 'L';
    C[3] = 'a'; C[4] = 'n'; C[5] = 'g';
    C[6] = 'u'; C[7] = 'a'; C[8] = 'g';
    C[9] = 'e'; C[10] = '\0';

    printf("%s\n", C);
    puts(C);
    for(i=0; C[i]; i++)
            printf("%c", C[i]);
    printf("\n");
}
```

❷

```
#include<stdio.h>
main ()
{
    int i, j, t;
    int item[10] = {4, 6, 8, 1, 0, 4, 7, 9, 3, 5};

    for(i = 1; i < 10; i++)
        for(j = 9; j >= i; --j) {
                if(item[j-1] > item[j]) {
                        t = item[j-1];
                        item[j-1] = item[j];
                        item[j] = t;
                }
        }
    for(i = 0; i < 10; i++) printf("%d", item[i]);
}
```

❸

```
#include<stdio.h>
main ()
{
    int a[5][5];
    int i, j;

    for(i = 0; i < 5; i++)
        for(j = 0; j < 5; j++)
                a[i][j] = i + j;
    for(i = 0; i < 5; i++){
        for(j = 0; j < 5; j++)
                printf("%3d", a[i][j]);
        printf("\n");
    }
}
```

❹

```
#include<stdio.h>
main ()
{
    int a[10];
    int i;

    for(i = 0; i < 10; i++)
            a[i] = 2 * i;
    for(i = 0; i < 10; i++)
            printf("%3d", a[i]);
    printf("\n");
    for(i = 1; i < 10; i++)
            a[i] = a[i-1];
    for(i = 0; i < 10; i++)
            printf("%3d", a[i]);
    printf("\n");
}
```

2 5개의 원소를 갖는 정수형 배열 a에 1, 2, 3, 4, 5의 값을 저장하고 다음과 같이 출력하는 프로그램을 작성하시오.

〈출력 결과〉
a[0] = 1, a[1] = 2, a[2] = 3, a[3] = 4, a[4] = 5

3 다음의 데이터를 배열로 초기화한 다음 오름차순으로 나타내는 프로그램을 작성하시오.

〈입력〉 2, 8, 3, 9, 6, 5, 10, 1
〈출력〉 1, 2, 3, 5, 6, 8, 9, 10

4 n명의 학생의 키와 몸무게를 읽고 키의 평균값과 몸무게의 평균값을 구하는 프로그램을 작성하시오.

키 = $x_1, x_2, x_3, \ldots x_{n-1}, x_n$
몸무게 = $y_1, y_2, y_3, \ldots y_{n-1}, y_n$

5 n개 데이터를 읽어 합계와 평균을 구하는 프로그램을 작성하시오.

6 n개의 데이터를 읽어 오름차순과 내림차순으로 정렬하는 프로그램을 작성하시오.

7 n × n 행렬의 곱을 계산하는 프로그램을 작성하시오.

8 하나의 문자열을 입력하여 그 속에 있는 공백, 콤마, 마침표의 개수를 출력하는 프로그램을 작성하시오.

9 10명의 학생들의 번호와 이름을 배열에 저장하여 번호를 입력하면 이름을 출력하는 프로그램을 작성하시오. 계속할 것인지를 물어 'N' 또는 'n'이 입력되면 실행을 마친다.

10 n(100보다 작거나 같음)명의 학생들의 이름, 국어, 영어, 수학 성적을 입력하여 ❶ 합계와 평균을 구해 출력하는 프로그램을 작성하시오. ❷ ❶에 학점을 구하는 부분을 추가하시오(학점을 구하는 방식은 4장 연습문제 18에 따름). ❸ ❷에 석차까지 구하는 부분을 추가하시오.

6

포인터

6 포인터

C에서 가장 중요한 개념 중의 하나가 포인터 개념이다. 포인터(pointer)란 메모리 주소(address)이다. 그러나 엄밀하게 구분한다면 포인터는 메모리 주소값 외에 해당 주소의 자료형에 관한 정보가 함께 포함되어 있는 개념이다.

그리고 포인터 변수(pointer variable)는 이러한 포인터 값을 저장하는 변수를 말한다. 지금까지 배웠던 일반 변수는 정수, 실수, 문자 등을 저장하였지만 포인터 변수는 주소값을 저장한다는 것을 확실히 이해하여야 한다.

정수형이나 실수형의 일반적인 변수들은 수치값을 저장한다. 이에 비해 포인터형은 주소를 기억한다는 면에서 일반적인 변수와는 조금 다르다. 데이터가 보관되어 있는 메모리 위치를 기억하고 있기 때문에 직접 값을 조작할 수도 있고 주변의 다른 값까지도 조작할 수 있다. 또한 주소는 단순히 4바이트 크기의 값이기 때문에 함수의 인자로 전달하거나 받기도 효율적이며 함수로 포인터를 전달하면 함수가 포인터가 가리키는 메모리를 직접 조작하는 것이 가능하다.

6.1 주소의 개념

포인터를 이해하려면 우선 주소(address, 번지)의 개념에 대해 알아야 한다. 컴퓨터의 주 기억장치로 사용되는 RAM은 용량이 아주 커서 보통 백만(Mega) 바이트 또는 10억(Giga) 바이트 단위를 사용한다. 컴퓨터에 실제 RAM이 얼마만큼 장착되어 있는가에 상관없이 32비트 운영체제 환경에서 모든 프로그램은 32비트의 가상 메모리 공간을 사용할 수 있다. 즉, 값을 기억할 수 있는 메모리의 용량은 최대 4Giga 바이트가 된다.

컴퓨터는 메모리의 위치를 구분하기 위해 순서대로 번호를 붙여 관리하는데, 이 번호를 주소(번지)라고 한다. 최초의 시작 번지는 0번이고 순서대로 1번, 2번, 3번,… 순으로 번호가 매겨져서 40억까지 번지가 붙어 있다. 그래서 컴퓨터는 메모리 중의 특정 바이트를 지칭할 때 이 번지를 사용하여 정확한 위치의 값을 읽고 쓴다. 자료를 저장할 기억장소가 필요하면 다음과 같이 변수를 선언하게 된다.

```
int num;
```

이 선언문은 앞으로 num이라는 이름의 정수형 변수를 사용하겠다는 뜻이다. 컴파일러는 이 선언문을 만났을 때, 현재 사용하지 않는 메모리 공간 4바이트를 할당하고, 이 공간에 num이라는 이름을 붙여 준다. 이때, 변수 num의 주소는 할당된 공간의 시작주소이다. num이 실제 어떤 번지에 할당될 것인가는 여유 메모리가 어디에 있는지에 따라 달라지기 때문에 실행할 때마다 다르다. 위와 같이 num을 선언해놓고 num에 10이라는 정수를 대입하면, 아래와 같이 저장된다.

num	10

num의 실제 번지를 확인할 수 있는 방법은 아래와 같다.

```
printf("%d", &num);
```

앞의 printf() 함수에서 num 변수 앞의 주소연산자('&')는 num 변수가 저장된 곳의 시작주소를 나타낸다. 실행 결과는 [예제 6-1]과 같다.

예제 6-1

변수 num의 기억장소 주소와 그곳에 저장된 값을 출력한다.

예제 6-1 실행결과

```
#include <stdio.h>
main()
{
    int num;

    num = 10;
    printf("num의 주소: %d\n", &num);
    printf("num에 저장되어 있는 값: %d\n", num);
}
```

```
num의 주소 : 1245052
num에 저장되어 있는 값 : 10
Press any key to continue
```

6.2 포인터의 이해

6.2.1 포인터의 개념 및 선언

포인터는 메모리 주소이다. 일반적인 변수들은 수치 값을 저장한다. 이에 비해 포인터 변수는 번지를 기억한다는 면에서 일반적인 변수와는 조금 다르다. 데이터가 보관되어 있는 메모리 위치를 기억하게 된다.

포인터 변수는 다음과 같은 형식으로 선언한다.

자료형 * 포인터 변수명;

예 포인터 변수의 선언

```
char *str;
int *num;
float *num1, *num2, *num3;
```

포인터 변수는 자료 형을 갖게 되는데, 이는 주소를 저장할 기억장소의 자료형과 일치하여야 한다. 첫 번째 포인터 변수 str은 문자형 기억장소의 주소를 저장할 수 있다.

6.2.2 포인터 연산자(*)와 주소 연산자(&)

포인터 변수에는 주소값이 저장된다고 하였다. 그러면 포인터 변수에 그 주소값은 어떻게 대입하는가? 메모리 주소값을 아는 경우에는 직접 대입할 수도 있지만 실제 그렇게 사용하는 경우는 별로 없다. 대부분은 주소 연산자를 사용하여 대상체의 주소값을 계산한 뒤 포인터 변수에 대입하는 절차를 취한다. 대상체의 주소값을 계산해 주는 단항 연산자를 주소 연산자(&)라 하는데 이를 사용하는 방법은 다음과 같다.

&변수명

이와 반대되는 개념으로 포인터가 가리키는 곳(포인터의 값, 즉, 해당 주소)의 값을 참조하기 위해서는 어떻게 해야 하는가? 포인터 변수 앞에 포인터 연산자 '*'를 사용하면 포인터가 가리키는 곳(주소)에 저장되어 있는 값을 말하며, 대입연산자의 왼쪽에 사용될 때는 가리키는 곳(주소)의 장소를 나타낸다. 포인터 연산자 *를 사용하는 방법은 다음과 같다.

*포인터 변수

예 포인터를 사용한 간접 접근

```
int x = 3, *px; // ❶ 변수 선언
px = &x; // ❷ x의 주소를 포인터 변수에 대입
*px = 7; // ❸ px가 가리키는 장소(x)에 7을 대입
printf("x 의 값은 %d, %d\n", x, *px); // px가 가리키는 곳의 값(7)
```

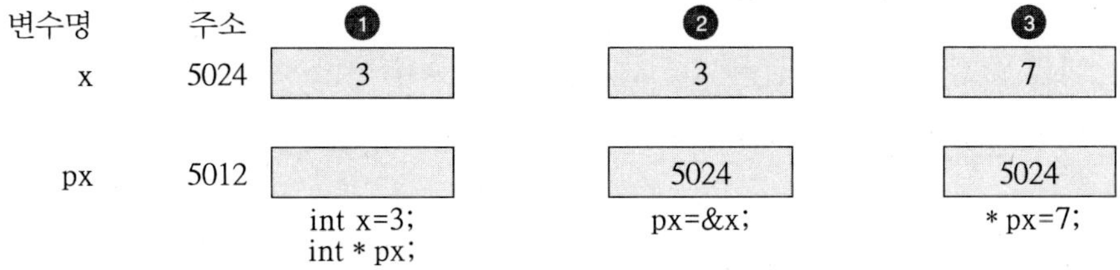

예제 6-2

포인터 변수 ptr에 변수 x의 주소를 대입하면 x의 주소값이 ptr에 저장된다. ④의 * ptr = 10은 포인터 ptr이 가리키는 대상체에 10을 대입한다. ptr의 대상체(19CE번지)는 x이므로 x의 값이 5에서 10으로 변경된다. 처음 x의 출력값은 5이고, 마지막 x의 출력값은 10 이 된다.

예제 6-2 실행결과

```
#include <stdio.h>
main()
{
    int x = 5,  * ptr; // 변수 선언

    printf("x의 값은 %d\n", x);          //변수 x의 값
    ptr = &x;          // 포인터 변수에 x의 주소 대입
     * ptr = 10;       //ptr이 가리키는 곳(변수 x)에 10을 대입
    printf("x의 값은 %d\n", x);
    printf("*ptr의 값은 %d\n", *ptr);       // ptr이 가리키는 곳의 값
}
```

연습 위 프로그램에 변수 x와 ptr의 주소 값을 출력하는 문장들을 추가하여 실행해 보라.

주소에 대해서도 증가, 감소, 비교 등의 연산이 가능하다. 이와 같은 연산에서 피연산자 중에 주소가 포함되어 있으면 포인터 연산이라고 한다. 주소값을 저장하는 포인터 변수(pi, pi1, pi2)나 배열이름(ar: 배열의 시작 주소를 나타냄) 등이 포함된 연산이 여기에 해당한다. pi++와 같이 포인터형 변수에 대한 연산, pi1 - pi2 같이 포인터끼리의 연산이나, ar - pi, pi + 3 같이 포인터

변수나 포인터 상수가 피연산자 중에 하나라도 있으면 이런 연산을 포인터 연산이라고 한다. 포인터라는 타입은 정수나 실수 같은 수치들과는 다른 종류의 값(즉, 주소값)을 가진다. 포인터 연산은 일반적인 산술 연산과는 다른 다음과 같은 규칙이 적용된다. 여기서 p1과 p2는 포인터 변수이다.

1. 포인터끼리 더할 수 없다.
2. 포인터끼리 뺄 수는 있다. (예, p1 -p2)
3. 포인터에 정수를 더하거나 뺄 수 있다. (예, p1++)
4. 포인터끼리 대입할 수 있다. (예, p1 = p2)
5. 포인터와 실수와의 연산은 허용되지 않는다.
6. 포인터에 곱셈이나 나눗셈을 할 수 없다. 포인터끼리 비교는 가능하다. (예, p1 < p2)

포인터에 1을 증가시키는 동작은 번지값이 1만큼 증가하는 것이 아니라 [표 6-1]과 같이 포인터가 가리키는 데이터 형의 바이트 수만큼 증가한다. 즉, sizeof(데이터 형)의 바이트 수만큼 증가한다.

[표 6-1] 데이터 형과 포인터 연산

선 언	처 리	의 미
char * p	++p;	1 증가
int * p	++p;	4 증가
float * p	++p;	4 증가
double * p	++p;	8 증가

포인터 연산에서 ++(* p) 연산은 포인터 p가 가리키는 곳의 데이터 값을 1 증가시킨다.

예제 6-3

포인터 연산의 과정과 결과를 보여주는 간단한 예제이다. 정수형 변수 q, q1, q2를 선언하고, 정수형 포인터 변수 p, p1, p2를 선언하여 포인터 변수에 변수의 주소를 대입하고, 포인터 변수를 이용하여 간접적으로 정수형 변수의 값을 조작하는 것과 포인터 변수의 값(주소)을 조작하는 프로그램이다.

예제 6-3 실행결과

```
#include 〈stdio.h〉
main()
{
    int * p, * p1, * p2;
    int q, q1, q2;
    p = &q; p1 = &q1; p2 = &q2;
    q = 10; q1 = 5; q2 = 3;

    printf(“q는 %d, p는 %d, * p는 %d \n”, q, p, * p);
    printf(“ * p1 - * p2는 %d\n”, * p1 - * p2);
    printf(“p1은 %d, p2는 %d”, p1, p2);
    printf(“p1 - p2는 %d\n”, p1 - p2);
    printf(“p + 100은 %d, * (p + 100)는 %d\n”, p + 100, * (p + 100));
    p = p1;
    printf(“ * p는 %d\n”, * p);
    if(p1 〉 p2) printf(“p1 〉 p2\n”);
    else printf(“p1 〈 p2\n”);
}
```

```
q는 10, p 는 1245040, *p는 10
*p1 - *p2 는 2
p1은 1245036, p2는 1245032,  p1 - p2 는 1
p + 100은 1245440, *(p + 100) 는 2
*p 는 5
p1 > p2
Press any key to continue
```

연습 실행결과 중 p1-p2가 왜 1이며, *(p+100)의 값이 왜 2인지를 설명하라.

예제 6-4

각 자료형의 포인터 변수를 출력하고, 다시 1 증가시켜 출력한다.

예제 6-4 실행결과

```
#include 〈stdio.h〉
main()
{
```

```
    char  * cp, ch;
    int  * ip, i;
    float  * fp, f;
    double  * dp, d;

    cp = &ch; ip=&i; fp = &f; dp = &d;
    printf("%p %p %p %p\n", cp, ip, fp, dp);

    cp++; ip++; fp++; dp++;
    printf("%p %p %p %p\n", cp, ip, fp, dp);
}
```

```
 0012FF78 0012FF70 0012FF68 0012FF5C
 0012FF79 0012FF74 0012FF6C 0012FF64
Press any key to continue
```

연습 실행결과를 설명하라.

6.3 배열과 포인터

배열과 포인터는 밀접한 관계가 있다. 배열명은 메모리상에서 위치하는 배열의 선두 번지를 나타낸다. 따라서 배열명은 배열의 첫 번째 위치를 나타내는 포인터이다. 배열 이름 a에 i를 더하면(a+i), i번째 원소의 주소를 나타낸다. 다음의 표현은 배열과 포인터의 관계를 보여준다.

```
&a[0] ≡ a
&a[i] ≡ (a + i)
a[0] ≡ *a
a[i]  ≡ *(a + i)
```

이 관계는 배열명이 완전히 포인터로 해석됨을 보여준다. 실제로 원시 프로그램에서 a[i]로 표기한 것은 컴파일 시 *(a + i) 형태의 목적 코드로 컴파일 된다. 다시 말해 []는 배열을 포인터 연산으로 변환시키는 연산자로 작용한다. 이와 같이 배열명을 포인터로 해석할 수 있음을 확인할 수 있다. 즉, 두 표현 a[i]와 *(a + i)는 기능은 같으나 배열에 접근하는 형식이 다른 것을 알 수 있다.

예제 6-5

배열 age를 초기화하고, 배열의 시작 주소와 각 원소의 주소를 출력한다. 이어서 첨자를 사용한 방식과 주소를 사용한 방식으로 각 원소의 내용을 출력한다.

예제 6-5 실행결과

```
#include  <stdio.h>
 main()
 {
    int i, age[5]={ 1, 2, 3, 4, 5};

    printf(“age: %p”, age);
    for(i = 0; i < 5; i++)
            printf(“\naddress of age[%d]: %p”, i, &age[i]);

    printf(“\n배열 age[ ]의 내용\n”);
    for(i = 0; i < 5; i++)
            printf(“%d”, age[i]);

    printf(“\n배열 age[ ]의 내용\n”);
    for(i = 0; i < 5; i++)
            printf(“%d”, * (age + i));
 }
```

```
age : 0012FF68
address of age[0] : 0012FF68
address of age[1] : 0012FF6C
address of age[2] : 0012FF70
address of age[3] : 0012FF74
address of age[4] : 0012FF78
배열 age[ ]의 내용
1  2  3  4  5
배열 age[ ]의 내용
1  2  3  4  5  Press any key to continue
```

다음과 같이 정수형 배열 a와 정수형 포인터 p를 선언하였다고 가정하자. 배열 a는 다섯 개의 원소를 갖는다. 정수형 포인터 변수 p는 정수형 기억장소에 대한 주소값을 저장할 수 있다.

```
int a[5];
int * p;
```

배열과 포인터 변수는 서로 관련이 있지만, 다음과 같은 차이점이 있다.

첫째, 포인터는 변수인데 비해 배열명은 상수이다. p는 고유의 메모리를 차지하고 있고 언제든지 다른 대상을 가리킬 수 있지만, a는 선언할 때 그 위치가 이미 고정되므로 a의 값을 변화시킬 수 없다. a로는 오로지 배열의 선두 번지를 읽을 수 있을 뿐이며 이 선두 번지를 기준으로 하여 특정 배열 요소에 접근(a+i)할 수 있다.

둘째, p가 가리키는 배열의 크기는 동적으로 결정할 수 있지만, a가 가리키는 배열의 크기는 선언할 때 정적으로 결정된다. 고정된 길이의 배열이 필요하면 int a[n]; 선언문으로 배열을 생성하는 것이 편리하고 가변 길이의 배열이 필요하면 int *형의 포인터 변수를 선언한 후 함수 malloc()으로 할당해서 사용해야 한다. 포인터로 할당한 배열은 실행 중에라도 함수 realloc()으로 크기를 재할당하여 변경할 수 있다. 참고로 malloc()와 realloc()는 12장에서 다루게 될 것이다.

예제 6-6

아래의 프로그램은 배열의 첨자를 사용하는 대신 포인터를 이용하여 배열 point의 원소들의 합과 최대값을 구한다.

예제 6-6 실행결과

```
#include <stdio.h>
main()
{

    int i, aryLength, max, sum=0;
    int point[] = {95, 88, 76, 54, 85, 33, 65, 78, 99, 82};
```

```
    aryLength = sizeof(point) / sizeof(int);
    for (i = 0; i < aryLength; i++)
            sum += * (point + i);

    max = * point; // point[0]
    for (i = 1; i < aryLength; i++) {
            if( * (point + i) > max) max = * (point + i);
    }
    printf("합은 %d 최대값은 %d\n", sum, max);
}
```

```
합은 755      최대값은 99
Press any key to continue
```

연습 위 프로그램을 포인터 표현 대신 배열 표현으로 바꾸어 다시 작성하시오.

6.4 포인터 배열

여러 개의 포인터 변수가 필요할 때는 다음과 같이 배열로 선언하여 사용할 수 있다.

예 포인터 배열

```
int   * p [10]; // 열 개의 정수형 포인터 변수
char  * cp [10];
double  * dp [10];
```

여기서, p 배열은 모든 원소가 정수형 포인터를 갖는 배열이며, cp는 문자형 포인터를 원소로 갖는 배열, dp는 double형 포인터를 원소로 갖는 배열이다.

예제 6-7

정수형 포인터 배열 ar을 선언하여 배열 원소로 세 개의 변수의 주소값을 대입한다. 그리고 배열 원소에 입력되어 있는 변수의 주소를 참조하여 값을 출력한다.

예제 6-7 실행결과

```
#include 〈stdio.h〉
main()
{
    int * ar[3];
    int num1, num2, num3;

    printf(“첫 번째 수를 입력하라:”);
    scanf(“%d", &num1);
    printf(“두 번째 수를 입력하라:”);
    scanf(“%d”, &num2);
    printf(“세 번째 수를 입력하라:”);
    scanf(“%d”, &num3);

    ar[0] = &num1;
    ar[1] = &num2;
    ar[2] = &num3;

    printf(“첫 번째 숫자는: %d\n”, * ar[0]);
    printf(“두 번째 숫자는: %d\n”, * ar[1]);
    printf(“세 번째 숫자는: %d\n”, * ar[2]);
}
```

예제 6-8

배열의 원소 개수를 입력하여 배열 num에 저장하고, 이 개수만큼의 원소를 갖는 배열을 동적으로 생성하여 출력하는 예제이다. 함수 malloc()는 필요한 메모리를 할당해주고, 함수 free()는 할당된 메모리를 해제해 준다. num[0]에 3이 저장되어 있다면, 3개 정수가 저장될 공간을 할당받아 그 시작주소를 포인터 배열 ar[0]에 저장한다. ar[1]과 ar[2]도 같은 방법으로 메모리를 할당받아 시작주소를 저장한다. 그리고, 할당된 메모리에 정수값(0부터 11까지)을 넣고 출력한다.

예제 6-8 실행결과

```
#include <stdio.h>
#include <stdlib.h>
main()
{
   int   i, j,  * ar[3], num[3];
   int count = 0;
   for(i = 0; i < 3; i++) {
            printf("%d번째 배열의 원소개수를 입력하라:", i + 1);
            scanf("%d", &num[i]);
            ar[i]=(int  * )malloc(num[i]  *  sizeof(int));
   }
   for(i = 0; i < 3; i++) {
            for(j - 0; j < num[i], j++) {
                  * (ar[i] + j) = count++;;
            }
   }
   for(i = 0; i < 3; i++) {
            printf("\n%d번째 배열의 원소\n", i+1);
            for(j = 0; j< num[i]; j++) {
                  printf("%d",  * (ar[i] + j));
            }
   }
   for(i = 0; i <3 ; i++) free(ar[i]);
}
```

```
1번째 배열의 원소개수를 입력하라 : 3
2번째 배열의 원소개수를 입력하라 : 4
3번째 배열의 원소개수를 입력하라 : 5

1번째 배열의 원소
0 1 2
2번째 배열의 원소
3 4 5 6
3번째 배열의 원소
7 8 9 10 11 Press any key to continue
```

연습 ❶ * (ar[i] + j) 는 ar[i][j]로 사용해도 된다. 그 이유를 6.3절을 참고하여 설명하라. 그리고 위 프로그램에서 * (ar[i] + j)를 ar[i][j]로 수정하여 실행해 보라.

❷ 함수 malloc()와 free()를 12장을 참조하여 알아보라.

6.5 다중 포인터

다중 포인터란 포인터가 다른 포인터를 가리키는 것을 말한다. 포인터가 다른 포인터를 가리킬 때, 첫 번째 포인터는 두 번째 포인터의 주소를 포함하며, 두 번째 포인터는 객체를 포함하는 메모리 위치를 가리킨다.

포인터에 대한 포인터를 선언하기 위해 포인터의 이름 앞에 '*'를 하나 더 사용해야한다.

```
char ** p;
```

p가 문자에 대한 포인터가 아니라 문자형 포인터에 대한 포인터라는 것을 이해해야 할 것이다. 즉, 문자형 포인터 변수의 주소를 저장할 수 있다. 이중 포인터는 포인터에 대한 포인터로 객체의 값을 접근하기 위해서 포인터 연산자를 두 번 적용하여야 한다. 아래의 예를 살펴보자.

예 이중 포인터

```
char **pp, *p, ch = 'a';
p = &ch;     // 변수 ch에 대한 주소
pp = &p;     // 포인터 변수에 대한 주소
**p = 'A';
```

위의 예제는 두 개의 포인터를 이용하여 간접적으로 ch의 값을 대입하는 예제이다. 먼저 문자형 변수 ch의 주소값을 문자형 포인터 p에 대입하고, 다시 p의 주소를 pp에 대입하여 간접적으로 변수 ch에 값을 대입하는 것이다.

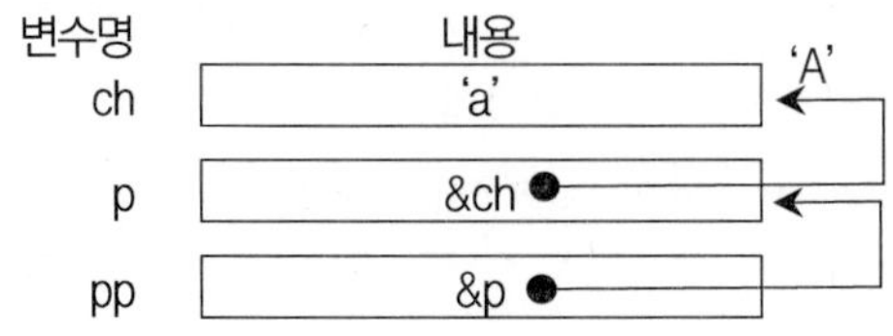

예제 6-9

실수형 변수와 실수형 포인터, 포인터를 참조하는 포인터를 선언하여 이중 포인터를 이용한 간접참조의 방법으로 실수형 변수 val에 값을 입력하는 예제이다.

예제 6-9 실행결과

```
#include <stdio.h>
main()
{
    float * fp, * * mfp, val;

    fp = &val;
    mfp = &fp;

     * * mfp = 123.567;
    printf("%f %f\n", val, * * mfp);
}
```

```
123.567001 123.567001
Press any key to continue
```

예제 6-10

다음 프로그램은 문자 포인터의 포인터를 이용하여 문자열을 입력하여 출력하는 예제이다.

예제 6-10 실행결과

```
#include <stdio.h>

main()
{
    char * p, ** mp, str[80];

    p = str;
    mp = &p;
    printf("Enter your name:");
    gets( * mp); / *  gets(p); gets(str);와 동일  * /
    printf("Hi %s\n", * mp);
```

```
    printf("Hi %s\n", p);
    printf("Hi %s\n", str);
}
```

```
Enter your name : Hong GilDong
Hi Hong GilDong
Hi Hong GilDong
Hi Hong GilDong
Press any key to continue
```

6.6 다차원 배열과 포인터

앞에서 살펴본 바와 같이 배열은 연속된 메모리 공간이며, 배열의 이름은 배열의 시작주소를 나타내는 포인터이다. 일차원 배열과 포인터의 관계처럼 다차원 배열 역시 연속된 공간에 배열이 저장되어 있으며 첨자의 개념이 첨가되어 배열원소를 찾는데 보다 편리해진 것이다. 따라서 다차원 배열 역시 포인터로 표현이 가능하다. 이차원 배열을 포인터를 사용한 표현은 다음과 같이 일치한다.

```
a ≡ &a[0][0]
*a ≡ a[0] ≡ &a[0][0]        // 0행의 시작 주소
*(a + i)  ≡ a[i] ≡ &a[i][0]        // i행의 시작 주소
(*(a + i)+1)  ≡ (*(a + i)[1])  ≡  a[i][1]
```

예제 6-11

2차원배열을 선언하여 초기화한 후, 배열의 원소들의 주소, 배열이름의 값 등을 알아보자.

예제 6-11 실행결과

```
#include <stdio.h>
main()
{
```

```
    int a[3][3] = {1, 2, 3, 4, 5, 6, 7, 8, 9};
    int i, j;

    for(i = 0; i < 3; i++){
            for(j = 0; j < 3; j++)
                    printf("a[%d][%d]의 주소: %d",  i, j, &a[i][j]);
            printf("\n");
    }
    printf("a의 값: %d \n", a);
    for(i = 0; i < 3; i++)
            printf("a[%d]의 값: %d", i, a[i]);
    printf("\n");
    printf(" * (a + 2)의 값: %d \n",  * (a + 2));
}
```

```
a[0][0]의 주소: 1245020  a[0][1]의 주소: 1245024  a[0][2]의 주소: 1245028
a[1][0]의 주소: 1245032  a[1][1]의 주소: 1245036  a[1][2]의 주소: 1245040
a[2][0]의 주소: 1245044  a[2][1]의 주소: 1245048  a[2][2]의 주소: 1245052
a의 값 : 1245020
a[0]의 값 : 1245020  a[1]의 값 : 1245032  a[2]의 값 : 1245044
*(a + 2)의 값 : 1245044
Press any key to continue
```

위의 예에서 알 수 있듯이 배열명 a의 값은 배열의 시작 주소를 나타내고, a[i]는 i번째 행의 시작 주소를 나타낸다. * (a + i)는 a[i]와 같다. 따라서, a[i][j]를 나타내는 방법은 * (a[i] + j) 로 나타낼 수 있다. 여기서, a[i] 대신에 * (a + i)를 사용하면 * (* (a + i) + j)로 나타낼 수 있다.

예제 6-12

2차원배열을 선언하여 초기화한 후, 포인터와 배열을 이용하여 a[2][1]를 출력하는 여러 방법을 알아보는 예제이다.

예제 6-12 실행결과

```
#include <stdio.h>
main()
{
    int a[3][2] - {1, 2, 3, 4, 5, 6};

    printf("%d, %d\n",  sizeof (a), sizeof (a[0]) );
```

```
    printf("%d\n", a[2][1] );
    printf("%d\n", * ( * (a + 2) + 1) );
    printf("%d\n", ( * (a + 2))[1] );
    printf("%d\n", * (a[2] + 1) );
}
```

```
24, 8
6
6
6
6
Press any key to continue
```

6.7 문자열과 포인터

5장에서 문자열은 문자의 1차원 배열을 사용하여 표현한다고 했다. 문자열을 나타내기 위한 다른 방법으로 문자포인터를 사용한다. 그런데, 문자의 1차원 배열의 배열명이 문자포인터인 것이다. 따라서, 두 방법은 동일한 방법이다. 차이점은 배열은 문자열을 저장할 공간이 있는 반면에 포인터는 문자열을 저장할 공간이 없기 때문에 주의해야한다는 점이다. 단, 문자형 포인터를 선언과 동시에 초기화할 경우에는 필요한 기억장소가 할당된다.

예제 6-13

문자열을 저장하기 위해 1차원 배열과 문자형 포인터를 사용하여 초기화 한다.

예제 6-13 실행결과

```
#include <stdio.h>
main()
{
```

```
    char name[] = "홍길동";
    char * dept= "컴퓨터공학부";

    printf("이름: %s\n", name);
    printf("학과: %s\n", dept);
}
```

```
이름 : 홍길동
학과 : 컴퓨터공학부
Press any key to continue_
```

연습 아래와 같이 프로그램을 작성하여 실행보고, 이 프로그램의 문제점을 지적하라.

```
#include <stdio.h>
main()
{
    char * dept;
    gets(dept);
    printf("%s\n", dept);
}
```

예제 6-14

[예제 5-14]를 포인터를 사용하여 다시 작성한 예제이다.

예제 6-14 실행결과

```
#include <stdio.h>
main()
{
    char * lang = "language.";
    char * java = "Java";
    char * stmt = "Java is object oriented";

    printf("%s\n", lang);
    printf("%s\n", java);
    printf("%s\n", stmt);
{
```

```
language.
Java
Java is object oriented
Press any key to continue
```

예제 6-15

2개의 문자열을 저장하는 문자형 포인터 배열을 선언하여 이를 출력하는 간단한 예제이다.

예제 6-15 실행결과

```
#include <stdio.h>
main()
{
    char * name[] = {“홍길동”, “컴퓨터공학부”};
    printf(“이름: %s\n”, name[0]);
    printf(“학과: %s\n”, name[1]);
}
```

예제 6-16

한 줄의 문자열과 그 중에서 찾을 문자를 입력하고, 문자열에 나타난 찾을 문자의 횟수를 출력한다.

예제 6-16 실행결과

```
#include <stdio.h>
#include <string.h>

main()
{
    char line[81];
    char ch, *lp;
    int count = 0;

    printf(“한 줄의 문자열 입력:”);
    gets (line);

    do {
            printf(“찾을 문자 입력(종료: q):”);
            ch = getche ();
```

```
            putchar('\n');
            if (ch == 'q' || ch == 'Q')
                  break
            for (lp = line; *lp != '\0'; lp++)
                  if (ch == *lp) count++;
            printf ("문자: %c, %d번 발견\n", ch, count);
    } while (1);
}
```

```
한줄의 문자열 입력 : C programming language
찾을 문자 입력(종료: q) : m
문자: m, 2 번 발견
찾을 문자 입력(종료: q) : g
문자: g, 4 번 발견
찾을 문자 입력(종료: q) : q
계속하려면 아무 키나 누르십시오 . . .
```

연습문제

1 다음 내용을 실행하여 포인터 변수 p의 주소값이 어떻게 나오는지 확인하고 의미를 설명하시오.

```
int *p;
int x;
p = &x;
printf("%p %p", p, &x);
```

2 다음 프로그램을 실행하여 그 출력을 비교하고, 정수 포인터 변수와 실수 포인터 변수의 차이점을 설명하시오.

```
int i, *x;
float *y;
for( i = 0; i < 5; i++)
    printf("%p, %p" x + i, y + i);
```

3 아래 프로그램은 옳은가? 그렇지 않다면 그 이유를 설명하시오.

```
#include <stdio.h>
main()
{
   char *p

  gets(p);
  printf("%s", p);
}
```

4 배열 a[]를 'A', 'B', 'C', 'D'로 초기화하고, 배열의 첫 번째 원소를 지칭하는 포인터를 p로 하여 배열의 내용을 출력하시오. 그리고 원소 a[0]~a[3]의 주소를 출력하는 프로그램을 작성하시오.

5 아래의 문자열을 문자열의 배열 a[4]에 대입하고, 배열 a[0], a[1], a[2], [3]의 값을 출력하라. 그리고, 각 문자열을 출력하고, 각 문자열의 두 번째 문자를 출력하는 프로그램을 작성하시오.

Seoul, Pusan, Incheon, Cheju

6 다음의 배열에서 최대값와 최수값를 구하는 프로그램을 포인터를 사용하여 작성하시오.

a[ ] = {2, 7, 9, 10, 12, 5, 6, 8}

7 하나의 문자열을 입력하여 공백의 수를 세는 프로그램을 작성하시오.

8 아래 프로그램의 실행 결과를 보이시오.

❶

```
#include <stdio.h>
main()
{
    int x = 10, y = 20, z;
    int *p, *q;

    p = &x;
    q = &y;
    z = *p;
    *p = *q;
    *q = z;
    printf("%d %d", x, y);
}
```

❷

```
#include <stdio.h>
main()
{
    char x[]="Language";
    char *p;
    p = x;

    for(p = x; p < x+8; p++)
        printf("%s\n", p);
    printf("\n");
}
```

7

함수의 기본

7 함수의 기본

7.1 개요

7.1.1 함수의 개념

함수(function)란 프로그램 내에서 어떤 특정한 작업을 전담하는 독립된 단위를 말한다. 예를 들면 집을 지을 때 기와공장에서는 기와를 만들며, 유리공장에서는 창문에 끼울 유리를 생산하고, 시멘트 공장에는 시멘트를, 타일공장에는 타일을, 창문틀 공장에는 창문틀 등 이와 같이 집을 지을 때 필요로 하는 특정한 한 가지 물품들을 생산하여 총 감독관의 지시에 따라 순차적으로 조립 또는 제작하여 집을 완성한다. 이와 마찬가지로 프로그램을 작성하는데 있어서 함수를 이용하여 특정한 작업을 수행하는 부분을 따로 분리할 수 있다. 함수는 다음과 같은 몇 가지 특징을 갖는다.

- 함수는 고유한 이름을 가진다: 함수는 이름으로 서로 구분되며, 이름으로 호출한다.
- 함수는 독립적이다: 함수는 프로그램의 다른 부분으로부터 영향을 받지 않으며 주어진 동작을 수행한다. 또한 독립적으로 컴파일이 가능하다.
- 함수는 특정 동작을 수행한다: 함수는 필요한 자료를 받아서 처리하여 원하는 결과를 반환한다. 수행하는 동작에 따라 받는 자료 또는 반환값이 없을 수도 있다.

함수는 특정 동작을 수행하는 부분으로 프로그램에서 고유한 이름을 가지며, 이름으로 호출함으로써 정의된 동작이 수행된다. 그리고 호출한 곳으로 결과를 전달할 수 있다.

함수의 종류는 표준함수(library function)와 사용자 정의함수(user defined function)로 구분할 수 있는데, 먼저 표준함수는 C컴파일러에 포함되어 제공되는 함수로서 앞에서 이미 사용했던 printf(), scanf() 등과 같은 함수들이다. 사용자 정의 함수는 프로그램을 작성하는데 있어서 사용자가 필요한 기능을 직접 정의하여 사용할 수 있는 함수이다.

다음 예제는 두 정수를 인자로 받아서 그 합을 반환하는 사용자 정의 함수 sum()을 포함하고 있다.

예제 7-1

두 정수를 입력받아 입력된 두 정수의 합이 0이 아니면 반복하여 합을 계산하는 프로그램이다. 두 정수의 합을 구하기 위하여 두 정수를 함수 sum()에 전달한다. 호출된 함수 sum()은 두 정수의 합을 계산 하고, 그 결과를 호출한 곳으로 반환한다. main() 함수에서는 그 결과를 받아서 result에 저장하고 출력한다.

예제 7-1 실행결과

```
#include <stdio.h>
int sum(int x, int y); // 함수 선언 (함수 원형)

main()
{
   int num1, num2, result;

    while(1) {
            printf("합을 계산할 두 숫자를 입력하라. ex> num1 num2");
            scanf("%d %d", &num1, &num2);
            if(num1 + num2 == 0) break;
            result = sum(num1, num2); // 함수 호출
            printf("%3d + %3d = %3d.\n",num1, num2, result);
    }
}
// 사용자 정의 함수 sum()
int sum (int x, int y)

{
```

```
    int value;
    value = x + y;
    return value;
}
```

```
합을 계산할 두 숫자를 입력하라. ex> num1 num2 12 34
 12 +  34 =  46.
합을 계산할 두 숫자를 입력하라. ex> num1 num2 24 78
 24 +  78 = 102.
합을 계산할 두 숫자를 입력하라. ex> num1 num2 23 32
 23 +  32 =  55.
합을 계산할 두 숫자를 입력하라. ex> num1 num2 -2 2
Press any key to continue
```

7.1.2 프로그램 구조

C프로그램은 함수들로 구성된다. 프로그램에는 반드시 main() 함수를 하나만 포함한다. 필요한 내장함수는 호출하여 사용한다. 그리고 사용자가 정의한 함수도 프로그램에 포함되어야 한다. 사용자가 정의한 함수를 사용하기 위해서는 함수의 동작을 보여주는 코드를 작성해야 한다.

```
#include <stdio.h>
int sum(int x, int y); // 함수 선언 (함수 원형)

main()
{
   int num1, num2, result;
        ...
   result = sum(num1, num2); // 함수 호출
        ...
}
```

```
// 사용자 정의 함수 sum()
int sum (int x, int y)
{
   return x + y;
}
```

기본적으로 사용자 정의 함수는 main() 함수 다음에 위치한다. 정의된 함수는 호출되어야만 동작이 수행된다. 따라서 프로그램의 적절한 위치에서 함수를 호출하여야 하며, 함수를 호출하기 전에 함수는 선언되어야 한다. 반대로 사용자 정의 함수가 main() 함수 앞에 위치할 경우에는 함수의 선언부가 기술되지 않는다. 일반적으로 main() 함수를 사용자 정의 함수보다 앞에 나오는 구조를 많이 사용한다. 다음 예는 main()과 sum()이라는 두 개의 함수로 구성된 프로그램이다. 사용자 정의 함수 sum()은 main() 함수 다음에 위치하고 있으며, 이 함수는 main() 내부에서 호출된다. 그리고 함수의 선언부는 main() 함수 앞에 위치하고 있다.

7.2 함수의 형태

프로그래머가 사용자 정의 함수를 만들어 사용하기 위해서는 기본적으로 다음과 같은 세 가지를 이해하여야 한다.

- 함수의 정의: 함수의 기능을 기술한 코드부
- 함수의 선언: 함수를 호출 전에 선언하여 컴파일러에게 알림
- 함수의 호출: 함수를 호출하여 동작시키고, 결과 값을 받음

7.2.1 함수 정의

함수의 실제 코드를 기술하는 것을 함수 정의라고 한다. 함수 정의는 헤더(header)와 함수 본체(function body)로 구분된다.

함수 헤더는 함수명, 반환 데이터형, 형식인자 등 세 가지 요소로 기술된다. 함수명 앞에는 이 함수가 반환하는 데이터의 형이 기술되는데 반환 값이 없을 경우에는 void이다. 함수명 다음의 괄호 안에는 형식인자가 나열된다. 형식인자는 함수가 호출될 때 전달받게 되는 각 데이터의 형

식을 지정한다. 이때 인자가 없을 경우에는 비워두거나 void를 기술한다. 다음 예는 두 개의 정수를 인자로 받아서 그 합을 반환하는 함수 sum()의 헤더 부분이다.

```
[반환 데이터형] 함수명 (형식인자, 형식인자, ...)  // 함수 헤더
{           // 몸체의 시작
     문장들
     return 반환값;
}          // 몸체의 끝
```

```
int sum (int x, int y)
```

함수 몸체에는 이 함수가 동작해야할 코드를 기술한다. 함수에서 필요한 자료는 형식인자를 통하여 받게 되고, 함수 내부에서 필요한 변수를 선언하고 문장을 기술한다. 그리고 함수가 종료되기 전에 return 이라는 키워드와 함께 반환 값을 명시한다. 반환 값을 기술할 때는 모든 수식이 사용 가능하다. 반환 값이 없는 함수도 있다.

다음 함수 sum()은 두 개의 정수를 인자로 받아서 그 합을 반환한다. 몸체 안에서 지역변수 value를 선언하여 두 인자의 합을 저장하는데 사용한다. 그리고 value의 값을 이 함수를 호출한 곳으로 반환한다.

```
// 형식인자: 두 개의 정수
// 반환: 두 정수의 합(정수)
int sum (int x, int y)      // 함수 헤더
{
     int value;      // 지역변수 선언

     value = x + y;       // 두 인자의 합
     return value;        // 반환: 두 인자의 합(정수형)
}
```

다음 예는 두 정수를 인자로 받아서 그 합을 출력하는 함수 prt_sum()을 다음과 같이 정의할 수 있다. 이때 함수의 반환값이 없기 때문에 반환형이 void이다.

```
// 형식인자: 두 개의 정수
// 반환: 없음
void prt_sum (int x, int y)
{
      printf (두 인자의 합: %d\n, x+y);
}
```

7.2.2 함수의 선언

앞에서 배운바와 같이 변수를 사용할 경우 반드시 그 이름과 속성을 컴파일러에게 알려야 했다. 이와 마찬가지로 함수를 사용할 때에도 반드시 속성을 컴파일러에게 알려야 하는데 이를 "함수의 선언"이라 한다. 이때 함수의 속성이라고 하는 것은 함수의 이름, 그 함수가 종료될 때 반환되는 데이터의 형(type), 그리고 함수에 전달되는 인자의 수와 데이터형에 관한 정보이다. 함수 선언의 일반적인 형식은 아래와 같으며 이를 함수의 원형(prototype)이라 부르기도 한다.

```
반환 데이터형 함수명 (형식인자의 데이터 형, 형식인자의 데이터 형, ...);
```

반환 데이터형은 함수가 반환하는 값의 형을 의미한다. 함수명은 정의하는 함수의 고유한 이름으로 사용자가 제공한다. 형식인자의 데이터형은 함수가 호출될 때 전달받는 데이터의 형을 의미한다. 형식인자의 개수와 데이터 형은 호출할 때의 실인자의 수 및 데이터형과 일치하여야 한다. 함수의 선언은 하나의 명령문이기 때문에 세미콜론(';')으로 종료되어야 하고, 변수선언과 같이 그 함수가 호출되기 전에 위치되어야 한다. 그런데 이 함수를 여러 함수에서 사용하게 될 경우에는 main() 함수의 외부에 선언되어야 한다.

예 함수의 선언

```
반환형          인 자
  ↓             ↓  ↓
 int    sum    (int, int);
         ↑
       함수명
```

※ sum이란 이름을 가지는 함수에는 두 개의 정수형 데이터가 인자로 전달되며 함수가 종료될 때 정수형 데이터가 반환됨을 선언한다.

7.2.3 함수 호출과 인자의 전달

프로그램에서 어떤 처리를 위하여 함수를 필요로 하게 될 때 함수를 호출하여 사용한다. 함수를 호출할 때에는 함수의 이름과 함께 필요로 하는 데이터를 함수로 전달한다. 이때, 전달된 데이터를 저장하는 변수 및 전달되는 데이터를 인자(argument, parameter)라 한다. 호출 함수에서 사용되는 인자를 실인자(actual argument)라 하고, 피호출 함수에 전달된 값을 저장하는 인자를 형식인자(formal argument)라 부른다. 실인자로는 상수, 변수, 식 등이 사용되며, 함수로 전달되는 것은 실인자 그 자체가 아닌 그것의 값이다.

함수명 (실인자, 실인자, 실인자, ...);

예 함수의 호출

```
x = 3; y = 5;
result = sum(x, y);
```

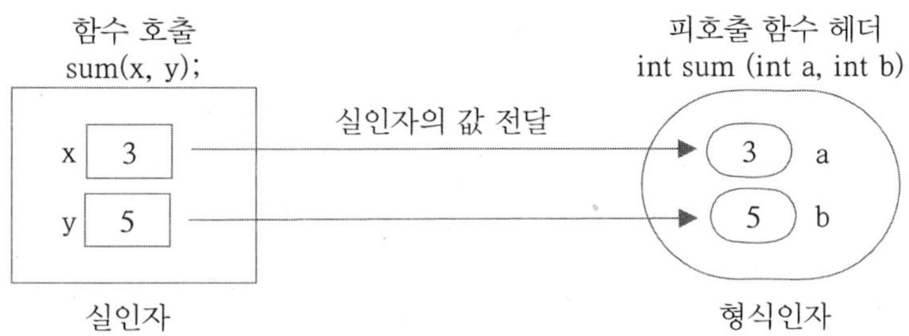

함수 sum()을 호출하는 것으로서 실인자로 x와 y의 값 3과 5가 피호출 함수 sum()의 형식인자 a와 b에 전달된다. 이때 형식인자 a에는 3이 전달되어 저장되고, b에는 5가 전달되어 저장된다.

일반적으로 프로그램 언어에서 함수의 인자를 전달하는 방법으로는 값에 의한 호출(call by value)과 참조에 의한 호출(call by reference) 두 가지가 있다.

- call by value : 함수가 호출될 때 실인자의 값이 형식인자에게 전달되는 방식
- call by reference : 함수가 호출될 때 실인자의 주소가 형식인자에게 전달되는 방식

C언어에서는 기본적으로 값에 의한 호출을 사용한다. 앞에 예제에서 함수 sum()에 전달되는 것은 변수 x, y 그 자체가 아니라 변수가 가지고 있는 값 3과 5가 전달된다. 즉, 실인자 x와 y의 값이 형식인자 a와 b에 복사된다고 이해하면 된다. 이러한 방법으로 값이 전달되면 호출된 함수 내에서 이 값을 변화시키더라도 실인자 자체에는 전혀 영향을 미치지 않는다.

예제 7-2

아래 프로그램에서 함수 Change()의 호출 전과 호출 후에 a값에 변화가 없는 것은 Change() 함수의 호출 시, 형식인자 b에 전달되는 것은 실인자 a의 변수 자체가 아니라 실인자 변수 a의 값 10이기 때문이다. 함수 Change()가 호출될 때 형식인자 b에는 a 변수가 가지고 있는 10이라는 값이 복사되어 전달된다. 그러므로 함수 Change() 내에서 형식인자 b에 5로 대입하더라도 main() 함수 내부의 변수 a에는 아무런 영향을 미치지 않게 된다.

예제 7-2 실행결과

```
#include <stdio.h>
void Change(int); // 함수 선언

main()
{
    int a = 10;

    printf("함수 호출 전, 실인자 a = %d\n", a);
    Change(a); // 함수 호출
    printf("함수 호출 전, 실인자 a = %d\n", a);
}

// 형식 인자: 정수
// 반환: 없음
void Change(int b)
{
    printf("함수 Change 내부, 형식인자 b 변화 전: b = %d\n", b);
    b = 5;
    printf("함수 Change 내부, 형식인자 b 변화 후: b = %d\n", b);
}
```

```
함수 호출 전, 실인자 a = 10
함수 Change 내부, 형식인자 b 변화 전 : b = 10
함수 Change 내부, 형식인자 b 변화 후 : b = 5
함수 호출 후, 실인자 a = 10
계속하려면 아무 키나 누르십시오 . . .
```

예제 7-3

함수 conv_8()은 10진 정수를 인자로 받아 8진수로 변환하여 그 결과를 반환한다. 이 함수는 한 개의 양의 정수를 8로 나눈 나머지(r)를 계산하고, 해당 자리에 10의 지수를 곱한다. 8로 나눈 몫을 구하고 다시 반복한다. 예를 들어, 10에 대하여 8로 나눈 나머지의 순서는 2, 1이다. 2에는 1을 곱하여 마지막 자리로 하고, 1에는 10을 곱하여 그 앞자리수로 하면 12가 된다.

예제 7-3 실행결과

```
#include <stdio.h>
int conv_8(int x);

main()
{
    int x, oct;

    printf(“10진 정수 입력 ->”);
    scanf(“%d”, &x);
    oct = conv_8 (x);
   printf(“10진수 %d 8진수는 %d입니다.\n”, x, oct);
}

int conv_8(int x)
{
    int r, oct = 0, exp = 1;
    do {
        r = x % 8;        // 나머지
        oct = oct + r * exp;        // 8의 멱수
        exp *= 10;        // 다음 나머지의 곱
        x = x / 8;        // 몫
    } while ( x > 0);
    return oct;
}
```

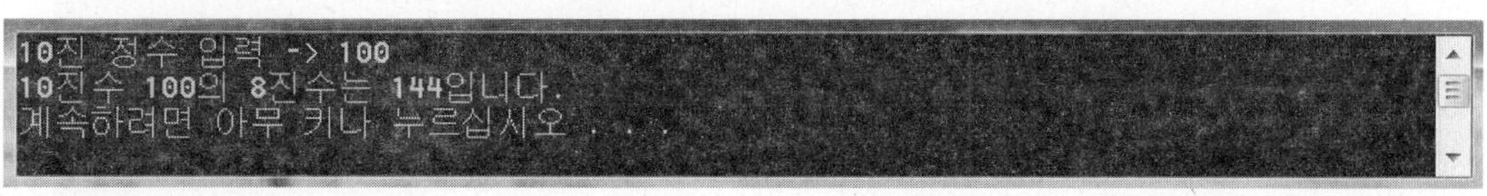

연습 10진수를 2진수로 변환하는 함수를 작성하여라.

예제 7-4

함수 max()는 두 정수를 받아서 그 중 큰 수를 반환하는 함수이다. 아래 프로그램은 max() 함수를 이용하여 입력된 두 수가 같지 않을 동안 계속하여 큰 수를 출력하는 프로그램이다.

예제 7-4 실행결과

```
#include <stdio.h>
int max(int x, int y); // 함수 선언
main()
{
    int x, y;

    printf(“두 정수를 입력하면 두 정수 중 큰 정수를 출력합니다.\n”);
    printf(“두 수입력 -> ”);
    scanf(“%d %d”, &x, &y);
    while(x != y) {
            printf(“%3d, %3d 중 큰 정수는 %3d입니다.\n”, x, y, max(x, y));
            printf(“두 수입력 -> ”);
            scanf(“%d %d”, &x, &y);
    }
}
int max(int x, int y)
{
    int z;

    if (x > y) z = x;
    else z = y;
    return z;
}
```

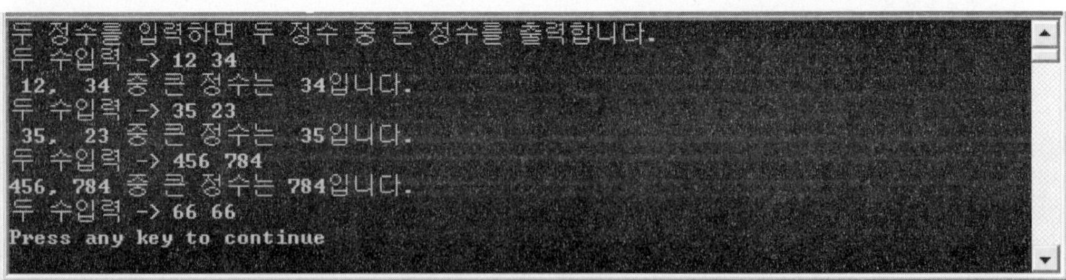

7.2.4 함수의 반환값

호출된 함수는 하나의 값을 호출한 곳으로 반환(return)할 수 있다. 반환하는 값의 데이터형을 함수의 선언에서 함수 이름 앞에 명시하여 컴파일러에게 알려주어야 한다. 값을 반환하지 않을 수도 있는데 이 경우에는 반환 데이터형으로 void를 사용한다.

```
result = sum (3, 4); // 함수 호출
```

```
int sum (int a, int b)
{
    int value;

    value = a + b; // 3+4
    return value; // 7
}
```

함수가 어떤 값을 반환한다는 말을 좀 더 자세히 설명하면 '함수식이 실행(호출)되고 나면 그 함수식은 어떤 값으로 평가된다(evaluate)'는 의미이다. 즉, 호출된 함수가 반환하는 값이 호출한 곳으로 반환된다는 말이다. 그러므로 함수식 자체를 변수에 할당하는 것이 가능하다. 예를 들어 다음과 같이 함수 sum()을 호출하고 반환되는 값을 변수 result에 저장하여 사용할 수 있다.

함수 sum()을 호출하면서 두 개의 정수 3과 4를 전달하고, 호출된 함수는 두 정수를 더한 값 7을 호출한 곳으로 반환한다. 반환된 값 7은 변수 result에 저장된다. 따라서 z=sum(3, 4)+5;와 같은 표현도 가능하다.

여기서 호출되는 함수에 전달되는 인자는 여러 개가 사용될 수 있지만 호출된 함수로부터 반환받을 수 있는 데이터 값은 단 한 개뿐이다. 단, 뒤에서 배우는 포인터나 구조체를 사용하면 여러 개의 데이터 값을 간접적으로 반환할 수 있는 방법이 있다.

예제 7-5

세 개의 정수를 입력받아 그 중 가장 큰 수를 계산하여 출력하는 프로그램이다. 여기서 함수 max()는 세 개의 정수 중 제일 큰 값을 반환하는 함수이다.

예제 7-5 실행결과

```
#include 〈stdio.h〉
int max(int, int, int); // 함수 선언

main()
{
    int a, b, c;

    printf(“세 개의 정수 입력:”);
    scanf(“%d%d%d”, &a, &b, &c);
    printf(“입력한 3개 정수 중에서 가장 큰 정수는 %d입니다.\n”, max(a, b, c));
}

int max(int x, int y, int z)
{
    int result;

    result = x 〉 y ? (x 〉 z ? x : z) : (y 〉 z ? y : z);
    return result;
}
```

연습 위 예제에서 max함수를 3개의 정수 중 최소값을 계산하는 min함수로 바꾸어 실행하라.

예제 7-6

임의의 정수를 입력받아 입력된 정수가 0보다 크면 반복적으로 소수인지를 판별하는 프로그램이다. 함수 isprime()은 정수를 인자로 받아서 소수이면 1을 아니면 0을 반환한다.

예제 7-6 실행결과

```
#include 〈stdio.h〉
int isprime(int n);

main()
{
```

```
    int n;
    printf("정수를 입력하면 소수인지 아닌지를 판별합니다.\n");
    printf("정수 입력 -> ");
    scanf("%d", &n);
    while (n > 0) { // 반복 조건
            printf("%d는(은) %s입니다.\n", n, isprime(n) ? "소수" : "비소수");
            printf("정수 입력 -> ");
            scanf("%d", &n);
    }
}

int isprime(int number)
{
    int divisor;

    if (number >= 2) {
        for (divisor = 2; number % divisor != 0; divisor++);
        if (divisor == number)
                return 1;  // 소수이면 1을 반환
        else
                return 0; // 비소수이면 0을 반환
    }
     else       // number < 2
          return 0;
}
```

```
정수를 입력하면 소수인지 아닌지를 판별합니다.
정수 입력 -> 3
3는(은) 소수입니다.

정수 입력 -> 5
5는(은) 소수입니다.

정수 입력 -> 4
4는(은) 비소수입니다.

정수 입력 -> 0
계속하려면 아무 키나 누르십시오 . . .
```

예제 7-7

두 정수 m과 n을 입력받아 m의 n승을 계산하는 프로그램이다. 함수 intpow()는 두 정수를 인자를 받아서 거듭제곱을 반환한다.

예제 7-7 실행결과

```
#include <stdio.h>
int intpow(int m, int n);

main()
{
    int m, n;

    printf("정수 m을 n번 곱합니다.\n\n");
    printf("정수 m입력 -> ");
    scanf("%d", &m);
    printf("정수 n입력 -> ");
    scanf("%d", &n);
    printf("\n%d의 %d 제곱은 %d입니다.\n", m, n, intpow(m, n));
}
int intpow(int m, int n)
{
    int mult = 1, i;

    for (i = 1; i <= n; i++)
            mult * = m;
    return mult;
}
```

```
정수 m을 n번 곱합니다.

정수 m입력 -> 7
정수 n입력 -> 9

7의 9 제곱은 40353607입니다.
```

예제 7-8

피보나치 수열은 1, 1, 2, 3, 5, 8, 13, 21, 34, 55, … 와 같이 현재의 수와 바로 앞 수를 더하여 다음 수를 생성시킨다. 아래 프로그램은 입력된 정수 횟수만큼 피보나치 수를 생성시키는 프로그램이다. 함수 fibonach()는 두 인자를 받아서 그 합을 반환한다.

예제 7-8 실행결과

```
#include <stdio.h>
int fibonach(int x, int y);
```

```
main()
{
    int i, j[20], n;

    printf("정수 값을 입력하시오!");
    scanf("%d", &n);

    j[0] = 1; j[1] = 1; // 첫 두 항
    for(i = 2; i < n; i++)
            j[i] = fibonach (j[i-2], j[i-1]); // 함수 호출

     for(i = 0; i < n; i++)
            printf("%5d", j[i]);
     printf("\n");
}
int fibonach(int x, int y)
{
     return x + y;
}
```

```
정수 값을 입력하시오!10
    1    1    2    3    5    8   13   21   34   55
Press any key to continue
```

연습 하나의 정수 n을 인자로 받아서 n항까지 출력하도록 함수 fibi_n()을 작성하여라.

예제 7-9

함수 gcm()은 두 양의 정수를 인자로 받아 최대공약수를 반환한다.

예제 7-9 실행결과

```
#include <stdio.h>
int gcm(int x, int y);

main()
{
     int i, j;
     printf("두 정수 값을 입력하시오!");
     scanf("%d %d", &i, &j);
     printf("\n i = %5d  j = %5d\n", i, j);
```

```
    printf("최대공약수는 %5d\n", gcm(i, j));
}

int gcm(int x, int y)
{
    int x1, y1, r;

    x1 = x; y1 = y;
    do {
        r = x1 % y1;
        x1 = y1;
        y1 = r;
    } while( r != 0);
    return x1;
}
```

```
두 정수 값을 입력하시오: 24 124

 i =     24   j =    124
최대공약수는      4
Press any key to continue
```

예제 7-10

임의의 정수 max를 입력받아 1에서 max 사이의 6개의 난수를 생성하는 프로그램이다. 프로그램에서 사용되는 rand(), srand() 및 time() 표준함수를 사용하는데, 이 함수를 사용하려면 〈stdlib.h〉와 〈time.h〉 헤더파일이 필요하다. rand()는 난수를 발생하는 함수이다. 이 함수는 시스템마다 다르지만 보통 0에서 32767 사이의 난수를 생성한다. 프로그램을 수행할 때마다 다른 난수를 생성하기 위해서는 seed 값을 다르게 설정해 주어야 한다. 그래서 seed를 설정하는 srand()함수와 seed의 값으로 1970년 1월 1일 이후의 경과된 시간을 초단위로 반환하는 함수 time()을 사용하였다.

예제 7-10 실행결과

```
#include <stdio.h>
#include <stdlib.h> // rand(), srand()를 위한 헤더 파일 포함
#include <time.h> // time()을 위한 헤더 파일 포함
int randnumber(int max);

main()
{
```

```
    int i, max;
    long seed;

    seed = time(NULL);
    srand(seed);
    printf("양의 정수를 하나 입력 -> ");
    scanf("%d", &max);
    printf("1에서 %d사이의 난수 6개: \n\t", max);
    for (i = 0; i < 6; i++)
            printf("%5d", randnumber(max));
    printf("\n\n");
}
int randnumber(int max)
{
    int number;
    number = rand() % max + 1;
    return number;
}
```

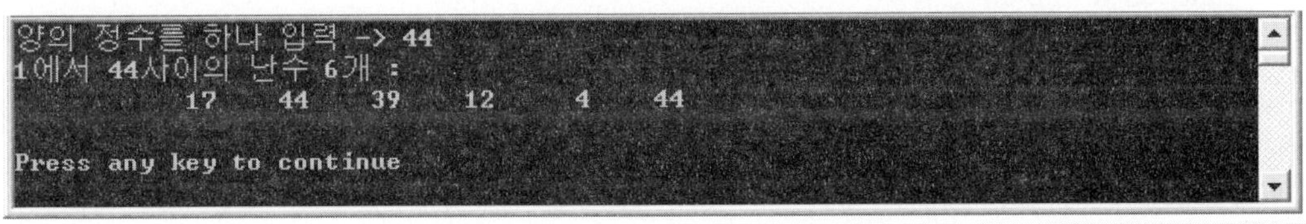

7.2.5 함수를 사용할 때 제어의 흐름

실행 파일을 실행시키면 main() 함수가 실행된다. 이때 함수를 호출하는 문장을 만나게 되면 자신은 실행을 중지하고, 호출된 함수로 제어가 이동하게 된다. 호출된 함수가 실행되면서 return이나 함수의 끝('}')'을 만나게 되면 종료된다. 이때 제어는 이 함수를 호출한 곳(중지 된 곳)으로 되돌아와서 계속 실행된다.

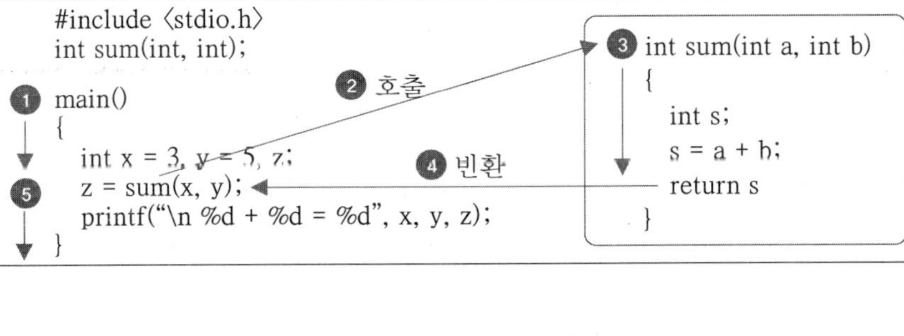

예제 7-11

main() 함수에서는 함수 function_test()를 호출하기 전과 후에 a와 b의 값을 출력한다. 그리고 마지막에 다시 함수 function_test()를 호출한다. 함수 function_test()에서는 형식인자의 값을 증가하여 출력한다. 함수 function_test()를 호출할 때마다 "출력3"이 출력된다.

예제 7-11 실행결과

```
#include <stdio.h>
void function_test(int, int);

main()
{
    int a = 3, b = 4;

    printf("출력1 : a = %d, b = %d\n", a, b);
    function_test(a, b);
    printf("출력2 : a = %d, b = %d\n", a, b);
    function_test (a, b);
}

void function_test(int x, int y)
{
    printf("출력3 -> x = %d, y = %d\n", ++x, ++y);
}
```

7.3 표준 함수

표준 함수란 C컴파일러에 포함되어 제공되는 함수이다. 일반적으로 C컴파일러에서 제공해 주는 표준 함수의 수는 매우 많다. 그러나 그 중 필요한 몇 개만 기억해 두면 프로그램을 익히는 데는 별 어려움이 없다. 표준 함수는 사용자 정의 함수와 원리상으로는 똑같지만 사용할 때에는 다음과 같은 차이점이 있다.

- 함수가 이미 정의되어 있기 때문에 따로 정의할 필요가 없다.
- 표준 함수의 원형은 해당 헤더 파일에 저장되어 있다. 따라서 표준 함수를 사용할 때에는 해당 헤더 파일을 프로그램에 포함시키는 것으로 함수의 선언을 대신한다.
- 함수의 호출 방법은 사용자 정의 함수와 동일하다.

우리가 앞서 배운 표준 함수인 printf(), scanf(), getchar(), gets(), puts(), strcpy(), strcmp() 등과 배우지 않은 더 많은 표준함수들이 있으므로 작성할 프로그램의 의미에 맞는 함수를 가져다 사용하면 프로그램을 하는데 상당히 편리한 장점이 있다. 부록에 널리 사용되는 표준함수들을 첨부해 두었다. 여기에서는 몇 가지 수학 관련 함수를 소개하기로 한다. 수학 관련 함수의 원형은 헤더 파일 math.h에 정의되어 있다.

함수	원 형	반환 값
sqrt()	double sqrt (double x)	제곱근
ceil()	double ceil (double x)	x 보다 작지 않은 가장 작은 정수 (올림)
floor()	double floor (double x)	x 보다 크지 않은 가장 큰 정수 (내림)
pow()	double pow (double x, double y)	거듭제곱 (x^y)
abs()	int abs (int x)	x의 절대값
exp()	double exp (double x)	e^x
log()	double log (double x)	$\log_e(x)$
log10()	double log10 (double x)	$\log_{10}(x)$

수치 연산 함수에는 삼각함수도 제공한다. 삼각함수에서 인자로 사용되는 각도는 라디안(radian)으로 표현된다. 각도와 라디안의 관계에서 360도는 2π 라디안이다. 즉, 1 라디안은 57.296도와 같다.

함수	원 형	반환 값
cos()	double cos (double x)	cos (x)
sin()	double sin (double x)	sin (x)
tan()	double tan (double x)	tan (x)
acos()	double acos (double x)	acos (x)
asin()	double asin (double x)	asin (x)
atan()	double atan (double x)	atan (x)
atan2()	double atan2 (double x, double y)	atan (x/y), x와 y는 길이

예제 7-12

math.h 헤더파일에 정의되어 있는 함수들의 예제이다. 정수값의 절대값을 구해주는 abs(), long형 정수의 절대값을 구해주는 labs(), 실수형 자료의 절대값을 구해주는 fabs()함수를 사용하여 계산하고, 그 결과를 다시 sqrt()함수를 사용하여 제곱근을 구하여 출력하는 프로그램이다.

예제 7-12 실행결과

```
#include <stdio.h>
#include <math.h>
main()
{
    int x = -1995, x1;
    long y = -12345678, y1;
    double z = -1234.5678, z1;

   x1 = abs (x);
    printf("%d의 절대값 \t\t%d, \t\t%d의 제곱근 = %lf\n", x, x1, x1,
            sqrt(x1));
    y1 = labs (y);
    printf("%ld의 절대값 \t%ld, \t%ld의 제곱근 = %lf\n", y, y1, y1,
            sqrt(y1));
    z1 = fabs(z);
    printf("%lf의 절대값 \t%lf, \t%lf의 제곱근 = %lf\n", z, z1, z1,
           sqrt(z1));
}
```

```
-1995의 절대값          1995,           1995의 제곱근 = 44.665423
-12345678의 절대값      12345678,       12345678의 제곱근 = 3513.641701
-1234.567800의 절대값   1234.567800,    1234.567800의 제곱근 = 35.136417
Press any key to continue_
```

연습 헤더 파일 math.h에서 사용할 수 있는 함수들의 종류는 무엇이며 특성을 알아보자.

예제 7-13

아래 프로그램은 math.h 헤더파일에 정의되어 있는 제곱근을 구해주는 sqrt(), 소숫점 이하를 올림해주는 ceil(), 소숫점 이하를 버림하는 floor(), sin(), cos()의 사용결과를 보여준다.

예제 7-13 실행결과

```
#include <stdio.h>
#include <math.h>
#define RAD 57.296 // 1 라디안에 대한 각도

main()
{
    double x = 2.564, y = 30.0;

    printf("%.3lf의 제곱근= %.3lf\n", x, sqrt (x));
    printf("%.3lf의 소수점 이하 올림 = %.3lf\n", x, ceil (x));
    printf("%.3lf의 소수점 이하 버림 = %.3lf\n", x, floor(x));
    printf("sin %.1lf도 = %lf\n", y, sin(y/RAD));
    printf("cos %.1lf도 = %lf\n", y, cos(y/RAD));
}
```

```
2.564의 제곱근= 1.601
2.564의 소수점 이하 올림 = 3.000
2.564의 소수점 이하 버림 = 2.000
sin 30.0도 = 0.499998
cos 30.0도 = 0.866026
계속하려면 아무 키나 누르십시오 . . .
```

[예제 7-13]에서 ceil()함수는 소수점 이하 값이 존재하면 정수값에 1을 더하여 주며, 형변환 연산자(int)는 소수점 이하를 버리고 정수 값을 만든다. 예를 들어, ceil(25.647)은 26.0이고, (int)25.647은 25이다.

예제 7-14

stdlib.h 헤더파일과 string.h 헤더파일에 정의되어 있는 표준함수의 사용 예제이다. 문자열 "1234", "56789", "123.456000"를 atoi() 함수를 사용하여 정수형, atol() 함수를 사용하여 long 정수형, atof() 함수를 사용하여 실수형으로 변환하는 예제이다.

예제 7-14 실행결과

```
#include <stdlib.h>
#include <stdio.h>
#include <string.h>

main()
{
    int i;
    long l;
    double d;
    char str[30];

    strcpy(str, "1234");
    i = atoi(str);
    strcpy(str, "123456789");
    l = atol(str);
    strcpy(str, "123.456");
    d = atof(str);

    printf("int 형 변환 =  %d\n", i);
    printf("long 형 변환 = %ld\n", l);
    printf("double 형 변환 = %lf\n", d);
}
```

```
int 형 변환 =  1234
long 형 변환 = 123456789
double 형 변환 = 4365680.000000
Press any key to continue
```

예제 7-15

표준함수 pow(x, y)와 log(x), log10(x)를 사용하여 실수형 값의 거듭 제곱과 자연대수로그값, 상용대수로그값을 계산하는 출력한다.

예제 7-15 실행결과

```
#include <stdio.h>
#include <math.h>
```

```
main()
{
    double x = 20.3, y = 4.7;

    printf("%lf를 %lf로 거듭 제곱하면 = %lf\n", x, y, pow(x, y));
    printf("%lf의 자연대수 로그값 = %.4lf\n", x, log(x));
    printf("%lf의 상용대수 로그값 = %.4lf\n", x, log10(x));
}
```

```
20.300000를 4.700000로 거듭 제곱하면 = 1397112.499610
20.300000의 자연대수 로그값 = 3.0106
20.300000의 상용대수 로그값 = 1.3075
Press any key to continue
```

연습 math.h헤더 파일을 사용하여 1에서 30까지 0.25씩 증가시켜가면서 자연대수 로그, sin, cos 값을 계산하는 함수를 작성하라.

예제 7-16

아래 프로그램은 함수를 사용하여 2차방정식($ax^2+bx+c=0$)의 근을 구하는 프로그램이다. 2차 방정식의 근은 판별식 $D=\sqrt{b^2-4ac}$ 에서,

D 〉 0 ------ 실근,
D = 0 ------ 중근,
D 〈 0 ------ 허근임을 알 수 있다. 이 프로그램에서 허근일 경우는 생략하였다.

예제 7-16 실행결과

```
#include <stdio.h>
#include <math.h>

main()
{
    float a, b, c, d, x1, x2;

    whhile(1) {
            printf("3개의 계수 값을 입력하시오:");
            scanf("%f %f %f", &a, &b, &c);
            if(a == 0) break;
```

```
            d = b * b - 4.0 * a * c;
            if( d < 0) {
                printf("이 방정식의 근은 허근입니다.\n");
                continue;
            }
            x1 = (-b + sqrt(d)) / ( 2.0 * a);
            x2 = (-b - sqrt(d)) / ( 2.0 * a);
            printf("x1 = %f, \tx2 = %f\n", x1, x2);
    }
}
```

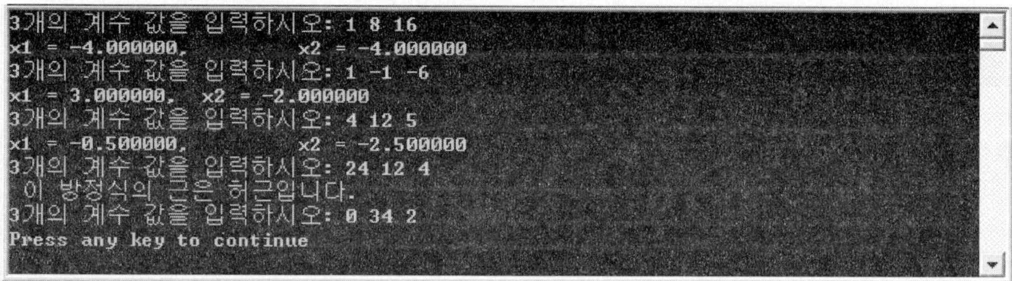

연습 세 개의 계수를 인자로 받아서 근을 출력하는 함수를 작성하시오.

형식인자: 세 개의 계수

출력: 근 (단, 허근일 경우에는 허근임을 출력한다)

반환: 없음

7.4 재귀 함수

C에서 함수는 재귀적으로 사용될 수 있다. '재귀적(recursive)으로 사용 된다'는 말은 함수 내에서 자신을 호출할 수가 있다는 의미이다. 이를 쉽게 설명하기 위하여 계승(factorial) n!의 정의를 살펴보자.

$$n! = n * (n-1)! \quad \text{여기서 } n >= 1,\ 0! = 1$$

즉, 계승을 정의하는 데에 계승이 사용되었음을 알 수 있다. 계승을 계산하는 과정을 함수로 표현하면 아래와 같이 된다. 함수의 정의에서 자신을 호출하게 되는데 이러한 형태의 함수를 재귀함수라 한다.

```
long Factorial(int n)
{
    if (n == 0) return 1;
    else return n * Factorial(n - 1);
}
```

재귀 함수의 사용은 프로그램을 간결하게 표현한다는 데에 의의가 있다. 그러나 재귀함수를 사용하면 프로그램의 분석이 어렵고, 특히 초보자인 경우 프로그램 개발이 어려워 간단하고 정형화 되어 있는 알고리즘 구현에 사용하는 것이 바람직하다. 재귀 함수가 실제로 컴퓨터에서 작동될 때에는 모든 인자 및 함수의 지역 변수 값들을 스택 영역에 저장하기 때문에 스택의 낭비가 심하며 반복되는 함수의 호출로 컴퓨터 수행 시간이 길어지는 문제점이 있으므로 유의해야 한다.

예제 7-17

임의의 정수 하나를 입력받아 재귀함수 printn()을 사용하여 1부터 입력된 정수까지 출력하는 프로그램이다.

예제 7-17 실행결과

```
#include <stdio.h>
void printn(int);
main()
{
    int a;
    printf("양의 정수를 하나 입력 -> ");
    scanf("%d", &a);
    printn(a);
    printf("\n");
}
```

```
void printn(int cnt)
{
     if (cnt >= 1) {
              printn(cnt - 1);
              printf("%3d", cnt);
     }
}
```

```
양의 정수를 하나 입력 -> 32
  1  2  3  4  5  6  7  8  9 10 11 12 13 14 15 16 17 18 19 20 21 22 23 24 25 26 2
7 28 29 30 31 32
Press any key to continue
```

예제 7-18

재귀함수 Factorial()을 이용하여 입력된 정수 n의 계승(n!)을 계산하는 프로그램이다.

예제 7-18 실행결과

```
#include <stdio.h>
void main(void)
 {
   int a;
   long m;
   long Factorial(int);
   scanf("%d", &a);
   m = Factorial(a);
   printf("%d! = %ld", a, m);
}

long Factorial(int n)
{
    if (n == 0)
             return 1;
    else
             return n * Factorial(n - 1);
}
```

```
insert integer :7
7! = 5040_
```

연습문제

1 perimeter()라는 이름을 갖고 두 정수 n1, n2를 입력받아 n1이 n2의 배수이면 n1/n2, 아니면 n1 * n2 값을 반환하는 함수를 작성하여 그 함수가 올바르게 수행되는지를 직접 테스트하시오.

2 3개 이상의 정수를 입력받아 가장 큰 정수와 가장 작은 정수를 출력하는 프로그램을 함수를 사용하여 작성하시오.

3 정수 n을 입력받아 1부터 n까지의 합을 구하는 함수 sum()을 정의하시오.

4 정수 n을 입력받아 n의 제곱근을 출력하는 프로그램을 작성하시오.

5 표준함 수 sin()과 cos()을 이용해서 −45도에서 45도까지 5도 간격으로 sin 값과 cos 값을 출력하는 프로그램을 작성하시오.

6 5번 연습문제에서 sin과 cos값에 20을 곱한 후 정수형으로 변환하여 히스토그램을 출력하는 프로그램을 작성하시오.

7 두 숫자를 입력받아 최소공배수, 최대공약수를 구하는 프로그램을 최소 공배수를 구하는 함수와 최대 공약수를 구하는 함수를 사용하여 작성하시오.

8 문자 하나와 온도를 실수형으로 입력받아, 문자가 'F'나 'f'이면 입력 받은 값을 화씨로 간주하여 섭씨로 바꾸고, 입력 받은 문자가 'C'나 'c'이면 입력받은 값을 섭씨로 간주하고 화씨로 바꾸어 결과를 출력하는 프로그램을 섭씨를 화씨로 바꾸는 함수와 화씨를 섭씨로 바꾸는 함수를 이용하여 작성하시오. 섭씨온도(C)와 화씨온도(F)와의 관계식은 다음과 같다.

$$C = (5 / 9) * (F-32)$$

9 예제 7-16의 근을 구하는 문제에서 실근, 중근, 허근을 구하는 함수를 각각 별도 함수를 사용하여 프로그램하시오.

10 세 정수를 입력받아 중위수를 구하는 함수를 작성하고, 나머지수와 중위수와의 차를 계산하는 프로그램을 작성하시오.

11 현재 우리는 땅의 넓이를 말할 때 평으로, 금의 무게를 말 할 때 돈, 쇠고기 무게는 근으로 많이 이야기한다. 그러나 정부에서는 모든 도량형을 미터, 킬로그램으로 통일하려 한다. 평을 제곱미터로, 근을 그램으로, 돈을 그램으로 변환하고, 역으로도 변환하는 프로그램을 작성하려고 한다. 변환하는 함수들을 작성하여 이 함수들을 사용하여 프로그램을 작성하시오.

8

함수의 응용

8 함수의 응용

8.1 함수의 인자로서 배열 이용

함수의 인자에 배열을 전달한다는 의미는 배열을 함수의 실인자로 사용한다는 의미이다. 배열을 함수의 실인자로 사용하여 함수를 호출할 때는 배열 이름을 실인자로 사용한다. 배열 이름은 배열의 시작 주소를 나타낸다. 즉, 배열의 각 원소들이 형식인자로 복사되는 것이 아니라 배열의 시작 주소가 형식인자로 전달된다.

```
int a [3] = {0};
int b [2][3] = {{1, 5, 3}, {2, 6, 9}};

init (a); // 함수 호출: 1차원 배열을 실인자로 사용
prt_ar (b); // 함수 호출: 2차원 배열을 실인자로 사용
```

호출된 함수의 형식인자를 선언할 때는 일반 배열의 선언처럼 하면 된다. 이때, 일차원 배열의 크기는 표현하지 않고, 이차원 배열에서는 열의 크기만 표시한다. 호출된 함수의 헤더는 다음과 같다.

```
void init (int x [])
void prt_ar (int y [][3])
```

함수 호출이 일어나 함수를 실행할 때, 실인자의 배열과 형식인자의 배열은 동일한 배열을 가리키게 된다. 호출하기 전의 배열 원소 a[0]와 호출된 함수에서의 배열 원소 x[0]는 서로 이름은 다르지만 같은 원소를 나타낸다. 따라서 형식인자인 배열의 원소 값이 바뀌면 실인자 배열의 원소의 값도 바뀐다.

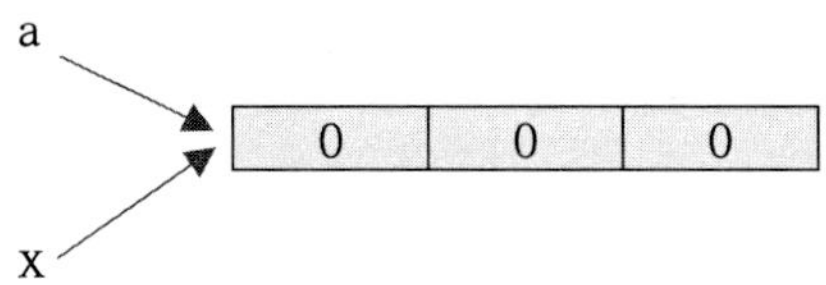

[예제 8-1]에서 함수 호출 전에는 실인자로 사용되는 배열 a의 모든 원소가 0으로 초기화 되어 있다. 호출하면서 형식인자 x에 전달된다. 이때 실인자 a와 형식인자 x는 같은 배열을 가리키면서 다른 이름을 사용하는 것과 같다. 호출된 함수 init()에서 배열 x의 각 원소에 첨자 값을 대입한다. 이것은 배열 a에 값을 대입하는 것과 마찬가지다. 따라서 함수 init()가 종료되면 main() 함수에서 배열 a의 내용이 다음과 같이 변경된다는 것을 확인할 수 있다.

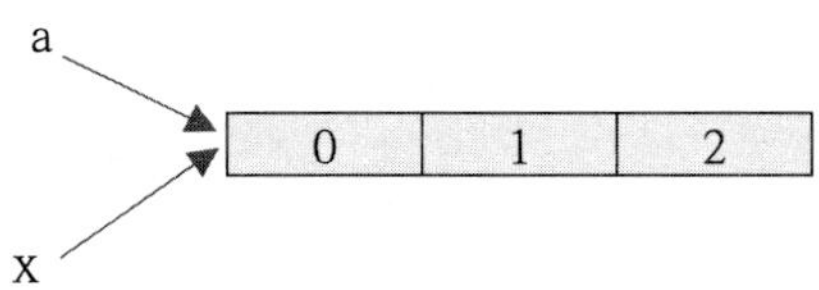

예제 8-1

주 함수에서 배열 a를 0으로 초기화하고, 함수 init()를 호출하여 배열 원소의 값을 변경한다.

예제 8-1 실행결과

```
#include <stdio.h>
void init(int x[]);

main()
{
    int a[10] = {0}; // 0으로 초기화
    int i;
```

```
    init(a); // 함수 호출

    for(i = 0; i < 10; i++)
            printf("%d", a[i]);
}

void init(int x[])
{
    int i;

    for(i = 0; i < 10; i++)
            x[i] = i; // 첨자 값으로 대입
}
```

```
0 1 2 3 4 5 6 7 8 9 Press any key to continue
```

연습 위 init() 함수에서 배열 a의 원소들을 키보드에서 입력하도록 바꾸어 실행하라.

[입력 형식] 0번째 원소 입력: _

...

9번째 원소 입력: _

예제 8-2

크기가 10인 배열 a의 원소들의 합을 구하는 함수 sum1()과 배열 a에서 처음부터 n개의 원소의 합을 구하는 함수 sum2()의 예이다.

예제 8-2 실행결과

```
#include <stdio.h>
int sum1(int x[]);
int sum2(int x[], int n);

main()
{
    int a[10];
    int s1, s2, i;
```

```
    printf("a의 원소를 입력하시오:");
    for(i = 0; i < 10; i++)
            scanf("%d", &a[i]);
    s1 = sum1(a);
    s2 = sum2(a, 5);
    printf("a의 원소의 합은 %d\n", s1);
    printf("a의 원소 중 처음 %d개의 합은 %d\n", 5, s2);
}

int sum1(int x[])
{
    int i, s = 0;
    for(i = 0; i < 10; i++)
            s += x[i];
    return s;
}

int sum2(int x[], int n)
{
    int i, s = 0;
    for(i = 0; i < n; i++)
            s += x[i];
    return s;
}
```

```
a의 원소를 입력하시오:1 2 3 4 5 6 7 8 9 10
a의 원소의 합은 55
a의 원소 중 처음 5개의 합은 15
Press any key to continue
```

연습 ❶ 위 프로그램에 a[n]부터 a[m]까지의 합을 구하는 함수를 만들어 넣고, a[2]부터 a[7]까지의 합을 구하는 프로그램을 작성하라.

❷ 정수형 배열의 원소들 중 최대값을 구하는 함수를 작성하고, 이 함수를 호출하여 최대값을 구하는 프로그램을 작성하라.

예제 8-3

키보드로부터 입력(표준입력)받은 한 줄의 문자열을 함수 backwordprint()을 호출하여 역순으로 출력한다.

예제 8-3 실행결과

```
#include <stdio.h>
#define MAX 81
void backwordprint(char str[]);

main()
{
    char str[MAX];
    printf("한 줄을 입력하세요. >> \n");
    gets(str);
    printf("\n위에서 입력한 문자열을 역순으로 출력합니다.\n");
    backwordprint(str);
}

void backwordprint(char str[])
{
    int i = 0;

    while(str[i]) i++;
    for(--i; i >= 0; --i) {
            printf("%c", str[i]);
    }
    putchar('\n');
}
```

```
한 줄을 입력하세요. >>
abcdefghijklmnopqrstuvwxyz1234567890

위에서 입력한 문자열을 역순으로 출력합니다.
0987654321zyxwvutsrqponmlkjihgfedcba
Press any key to continue
```

예제 8-4

0에서 9사이의 정수 20개를 입력 받아 각 숫자의 빈도수를 계산하는 프로그램이다. 함수 frqtest()는 배열을 인자로 받아서 원소의 값에 대한 빈도수를 출력한다.

예제 8-4 실행결과

```
#include <stdio.h>
void frqtest(int[]);
```

```
main()
{
   int i, x[20];

   printf("0에서 9까지의 정수를 입력하시오.\n");
   for(i = 0; i < 20; i++) {
            scanf("%d", &x[i]);
            if( !(x[i] >= 0 && x[i] <= 9) ) {
            printf("다시 입력 (0 ~ 9):");
            --i;
            }
   }
   frqtest(x);    // 함수 호출
}

void frqtest(int x[])
{
   int freq [10] = {0};
   int i;

   for(i = 0; i < 20; i++) ++freq [x[i]];
   for(i = 0; i < 10; i++)
            printf("%d의 빈도수: %d\n", i, freq[i]);
}
```

연습 ❶ [예제 8-1]의 frqtest()함수를 빈도수에 따른 히스토그램을 그리는 함수로 수정하라.

❷ frqtest()함수를 빈도수가 가장 많은 수와 그 빈도수를 출력하는 함수로 수정하라.

예제 8-5

두 개의 함수는 배열 원소의 값을 포인터를 사용해서 반환한다. main함수에서 10개의 원소를 갖는 배열 a를 선언하고, 첨자의 값을 홀수와 짝수로 구분하여 각각 다른 함수에 배열의 시작번지와 첨자 i를 인자로 전달한다. 두 개의 인자를 전달받은 각각의 함수는 해당되는 배열의 원소를 main함수로 반환하여 화면에 출력한다.

예제 8-5 실행결과

```
#include <stdio.h>

int even_member (int even_position, int * a)
{
    return a[even_position];
}

int odd_member (int odd_position, int * a)
{
    return * (a + odd_position);
}

main()
{
    int a[] = {10, 11, 12, 13, 14, 15, 16, 17, 18, 19};
    int i, a_return;

    for(i = 0; i < 10; i++) {
            if(i % 2) a_return = odd_member(i, a);
            else a_return = even_member(i, a);
            printf("%d번째 배열 원소: %d\n", i, a_return);
    }
}
```

설명 지금까지는 main()함수 뒤에 사용자 정의함수가 위치하였으나 [예제 8-5]에서는 사용자 정의함수가 main()함수의 앞에 위치하고 있다. 이 경우 함수 선언을 생략할 수 있다. 사용자 정의 함수가 main() 함수 앞에 기술되면 선언부로도 사용된다.

예제 8-6

이 예제는 4×3 행렬의 덧셈을 하는 프로그램이다. 행렬의 덧셈과 출력을 위해 함수 sum()과 print()를 사용하였다. 2차원 배열을 인자로 사용할 때는 형식 인자에 2차원 배열의 열의 개수를 표시해야 한다.

예제 8-6 실행결과

```
#include<stdio.h>
#define ROWS 4
#define COLS 3
void print(int [][3]);
void sum(int [][3], int [][3], int [][3]);

main()
{
   int s[4][3];

   int x[][3] = {{35, 28, 73}, {25, 32, 73}, {97,56,23}, {45,97,15}};
   int y[][3] = {{125, 28, 56}, {34, 32, 69}, {57,56,59}, {45,33,45}};

   printf("행렬 x:\n");
   print (x);
   printf("행렬 y:\n");
   print (y);

   sum (x, y, s); // 함수 호출

   printf("\n위의 두 행렬 덧셈의 결과 값입니다.\n");
   print(s); // 결과 배열 출력
}

void sum(int x[][3], int y[][3], int t[][3] )
{
    int i, j;
    for(i = 0; i < ROWS; i++)
            for(j = 0; j < COLS; j++)
                  t[i][j] = x[i][j] + y[i][j];
}

void print(int x[][3])
{
    int i, j;
```

```
    printf("----------------\n");
    for(i  = 0; i < ROWS; i++) {
            for(j = 0; j < COLS; j++)
                 printf("|%4d", x[i][j]);
            printf("|\n");
    }
    printf("----------------\n");
}
```

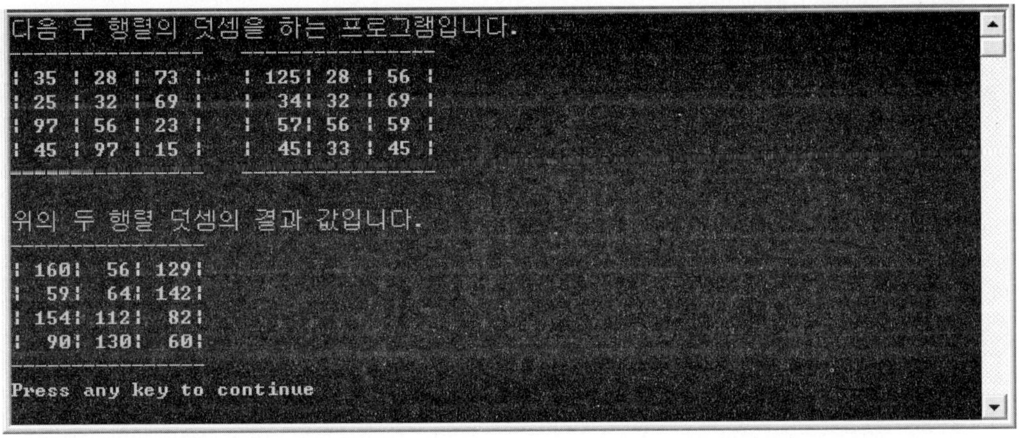

연습 위 예제에 행렬의 뺄셈을 하는 함수를 추가하고, 이 함수를 호출하여 행렬의 뺄셈을 하라.

예제 8-7

60개의 정수를 배열에 초기화하고, 세 개의 함수 printArray(), mean(), mode()를 호출하여 배열의 내용을 출력하고, 합계와 평균을 구하고, 분포를 히스토그램으로 나타내는 프로그램이다.

예제 8-7 실행결과

```
#include <stdio.h>
#define SIZE 60
void mean(int []);
void mode(int [], int []);
void printArray(int []);

main()
{
```

```
    int frequency[10]= {0};
    int response[SIZE] = {
            5, 6, 7, 2, 5, 3, 9, 4, 6, 4, 4, 8, 0, 6, 3, 7, 0, 2, 0, 8,
            7, 8, 0, 5, 8, 7, 3, 9, 7, 8, 3, 5, 2, 9, 7, 5, 3, 8, 7, 2,
            7, 4, 7, 2, 5, 3, 8, 7, 5, 6, 4, 7, 6, 1, 6, 5, 7, 7, 7, 6};

    printArray(response);
    mean(response);
    mode(frequency, response);
}

void printArray(int a[])
{
    int j;
    printf("다음과 같은 0에서 9까지의 정수에서 \n");
    for (j = 0; j < SIZE; j++) {
            if (j % 20 == 0 ) printf("\n");
            printf("%2d", a[j]);
    }
    printf("\n\n");
}
void mean(int answer[])
{
    int j, total = 0;
    printf("%s\n%s\n%s\n", "********", "평균", "********");
    for (j = 0; j < SIZE; j++) total += answer[j];
    printf("배열 원소의 평균을 구하려 한다.\n배열 원소의 수는 %d 이고 \n", SIZE);
    printf("배열 원소의 전체 합은 %d 이므로 \n 평균은 %.4f 이다.\n", total,
            (double)total / SIZE);
}
void mode(int freq[], int answer[])
{
    int rating, j, h, largest = 0, modeValue = 0;
    printf ("\n%s\n%s\n%s\n", "********", "분포", "********");
    for (rating = 0; rating <= 9; rating++) freq[rating] = 0;
    for (j = 0; j <= SIZE - 1; j++) ++freq[answer[j]];
    printf("----------------------------------------------\n");
    printf("%10s%10s%8s%-20s\n\n", "수", "횟수", " ", "히스토그램");
    printf("%28s%-40s\n%28s%", " ", "1  1  2  2", " ");
    printf("%-40s\n", "1  5  0  5  0  5");
    printf("----------------------------------------------\n");
    for (rating = 0; rating <= 9; rating++) {
    printf("%10d%10d%8s", rating, freq[rating], " ");
```

```
            if (freq[rating] > largest) {
            largest = freq[rating];
            modeValue = rating;
            }
            for (h = 1; h <= freq[rating]; h++) printf("*");
            printf("\n");
    }
    printf("--------------------------------------------------\n");
    printf("분포에서는 수의 빈도 횟수를 나타낸다.\n");
    printf("분석 결과, 가장 많은 빈도수는 수%d이(가) %d번 나타났다.\n", modeValue, largest);
}
```

```
다음과 같은 0에서 9까지의 정수에서

 5 6 7 2 5 3 9 4 6 4 4 8 0 6 3 7 0 2 0 8
 7 8 0 5 8 7 3 9 7 8 3 5 2 9 7 5 3 8 7 2
 7 4 7 2 5 3 8 7 5 6 4 7 6 1 6 5 7 7 7 6

********
  평균
********
배열 원소의 평균을 구하려한다.
배열 원소의 수는 60 이고
배열 원소의 전체 합은 312 이므로
평균은 5.2000 이다.

********
  분포
********
--------------------------------------------------------
        수      횟수        히스토그램

                                     1    1    2    2
                            1   5    0    5    0    5
--------------------------------------------------------
        0         4         ****
        1         1         *
        2         5         *****
        3         6         ******
        4         5         *****
        5         8         ********
        6         7         *******
        7        14         **************
        8         7         *******
        9         3         ***
--------------------------------------------------------
분포에서는 수의 빈도 횟수를 나타낸다.
분석 결과, 가장 많은 빈도수는 수 7이(가) 14번 나타났다.
Press any key to continue
```

연습 표준편차를 계산하는 함수를 작성하고 이를 이용하여 n개의 실수의 표준편차를 구하는 프로그램을 작성하라.

$$\text{표준편차(sd)} = \sqrt{\frac{\sum_{i=0}^{n-1}(x_i - x')^2}{n}}, \quad x' : \text{평균}$$

8.2 main() 함수의 인자

지금까지는 인자가 없는 main() 함수를 사용하였다. 그러나 main() 함수에도 인자를 사용할 수 있다. main() 함수의 인자를 사용하는 형식은 아래와 같다.

```
main (int argc, char * argv[])
```

사용되는 인자들은 운영 체제의 명령어 라인에서 실행 프로그램 이름 뒤에 쓰는 정보이다. 예를 들어, 파일을 복사하는 실행 프로그램의 이름이 copy라고 할 때 이 프로그램을 명령어 라인에서 실행시키기 위해서 아래와 같은 명령을 사용한다.

```
copy source.c dest.c
```

이때 명령어에 있는 정보가 main() 함수의 인자로 제공된다. 첫 번째 인자 argc는 인자의 수를 나타낸다. 위의 예에서 "copy", "source.c", "dest.c"의 세 가지이므로 3이 전달된다. argv는 문자열의 배열이다. 따라서 위의 세 문자열이 아래 그림처럼 전달된다.

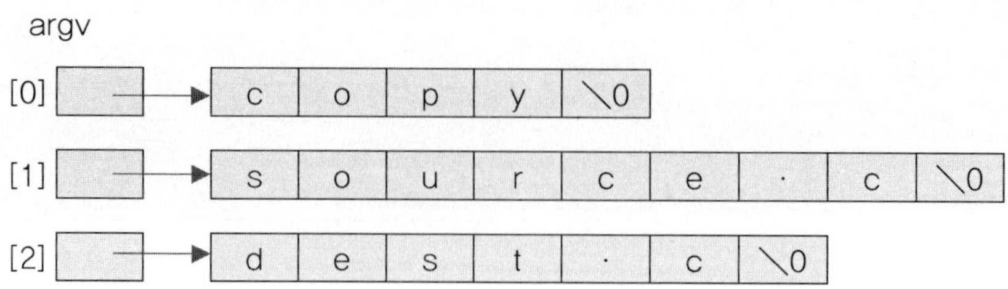

예 인자의 출력

```
#include <stdio.h>
main(int argc, char *argv[])
{
        int i;
        printf("%d\n", argc); // 인자의 수
        for(i = 0 ; i < argc ; i++)
            printf("%s\n", argv[i]); // 각 인자: 문자열
}
```

위 프로그램의 실행 파일이 a.out이고 명령어 라인에 아래와 같은 명령을 사용하여 실행시킨다고 가정하면 출력은 다음과 같다.

실행: a.out source.c 1234 dest.c

```
4
a.out
source.c
1234
dest.c
```

다음 명령을 사용하면 출력은 아래와 같다.

실행: a.out This is a test

```
5
a.out
This
is
a
test
```

이때 명령어에 공백이 있으면 다른 인자로 분리된다. 공백이 있는 것을 하나의 인자로 하려면 " "를 사용하면 된다. 위의 예에서 명령이 아래와 같을 때의 출력을 나타낸다.

실행: a.out "This is a test"

```
2
a.out
This is a test
```

예제 8-8

명령어 라인에 하나의 문자(+, -, *, /)와 2개의 정수를 주어 문자가 '+'이면 두 정수의 덧셈, '-'이면 뺄셈, '*'이면 곱셈, '/'이면 나눗셈을 한 결과를 출력하는 프로그램이다. 예를 들어, 이 프로그램의 이름이 arith이고 아래와 같이 명령을 주면 결과는 다음과 같아야 한다.

명령 : arith + 15 30

출력 : 15 + 30 = 45

아래 프로그램에서 opt에는 연산자를 저장하고, oprd1과 oprd2에는 피연산자를 저장시킨다. 이때 atoi(문자열) 함수는 인자로 받은 문자열을 정수로 변환시키는 함수이다. 예를 들어, atoi("-34")는 문자열 "-34"를 정수 -34로 바꾸어 준다. 이런 종류의 함수에는 float로 바꾸는 atof() 함수, long 정수로 바꾸는 atol() 함수가 있다. 이들 함수는 "stdlib.h" 헤더 파일을 필요로 한다.

예제 8-8 실행결과

```
#include <stdio.h>
#include <stdlib.h>

main(int argc, char * argv[])
{
    char opt;
    int oprd1, oprd2;
    int result;

    if(argc != 4) { printf("명령어를 잘못 사용하였음\n");
           exit(1); // 프로그램 종료
    }
    opt = * argv[1]; // 연산자를 opt에 대입
    oprd1 = atoi(argv[2]); // 문자열을 정수로 변환
    oprd2 = atoi(argv[3]);
    switch(opt) {
      case '+': result = oprd1 + oprd2;
             break;
      case '-': result = oprd1 - oprd2;
             break;
```

```
        case '*': result = oprd1 * oprd2;
                break;
        case '/': result = oprd1 / oprd2; // oprd2가 0이 아님
                break;
        default : printf("잘못된 연산자\n");
                exit(1);
    }
    printf("%d %c %d = %d\n", oprd1, opt, oprd2, result);
}
```

연습 위 프로그램을 여러 경우에 대하여 실행시켜 보라.

8.2 함수 포인터

함수 포인터(funtion pointer)란 함수의 시작 지점의 주소를 가지는 변수이다. 이 포인터를 이용하여 함수의 호출이 가능하다. 함수 포인터의 선언 형식과 예는 다음과 같다.

함수의 반환형 (* 함수포인터)(인자);

```
int (* f1) (int x);
int (* f2) (int x, int y);
void (* f3) (float x, float y);
```

첫 번째 예는 하나의 정수를 인자로 갖고, 정수를 반환하는 함수에 대한 포인터 f1을 선언한다. 두 번째 함수 포인터 f2는 두 개의 정수를 인자로 가지면서 정수를 반환하는 함수에 대한 포인터로 사용된다. 두 정수의 합을 반환하는 함수 sum(int a, int b)과 곱을 반환하는 함수 mul(int a, int b)이 있을 때, 함수 포인터 f2는 다음과 같이 사용될 수 있다.

```
f2 = sum; // 함수 sum()에 대한 시작 주소 저장
f2 = mul; // 함수 mul()에 대한 시작 주소 저장
```

함수 포인터 f2에 함수 이름 sum을 대입하면, f2는 함수 sum()을 가리키게 된다. 즉, 함수 sum()의 시작 주소가 f2에 저장된다. 함수 포인터 f2를 사용하여 함수 sum()을 다음과 같이 호출할 수 있다.

```
f2 = sum;
( * f2)(5, 7); // 함수 sum() 호출
f2 = mul;
( * f2)(3, 4); // 함수 mul() 호출
```

예 함수 포인터를 사용한 호출

```
#include <stdio.h>
int sum(int a, int b); // 함수 원형

main()
{
        int ( * p)(int x, int y); // p는 함수 포인터임을 선언
        int result;

        p = sum; // 함수 포인터에 sum() 함수의 주소 대입
        result = ( * p)(50, 70); // 함수 sum() 호출
        printf("%d", result);
}

int sum(int a, int b)
{
        return a + b;
}
```

예제 8-9

연산자의 종류에 따라 적합한 함수를 함수 포인터 p에 대입하여 호출한다.

예제 8-9 실행결과

```
#include <stdio.h>
int sum(int a, int b);
int subtract(int a, int b);
int mul(int a, int b);
int divide(int a, int b);

main()
{
    int ( * p)(intx, int y); // 함수 포인터
    int oprd1, oprd2, result;
    char opt;

    printf("연산자(+, -,  * , /)를 입력하시오\n");
    opt = getchar();

    printf("피연산자 두 개를 입력하시오\n");
    scanf("%d %d", &oprd1, &oprd2);

    switch (opt) { // 연산자에 적합한 함수 대입
      case '+': p = sum;
              break;
      case '-': p = subtract;
              break;
      case ' * ': p = mul;
              break;
      case '/': p = divide;
              break;
      default : printf("잘못된 연산자\n");
              exit(1);
    }

    result = ( * p)(oprd1, oprd2);
    printf("%d %c %d = %d\n", oprd1, opt, oprd2, result);
}

int sum(int a, int b) { return a + b; }

int subtract(int a, int b) { return a - b; }
```

```
int mul(int a, int b) { return a * b; }

int divide(int a, int b)
{
    if(b != 0) return a / b;
    else {
            printf("0으로 나누었음\n");
            exit(1);
    }
}
```

```
연산자(+, -, *, /)를 입력하시오
*
피연산자 두 개를 입력하시오
23 17
23 * 17 = 391
Press any key to continue
```

8.4 함수에서 포인터 이용

함수에서 포인터를 이용하는 것은 포인터가 왜 C언어에서 가장 중요한 개념 중 하나인 것인지 알 수 있도록 해준다. C언어에서 함수는 여러 개의 값을 인자로 받아들일 수는 있지만 호출한 함수에 반환할 수 있는 값은 return 명령을 사용하여 단 하나뿐이다. 그렇지만 포인터를 이용하면 반환하는 값은 단 하나지만 하나 이상의 값을 반환하는 효과를 낼 수 있다.

예제 8-10

swap()함수에서 인자로 두 개의 포인터를 받아들여 두 실인자의 값을 서로 바꾸는 기능을 수행한다.

예제 8-10 실행결과

```
#include <stdio.h>
void swap(int * x, int * y);
```

```
main()
{
    int x, y;

    printf("첫 번째 숫자를 입력하라. -> ");
    scanf("%d", &x);
    printf("두 번째 숫자를 입력하라. -> ");
    scanf("%d", &y);
    swap (&x, &y); // 함수 호출
    printf("첫 번째는 숫자는 %d이고 두 번째 숫자는 %d입니다.\n", x, y);
}

void swap(int * x, int * y)
{
    int z;
    z = * x;
    * x = * y;
    * y = z;
}
```

```
첫 번째 숫자를 입력하라. -> 42
두 번째 숫자를 입력하라. -> 337
첫 번째는 숫자는 337이고 두 번째 숫자는 42입니다.
Press any key to continue
```

연습 위 예제에서 swap2() 함수를 아래와 같이 작성하여 실행하여 위 결과와 비교하라. 결과가 다른 이유를 설명하라.

```
void swap2(int x, int y)
{
    int z;
    z = x;
    x = y;
    y = z;
}
```

예제 8-11

이 예제는 배열 a의 원소들 중 최대값과 최소값을 구하는 프로그램이다. 최대값과 최소값을 구하는 함수 maxmin()을 작성하였다. 호출 함수에 전달되는 실인자는 배열명과 두 변수의 주소값이다.

예제 8-11 실행결과

```
#include <stdio.h>
void maxmin(int [], int * , int * );
main()
{
    int a[10] = { 34, 45, 67, 12, 89, 23, 13, 32, 10, 20};
    int max, min, i;

    maxmin(a, &max, &min);
    printf(“a의 원소:”);
    for(i = 0; i < 10; i++)
            printf(“%d”, a[i]);
    printf(“\n”);
    printf(“최대값은 %d  최소값은 %d\n”, max, min);
}

void maxmin(int x[], int * pmax, int * pmin)
{
     int i, s;

     s = x[0];
     for(i = 1; i < 10; i++)
             if(x[i] > s) s = x[i];
      * pmax = s;

     s = x[0];
     for(i = 1; i < 10; i++)
             if(x[i] < s) s = x[i];
     * pmin = s;
}
```

```
a의 원소: 34 45 67 12 89 23 13 32 10 20
최대값은 89  최소값은 10
Press any key to continue_
```

연습 두 정수의 덧셈, 뺄셈, 곱셈, 나눗셈의 값을 구하는 함수를 하나의 함수로 작성하여 수행시켜보라.

연습문제

1 아래 프로그램에서 main() 함수의 인자들을 그림으로 나타내고 설명하시오. 이 프로그램의 실행 파일 이름은 a.out이고 명령어는 다음과 같다. 〈명령어〉 a.out file 256 2.127

```
#include <stdio.h>
main(int argc, char  * argv[])
{
                    ⋮
}
```

2 main() 함수의 인자가 필요한 이유를 설명하시오.

3 sin() 함수, cos() 함수, tan() 함수에 대하여 알아보고, 입력에 따라 sin() 함수, cos() 함수 또는 tan() 함수를 호출할 수 있도록 함수 포인터를 이용하여 프로그램을 작성하시오.

4 각 학생의 점수가 아래와 같을 때, 다음과 같이 평균과 석차를 구하여 출력하는 프로그램을 함수를 이용하여 작성하시오. 단, 성적은 키보드로 입력 받는 것으로 한다.

이름	국어	수학
A	80	70
B	65	65
C	50	85
D	90	90

[출력]

이름	국어	수학	평균	석차
A	80	70	75	2
B	65	60	62.5	4
C	50	85	67.5	3
D	90	90	90	1

5 다음은 1월에서 12월의 이름을 2차원 배열에 초기화시키고, 1에서 12 사이의 수치를 입력하면 그에 대응하는 월의 이름을 출력하는 프로그램이다. 실행을 시키고 오류가 있으면 수정하여 완성하시오(배열의 초기화를 다른 방법으로 고쳐도 됨).

```
main()
{
        int n;
    char arr[][]= {"January", "February", "March", "April", "May",
                  "June", "July", "August", "September", "October",
                  "November", "December"};
        do {
            printf("월 =");
            scanf("%d", &n);
            if (n > 12) break;
            printf("%d 월은 %s.\n", n, arr[n]);
        }while (1);
}
```

6 n을 입력하여 0에서 n까지의 짝수와 홀수의 합을 구하는 프로그램을 작성하시오. 짝수와 홀수의 합은 함수를 사용하여 작성하시오.

7 한 문장을 입력하여 단어의 개수를 찾는 프로그램을 작성하려고 한다. 포인터 인자를 전달하여 단어의 개수를 찾는 함수를 사용하여 작성하시오.

8 한 문장을 입력하여 문장의 길이와 가장 긴 단어를 검색하는 프로그램을 작성하려고 한다. 포인터 인자를 전달하여 문장의 길이를 구하는 함수와 가장 긴 단어를 찾는 함수를 사용하여 작성하시오.

9 주어진 두 벡터의 합을 계산하는 프로그램을 작성하시오. 단, 벡터의 합을 구하는 함수는 다음과 같다.

```
void VectorSum (int a[], int b[], int c[]);
```

여기서, a[], b[]는 두 입력 벡터를 나타내고, c[]는 출력 벡터를 나타낸다.

10 삼각형 세 꼭지점의 좌표가 다음과 같이 주어질 때, 면적을 계산하는 함수를 작성하시오.

(x1, y1) (x2, y2) (x3, y3)

11 n개 정수 데이터를 오름차순으로 정렬하는 함수를 작성하고, 10개의 정수를 입력하여 오름차순으로 정렬하는 프로그램을 작성하시오.

12 [예제 8-11]에서 maxmin 함수를 아래와 같이 수정하였다. 똑같은 일을 하는지를 직접 수행하여 비교하고, 그 이유를 설명하시오.

```
void maxmin(int x[], int  * pmax, int  * pmin)
{
      int i, max, min;

      max = min = x[0];
      for(i = 1; i < 10; i++)
              if(x[i] > max) max = x[i];
              else if(x[i] < min) min = x[i];
       * pmax = max;
       * pmin = min;
}
```

13 두 행렬(3*3)의 곱셈을 하는 함수를 작성하시오.

9

구조체와 공용체

9 구조체와 공용체

지금까지 여러 가지 자료형에 대하여 학습하였다. 대표적인 것으로 char, int, float,··· 등의 자료형이 있었다. 그러나 때로는 효율적인 프로그래밍을 위해서 새로운 자료형을 만들어서 사용할 필요도 발생하는데 C에서 이를 가능하게 해주는 것이 구조체(structure)이다. 구조체란 서로 다른 자료형을 가지는 변수들을 단일 명칭 하에 그룹화시켜 또 다른 자료형으로 정의하는 것을 말한다. 이러한 성질은 사용자가 관련된 여러 정보를 묶어 함께 유지 관리하고, 필요에 따라 정의할 수 있도록 자료들을 집단으로 만들 때 유용하다.

예를 들어, 사원(employee)에 관한 자료를 표현할 경우를 가정하자. 사원에 관한 자료는 성명, 나이, 성별, 주소 등 여러 속성들로 구성된다. 이때 각각의 속성을 따로따로 관리하는 것보다 하나의 이름으로 그룹화하여 관리하는 것이 편리하다.

C언어에서는 사용자에게 사용자 정의형을 만들 수 있는 두 가지 방법을 허용하고 있다. 그 하나는 여러 연관성 있는 변수를 모아 하나의 통합된 변수로 묶는 방법으로 구조체라 한다. 이때 통합된 변수로 묶인 각각의 변수는 서로 다른 메모리에 저장되고 독립적으로 사용될 수 있다. 다른 하나는 여러 변수를 모아 하나의 공통된 변수를 만들고 메모리를 공유하는 공용체이다. 공용체는 여러 변수가 메모리를 공유하므로 독립적으로 사용이 불가능하다.

9.1 구조체의 정의와 선언

구조체를 사용하기 위하여 먼저 구조체 정의가 필요하다. 구조체 정의는 구조체를 생성하기위한 골격을 구성한다. 구조체는 배열과 달리 구조체를 구성하는 변수들로 구성되며, 이 변수들을 멤버(원소 또는 필드)라고 한다. 각 멤버는 자신의 형을 갖는데 이 형은 다른 멤버의 형과 다를 수 있다.

```
struct tag-name {
     type element 1;
     type element 2;
        :
     type element n;
} ;
```

위에서 struct는 구조체 정의를 위한 키워드이고, tag-name은 구조체의 형 이름이다. 각 type은 C의 자료형이다. 아래 예에서 구조체형 employee는 구조체 골격 이름에 해당하며, 변수 name, age, sex, nationality들은 employee라는 구조체의 골격을 이루고 있는 원소(멤버)를 나타낸다. 구조체를 정의할 때 맨 뒤에 ';'를 붙이는 것에 유의해야 한다

예 구조체 employee의 정의

```
struct employee {
        char name[15];
        int age;
        char sex;
        char nationality[10];
};
```

구조체 정의는 구조체 틀을 정의하는 것으로서 실제 메모리가 확보되는 것은 아니다. 실제 메모리가 확보되는 것은 구조체 변수의 선언부에서 발생한다. 구조체의 변수를 선언하는 방법은 일반 변수를 선언하는 것과 동일하다. 형식은 아래와 같다.

struct 구조체명 변수명 리스트;

employee 구조체형에 대한 구조체 변수는 다음과 같이 선언한다. 그리고 구조체 변수는 선언과 동시에 각 멤버에 값을 초기화 할 수 있다.

struct employee x, y = {"Roberts", 50, 'M', "U.S.A"};

구조체 변수 x와 y는 name, age, sex, nationality 멤버를 가지며 그 구조는 아래에서 보는 바와 같다. 구조체 변수 y는 초기화되었기 때문에 각 멤버는 주어진 값이 저장되어 있다.

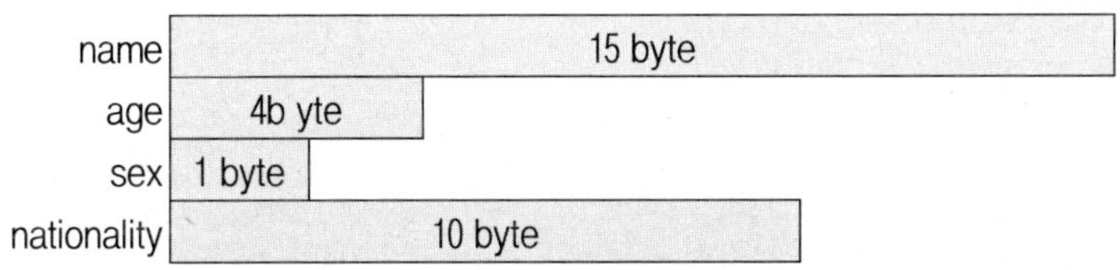

각 멤버는 독립된 변수와 같다. 구조체 멤버에 대한 접근은 구조체 변수 다음에 참조 연산자(.)와 함께 멤버 이름을 사용한다. 구조체 변수 x와 y에 대한 각 멤버는 다음과 같이 표현된다.

```
gets (x.name);            // 멤버에 입력
x.age = 20;               // 멤버에 대입
puts (y.name);            // 멤버 내용 출력
printf ("나이 : %d\n", y.age);      // 멤버에 입력
```

예제 9-1

구조체 employee를 정의하고, 구조체 변수 x를 선언한 후에 각 멤버의 값을 대입하고 출력한다.

예제 9-1 실행결과

```
#include <stdio.h>
#include <string.h>
```

```
main()
{
    struct employee {
            char name[80] ;
            int  age;
            int sex ;
            char nationality[40] ;
    };
    struct employee x = {"김 영 희", 20, 2,"대한민국"}// 구조체 변수 선언

    printf("이름은: %s\n", x.name);
    printf("나이는: %d 세\n", x.age);
    if(x.sex == 1)
            printf("성별은: 남자\n");
    else
            printf("성별은: 여자\n");
    printf("국적은: %s\n", x.nationality);
}
```

```
이름은  : 김 영 희
나이는  : 20 세
성별은  : 여자
국적은  : 대한민국
Press any key to continue
```

예제 9-2

구조체 person을 정의하고, 구조체 멤버의 자료를 입력하여 체질량 지수를 계산한다. 체질량 지수는 몸무게(Kg)를 키(m)의 제곱으로 나눈 값이다.

예제 9-2 실행결과

```
#include <stdio.h>
main()
{
    struct person {
            int height; // 키
            float weight; // 몸무게
            int bmi; // 체질량 지수
    } p;
```

```
    printf("키 입력(cm):");
    scanf("%d", &p.height);

    printf("몸무게 입력(Kg):");
    scanf("%f", &p.weight);

    p.bmi = p.weight / (p.height/100.0 * p.height/100.0);

    printf("체질량 지수는 %d입니다.\n", p.bmi);
}
```

연습 체질량 지수가 16 이하이면 '저체중', 23 이상이면 '과제중', 그 사이이면 '정상체중'을 출력하도록 수정하라.

예제 9-3

구조체 변수 emp를 사용하여 각 멤버에 자료를 입력하고, 출력한다.

예제 9-3 실행결과

```
#include <stdio.h>
struct employee {
    char name[80] ;
    int age;
    int sex ;
    char nationality[40] ;
};

main()
{
    struct employee emp;

    printf("이름과 나이 입력:");
    scanf ("%s %d", emp.name, &emp.age);
    printf("성별(남: 1, 여: 2)과 국적 입력:");
    scanf ("%d %s", &emp.sex, emp.nationality);
    printf("%s 국적인 %d세", emp.nationality, emp.age);
    printf ("%s", (emp.sex == 1) ? "남자": "여자");
```

```
    printf("%s입니다.\n", emp.name);
}
```

연습 학생 개인 한 명에 대한 신상정보를 구조체로 표현해 보라.

9.2 구조체 연산과 배열

구조체가 하나의 자료형인 것은 사실이지만 기본 자료형인 char, int, float,… 등과 달리 사용되는 연산자에는 제한이 있다. 구조체에 적용할 수 있는 연산자에는 멤버 참조 연산자와 대입 연산자와 그리고 주소 연산자 세 가지만 존재한다.

- 멤버 참조 연산자: 구조체 변수의 멤버를 참조할 경우 '.' 연산자를 사용하며, 구조체 포인터로 멤버에 접근할 경우에는 '->' 연산자를 사용한다.
- 주소 연산자(&): 구조체의 시작 주소를 계산한다.
- 대입 연산자(=): 동일한 구조체 형을 갖는 구조체 변수 사이에 대입 연산자를 사용할 수 있다. 구조체의 대입 연산은 구조체 내의 각각의 멤버 값이 차례로 대입된다.

예 구조체의 대입

```
struct employee x = {"Roberts", 50, 'M', "U.S.A"}, y;
y = x; // 구조체 대입
```

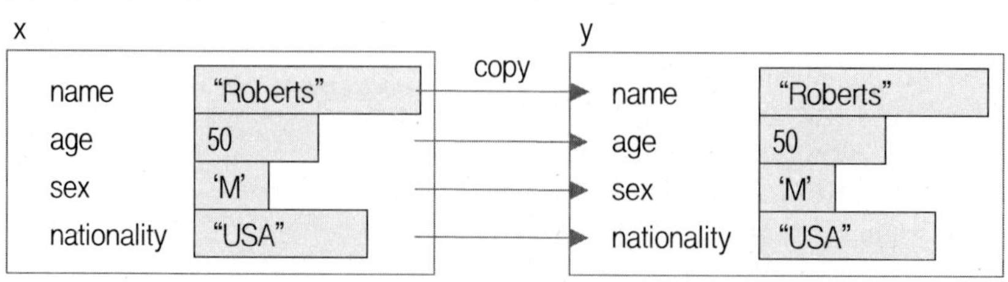

구조체에서도 배열을 사용할 수 있으며 사용 방법은 일반적인 배열의 선언과 초기화 등의 방법과 동일하다. 배열명이 첫 번째 구조체의 주소값인 것도 일반 배열의 경우와 동일하다. 구조체 배열의 선언 형식은 다음과 같다.

struct 구조체명 배열명 [배열크기];

예 세 개의 원소를 갖는 구조체 배열의 선언

```
struct employee x [3];
```

구조체 배열도 일반 배열과 마찬가지로 선언과 동시에 초기화할 수 있다. 구조체 변수 다음에 대입연산자(=)와 함께 괄호 속에 멤버의 값을 쉼표로 구분하여 나열한다. 세 개의 구조체를 갖는 배열의 초기화는 각 멤버의 순서대로 그 값을 나열한다.

예 구조체 배열의 초기화

```
struct employee x[3] = {{"Roberts", 50, 'M', "U.S.A"},
                        {"Tom", 25, 'M', "U.K"},
                        {"July", 30, 'F', "U.S.A"}};
```

예제 9-4

[예제 9-1] 프로그램을 확장하여 여섯 명의 종업원 정보를 구조체 배열에 저장하고, 나이가 25세 이상인 종업원을 검색하는 프로그램이다.

예제 9-4 실행결과

```
#include <stdio.h>
struct employee {
            char name[80] ;
    int age;
    int sex ;
    char nationality[40] ;
};

main()
{
```

```
    struct employee x[6] = {{"김 영 희", 20, 2, "대한민국"},
                            {"유 영 위", 45, 1, "중 국"},
                            {"서 인 호", 24, 1, "대한민국"},
                            {"Nina", 22, 2, "Spain"},
                            {"W.R. Uny", 30, 2, "Indonesia"},
                            {"타나가", 20, 1, "일 본"}};

    int i;
    for (i = 0; i < 6; i++) {
            if( x[i].age < 25) continue;
            printf("-----------------------------------\n");
            printf("이름은: %s\n", x[i].name);
            printf("나이는: %d 세\n", x[i].age);
            if(x[i].sex == 1) printf("성별은: 남자\n");
            else printf("성별은: 여자\n");
            printf("국적은: %s\n", x[i].nationality);
    }
}
```

```
-----------------------------------
이름은  : 유 영 위
나이는  : 45 세
성별은  : 남자
국적은  : 중 국
-----------------------------------
이름은  : W.R. Uny
나이는  : 30 세
성별은  : 여자
국적은  : Indonesia
계속하려면 아무 키나 누르십시오 . . .
```

연습 자신의 성별과 동일한 종업원을 출력하도록 조건을 수정하라.

예제 9-5

학생들의 이름과 성적을 구조체 배열 x에 초기화하고, 구조체의 내용과 합을 출력한다.

예제 9-5 실행결과

```
#include <stdio.h>
struct score {
    char name[10];
    int math;
```

```
    int english;
};

main()
{
    struct score x[3] = {{“J.Y.Huh”, 90, 90},
                         {“J.K.Kang”, 80, 85},
                         {“J.D.Lee”, 95, 85}};
    int i, total;

    printf(“Name    Math    English    Total\n”);
    for(i = 0; i < 3; i++) {
            total = x[i].math + x[i].english;
            printf(“%-8s    %3d    %3d        %3d”, x[i].name, x[i].math, x[i].english, total);
            printf(“\n”);
    }
}
```

```
Name        Math    English  Total
J.Y.Huh      90       90      180
J.K.Kang     80       85      165
J.D.Lee      95       85      180
Press any key to continue
```

연습 ❶ 예제 9-5에 물리, 화학 과목을 추가하여 프로그램해 보라.

❷ 도서(book)분류를 하려고 한다. 각 도서를 나타내기 위해 title, author, price, page를 멤버로 하는 구조체를 선언하고, 이것을 이용한 도서검색 프로그램을 작성해 보라.

9.3 구조체 포인터

구조체 포인터는 구조체 변수에 대한 주소값을 저장할 수 있다. 물론 서로 같은 구조체 형이어야 한다. 구조체 포인터 변수는 구조체에 대한 기억장소가 할당되는 것이 아니라, 구조체 변수의 주소값만을 저장할 공간이 할당된다. 구조체 포인터 변수의 선언 형식은 다음과 같다.

struct 구조체명 * 변수명;

예 구조체의 정의와 포인터 선언

```
struct employee { // 구조체 정의
        char name[15];
        int age;
        char sex;
        char nationality[10];
} emp = {"김 영 희", 20, 2, "대한민국"}; // 구조체 변수 초기화
struct employee *ptr; // 구조체 포인터 변수 선언
ptr = &emp; // 주소 대입
```

포인터 변수 prt은 employee 구조체 포인터 변수로 선언되었다. ptr에는 구조체 변수 emp의 시작번지가 저장된다. 포인터 변수에 의한 멤버 참조는 아래와 같이 '->' 연산자를 사용하여 접근 할 수 있다.

예 구조체 포인터를 사용한 멤버의 접근

```
printf ("%d\n", ptr->age);
printf ("%d\n", ptr->sex);
printf ("%s\n", ptr->name);
```

예제 9-6

구조체 변수를 사용하여 학생의 이름과 성적을 입력하고, 구조체 포인터 ps를 사용하여 평균을 계산한 다음 멤버의 값을 출력한다.

예제 9-6 실행결과

```
#include <stdio.h>
struct score {
    char    name[40];
    int math;
    int english;
    float average;
};
```

```
main()
{
    struct score sc, * ps;

    ps = &sc;

    printf("학생의 이름:");
    gets(sc.name);
    printf("학생의 성적을 입력(수학 영여):");
    scanf("%d%d", &sc.math, &sc.english);

    ps->average = (ps->math + ps->english) / 2.0;
    printf("Name \tMath \tEnglish \tAverage\n");
    printf("%s \t%d \t%d \t%.1f\n", ps->name, ps->math, ps->english,
            ps->average);
}
```

```
학생의 이름 : 김한국
학생의 성적을 입력(수학 영어): 89 93
Name    Math    English Average
김한국  89      93      91.0
계속하려면 아무 키나 누르십시오 . . .
```

연습 원소가 5개인 구조체 배열을 선언하여 5명의 성적을 입력하고 출력하도록 수정하시오.

9.4 함수의 인자로서 구조체

9.4.1 구조체가 함수인자

구조체를 함수의 인자로 사용할 수 있다. 이 경우에는 형식인자로 사용되는 구조체 변수에 대한 기억장소가 생성되고, 구조체의 모든 멤버 데이터가 전달되기 때문에 구조체의 크기에 따라서 프로그램의 수행시간이 길어지게 되므로 비효율적이 된다. 따라서 구조체의 포인터를 함수의 인자로 사용하게 뇌변 구조체의 포인터만 전달하기 때문에 효율적인 프로그램을 작성할 수 있다.

9.4.2 구조체의 포인터가 함수의 인자

구조체 포인터를 함수의 인자로 사용할 수도 있다. 이때에는 구조체가 통째로 복사되는 것이 아니라 구조체의 선두 번지만이 전달되기 때문에 프로그램의 수행 속도가 빠르다. 따라서 구조체를 함수의 인자로 사용할 경우에는 구조체 자체보다 구조체 포인터를 전달하는 것이 좋다.

예제 9-7

사칙연산의 결과를 저장하는 구조체 변수를 정의하고, 사칙연산의 결과를 구하는 함수를 정의하여 결과를 출력하는 예제이다. 함수 caculation()의 형식인자는 입력된 두 개의 정수와 결과를 저장할 구조체에 대한 포인터이다. 함수 prt_op()는 구조체 변수를 인자로 받아서 그 멤버의 값을 출력한다.

예제 9-7 실행결과

```
#include <stdio.h>
void calculation(int, int, struct operation * );
void prt_op (struct operation op);

struct operation {
    int sum;
    int dif;
    long mul;
    float div;
};

main()
{
   struct operation x;
   int  n1, n2;

   printf("두 정수값를 입력하시오:");
   scanf("%d %d", &n1, &n2);

    calculation(n1, n2, &x);
    prt_op (x);
}

// 두 정수와 구조체 포인터를 인자로 받아서 4칙 연산
void calculation(int x, int y, struct operation * p)
{
```

```
    p->sum = x + y;
    p->dif = x - y;
    p->mul = (long)x * y;
    p->div = (float)x / y;
}

// 구조체를 인자로 받아서 멤버의 값을 출력
void prt_op (struct operation op)
{
    puts ("사칙연산의 결과:");
    printf("SUM: %d\n", op.sum);
    printf("DIF: %d\n", op.dif);
    printf("MUL: %ld\n", op.mul);
    printf("DIV: %g\n", op.div);
}
```

```
두 정수값를 입력하시오: 7 9
사칙연산의 결과:
 SUM : 16
 DIF : -2
 MUL : 63
 DIV : 0.777778
계속하려면 아무 키나 누르십시오 . . .
```

9.5 함수의 반환값이 구조체

함수의 반환값을 구조체로 할 수 있다. 지금까지는 함수의 반환값을 단 하나만 사용할 수 있었다. 그러나 구조체를 사용하면 여러 개의 값을 묶어서 그룹으로 반환 할 수 있는 장점이 있다.

예제 9-8

함수의 반환값을 구조체로 하여 작성한 예이다. 아래 프로그램에서 함수 calculation() 내에 임시 저장을 위한 구조체 변수 t를 정의하고 여기에 계산 결과를 대입한 뒤 구조체를 반환하도록 한다. 이때 main 함수에서 구조체 변수 x에 반환되는 구조체 변수 t의 내용이 복사된다.

예제 9-8 실행결과

```
#include <stdio.h>
struct operation calculation(int, int);

struct operation {
    int sum;
    int dif;
    long mul;
    float div;
};

main()
{
    struct operation x;

    x =  calculation(300, 100); // 함수를 호출하여 구조체를 받음
    printf("\n SUM: %d", x.sum);
    printf("\n DIF: %d", x.dif);
    printf("\n MUL: %d", x.mul);
    printf("\n DIV: %g\n", x.div);
}

// 두 정수를 인자로 받아서 구조체를 반환
struct operation calculation (int x, int y)
{
    struct operation t;
    t.sum = x + y;
    t.dif = x - y;
    t.mul = (long)x  *  y;
    t.div = (float)x / y;
    return t; // 구조체 반환
}
```

```
 SUM : 400
 DIF : 200
 MUL : 30000
 DIV : 3
Press any key to continue
```

9.6 중첩 구조체

중첩 구조체란 구조체 속에 또 다른 구조체가 있는 것을 말하는데, 이는 구조체의 멤버가 구조체인 경우이다. 중첩 구조체는 분류, 인덱스 테이블의 링크 등 자료 구조 속성에 따라 매우 효율적으로 표현할 수 있다.

다음 구조체 person_data는 네 개의 멤버로 구성되어 있다. 그 아래의 구조체 person_degree는 두 개의 멤버로 정의하는데, 첫 멤버는 구조체 person_data이고 두 번째 멤버는 정수 값을 저장하는 health이다.

```
struct person_data {
      char name[30];
      int  age;
      float  weight;
      float  height;
};

struct person_degree {
      struct person_data d; // 구조체 멤버
      int health;
} p;
```

구조체를 d를 포함하고 있는 구조체 변수 p의 구조와 각 멤버는 다음과 같다.

<table>
<tr><td></td><td></td><td></td><td>멤버 접근</td></tr>
<tr><td rowspan="6">person_degree형
구조체 p</td><td rowspan="4">person_data형
구조체 d</td><td>name</td><td>p.d.name</td></tr>
<tr><td>age</td><td>p.d.age</td></tr>
<tr><td>weight</td><td>p.d.weight</td></tr>
<tr><td>height</td><td>p.d.height</td></tr>
<tr><td colspan="3"></td></tr>
<tr><td>int</td><td>health</td><td>p.health</td></tr>
</table>

여기서 구조체 멤버에 접근하기 위해서는 멤버 연산자(.)를 두 번 사용해야 한다. 다음은 구조체 변수 p의 멤버인 person_data 구조체형인 d의 멤버 age에 20을 대입하는 것이다. 두 번째 문장은 멤버연산자를 한번만 사용하여 구조체 변수 p의 멤버 health에 1을 대입한 것이다.

```
p.d.age = 20;
p.health = 1;
```

다음 예는 person_data 구조체형을 포함하고 있는 구조체 p를 사용하여 중첩 구조체 변수에 자료를 입력하여 사용한다.

예제 9-9

구조체 person_degree에 개인 정보를 표현하고, 다른 구조체인 person_data 형에서 개인정보와 건강정보를 포함한다. 아래 프로그램은 개인 비만 정보를 계산하는 프로그램이다.

예제 9-9 실행결과

```
#include <stdio.h>

struct person_data {
    char name[30];
    int   age;
    float  weight;
    float  height;
};

struct person_degree {
    struct person_data d; // 구조체 멤버
    int health;
} p;

main()
{
    int  i, bmi;

    printf("이름을 입력하세요:"); gets(p.d.name);
    printf("나이를 입력하세요:"); scanf("%d", &(p.d.age));
    printf("몸무게(kg)를 입력하세요:"); scanf("%f", &(p.d.weight));
    printf("키(m)를 입력하세요:"); scanf("%f", &(p.d.height));
```

```
    bmi = p.d.weight / (p.d.height * p.d.height);
    if (bmi  < 25 ) p.health = 1;
    if (bmi  >= 25  && bmi < 30) p.health = 2;
    if (bmi  >= 30 ) p.health = 3;

    printf("%s 씨는", p.d.name);
    if (p.health == 1) puts("정상체중입니다.");
    else if (p.health == 2) puts("과체중입니다. 조심하세요.");
    else puts("비만입니다. 다이어트하세요");
}
```

연습 비디오 가게에서 비디오, 만화, DVD를 대여한다. 각 물품의 데이터를 구조체로 정의하고, 현 상태(재고, 빌려줌(누구, 언제, 반납기일))를 구조체로 표현하여, 대출과 반납을 관리하는 프로그램을 작성하라.

9.7 공용체

공용체(union)란 동일한 메모리 영역을 여러 개의 구성 요소가 공유하는 것을 말한다. 구조체는 주어진 변수를 각 구성 요소에 대하여 연속적으로 주소를 할당하지만 공용체는 각 구성 요소에 대하여 동일한 주소를 할당한다. 즉, 서로 다른 데이터를 같은 메모리에 저장한다. 공용체 변수는 구성 요소 중 가장 큰 메모리를 차지하는 크기만큼 메모리를 확보한다. 구조체는 정해진 메모리 공간을 멤버들이 독립적으로 이용하지만, 공용체는 멤버 중 가장 큰 메모리를 차지하는 크기만큼 메모리를 확보하여 멤버들이 공간을 공유한다는 점이 구조체와의 차이점이다.

공용체를 정의하는 일반 형식은 아래에서 보는 바와 같이 구조체의 정의에서 기워드 struct 대신에 union을 사용한다.

```
union 공용체명 {
        공용체 멤버 정의
};
```

예 공용체 u_tag 정의

```
char str[10];
union u_tag {
        char a;
        int b;
        long c;
};
```

세 개의 멤버로 구성된 공용체에서 모든 멤버들이 기억장소를 공유한다. 따라서 공유된 기억장소에는 동시에 각 멤버의 값을 저장할 수 없으며, 하나의 멤버만 값을 저장할 수 있다.

a
b
c

정의된 공용체는 다음과 같이 공용체 변수 선언을 하여 사용할 수 있다. 또한 구조체와 유사하게 정의와 변수 선언을 동시에 하는 것도 가능하다.

```
union u_tag x;
```

예제 9-10

공용체 u_tag를 정의하고 선언한 후에 각 멤버의 이름으로 자료를 저장하고 출력한다.

예제 9-10 실행결과

```
#include <stdio.h>

union u_tag { // 공용체 정의
    char a;
    int b;
```

```
    long c;
};

main()
{
    union u_tag x; // 공용체 변수 선언

    x.a ='A';
    printf("%c\n", x.a);
    x.b = 10;
    printf("%d\n", x.b);
    x.c = 100000;
    printf("%ld\n", x.c);
    printf("size of x = %d\n", sizeof(union u_tag));
}
```

```
A
10
100000
size of x = 4
Press any key to continue
```

연습문제

1 학번, 성명, 성적을 구조체의 멤버로하는 구조체를 정의하시오.

2 구조체와 공용체의 차이점을 설명하시오.

3 학생들의 번호, 국어, 영어, 수학 성적을 입력하고, 합계와 평균을 구하여 아래와 같이 출력하는 프로그램을 작성하시오. 단, 학생의 관련 정보들은 구조체를 사용해야 하며, 학생들의 정보를 저장하기 위해 구조체 배열을 사용하시오.

Num	Kor	Eng	Math	Sum	Avg
1	98	72	87		
2	90	84	77		
3	70	86	90		
4	99	78	89		

4 청, 홍, 백 3팀이 육상 경기를 갖는다고 한다. 각 종목의 우승팀에게만 10점의 점수가 주어지고, 20 경기를 진행한다고 할 때, 아래와 같이 비트필드를 이용하여 각 경기마다의 우승 팀을 기록하고, 모든 경기가 끝났을 때 각 팀의 획득점수를 출력하는 프로그램을 작성하시오.

```
struct winner {
        unsigned int blue : 1 ;
        unsigned int  red : 1 ;
        unsigned int   white : 1 ;
  };
```

5 a, b, c라는 3개의 비트-필드를 포함하는 구조체를 생성하는 프로그램을 작성하시오. a와 b는 3비트 크기로, c는 2비트 크기로 하며, 3가지 모두 signed 변수로 한다. 그 다음, 각 값을 치환하고, 그 값을 출력하시오.

6 개인의 주소록을 구조체를 이용하여 구현하시오. 개인 정보는 이름, 성별, 전화번호, 주소를 포함한다.

7 공용체를 사용하여 입력하는 문자나 숫자를 암호화하는 프로그램을 작성하시오.

8 고용자 이름, 전화번호, 작업시간 그리고 시간당 임금을 저장하는데 구조체 배열을 사용하는 프로그램을 작성하시오. 10명의 고용자까지 저장할 수 있게 하시오. 프로그램에서 정보를 입력받아 EMP라는 디스크 파일에 저장하시오.

9 학생들의 생년월일이 빠른 순서로 학생들에 관한 자료를 출력하는 함수를 작성하시오.

10 구조체를 이용하여 복소수의 더하기, 빼기, 곱하기 및 절대값을 구하는 프로그램을 작성하시오.

11 학생의 건강기록부는 이름, 나이, 성별, 몸무게, 키, 허리둘레로 구성되며, 학생들의 건강정보는 건강기록부와 건강상태(과체중, 비만, 정상, 체지방)로 구성된다. 건강기록부와 건강정보를 나타내기 위한 구조체를 정의하고, 학생들의 건강정보를 저장하기 위한 배열을 선언한 후, 이를 이용하여 학생들의 건강상태를 계산하여 출력하는 프로그램을 작성하시오.

10

표준 입출력 및 파일 입출력

10 표준 입출력 및 파일 입출력

표준 입출력은 주로 키보드로부터 입력받고 화면에 출력하기 위한 함수들을 제공한다. 파일 입출력은 파일로부터의 입출력을 위한 함수들을 제공한다. 이들 함수들을 사용하기 위해서는 〈stdio.h〉라는 헤더 파일을 포함해야 된다. 이 헤더 파일에는 표준 입출력 및 파일 입출력을 위한 매크로 타입 및 함수 등이 정의되어 있다. 대표적인 표준 입출력 함수와 파일 입출력 함수는 다음과 같다.

[표 10-1] 표준 입출력 함수

종류	입력 함수	출력 함수
문자	getchar() getc()	putchar()
문자열	gets()	puts()
형식화	scanf()	printf()

[표 10-2] 파일 입출력 함수

종류	입력 함수	출력 함수
문자	fgetc() getc()	fputc() putc()
문자열	fgets()	fputs()
형식화	fscanf()	fprintf()
이진 파일	fread()	fwrite()

10.1 문자와 문자열의 입출력

10.1.1 putchar() 함수

```
int putchar(int ch);
```

하나의 문자(ch)를 화면에 출력하는 함수이다. 비록 ch가 int형이지만 문자로 변환되어 출력된다. 만약, 출력시 오류가 발생하면 EOF가 반환된다. EOF는 stdio.h에 정의된 매크로로서 주로 -1의 값을 나타내며, 파일의 끝을 나타내는 의미로 사용된다.

10.1.2 getchar() 함수

```
int getchar(void);
```

키보드에서 입력된 한 문자가 반환된다. 이 입력은 엔터키가 눌려질 때까지 계속 저장되었다가 엔터키가 눌려지는 순간에 입력된다. 이런 입력을 라인-버퍼 형식이라 한다. 입력 중에 오류가 발생하면 EOF 값을 반환한다.

예 문자의 입력과 출력

```
#include <stdio.h>
main()
{
  char ch;
  do {
        ch = getchar(); // 문자 입력
        putchar(ch); // 문자 출력
  } while(ch != '\n');
}
```

다음과 같이 "abcd" 다음에 [Enter↵]를 치게 되면 입력 버퍼에 아래 그림과 같이 저장된다.

'a'	'b'	'c'	'd'	'\n'

문자 입력 함수 getchar()은 입력 버퍼에서 차례대로 하나씩 가져와서 호출한 곳으로 반환한다. 따라서 변수 ch에는 처음에는 'a', 두 번째 'b', 그 다음은 'c', 'd', '\n'이 차례대로 저장된다. 따라서 문자 출력 함수 putchar() 함수는 입력된 순서대로 'a', 'b', 'c', 'd'를 출력한다.

예제 10-1

한 줄의 문자들을 입력하여 모든 소문자를 대문자로 바꾸어 출력하는 프로그램이다. C에서는 소문자를 대문자로 바꾸는 함수 toupper()와 대문자를 소문자로 바꾸는 tolower() 함수가 제공된다. 이 함수를 사용할 때는 ctype.h 헤더 파일이 필요하다.

예제 10 1 실행결과

```
#include <stdio.h>
#include <ctype.h>
main()
{
    char ch;
    char upper_ch;
    while((ch = getchar()) != '\n') {
        upper_ch = toupper(ch);
        putchar(upper_ch);
    }
}
```

```
C_Language!
C_LANGUAGE!Press any key to continue_
```

10.1.3 getc(), getchar(), getch(), getche() 함수

아래의 함수들은 키보드에서 하나의 문자를 입력한다. 함수 getc(), getchar()는 헤더 파일 〈stdio.h〉를 필요로 한다. 반면에 함수 getch(), getche는 헤더 파일 〈conio.h〉가 필요하며, 대화

형에 사용하기 위해 제공되는 함수로 getchar()와 다른 점은 키를 누르는 순간에 입력이 된다는 점과 엔터키를 눌렀을 때 입력되는 문자는 '\r'이 된다는 점이 다르다. 어떤 컴파일러는 이 함수를 제공하지 않으므로 주의해야 한다. 이 두 함수의 차이는 getche()는 입력을 위해 키보드를 눌렀을 때 그 문자를 화면에 출력하지만, getch()는 문자를 출력하지 않는다는 점이다.

```
int getc(void)
int getchar(void);
int getch(void);
int getche(void);
```

10.1.4 gets(), puts() 함수

```
char * gets(char * str);
int puts(char * str);
```

함수 gets()는 엔터키가 눌러질 때까지의 문자열이 str에 입력된다. 만약 입력에 오류가 있으면 널(NULL) 포인터가 반환된다. puts()는 str에 있는 문자열을 출력하는 함수로서 오류가 발생하면 EOF가 반환된다.

연습 함수 getc(), getchar(), getch(), getche()의 차이점을 프로그램 실행으로 확인하고, 결과를 분석하라.

10.2 형식화된 입출력 함수

10.2.1 printf() 함수

이 함수는 표준 출력 장치인 화면으로 자료를 출력한다. 이 함수는 출력된 문자들의 수를 반환한다. 만약 오류가 발생하면 음수를 반환한다. 함수 형식은 다음과 같다.

```
int printf (char *control-string, ...);
```

제어 문자열(control-string)은 두 가지 항목을 가지고 있다. 하나는 출력할 문자들이고, 다른 하나는 변환문자이다. 모든 변환문자는 %로 시작하며, [표 10-3]과 같다.

[표 10-3] printf()의 변환문자

변환문자	의 미
%c	문자
%d	부호가 있는 정수로서 10진수
%i	부호가 있는 정수로서 10진수
%e	과학 계산용 표기(소문자 'e')
%E	과학 계산용 표기(대문자 'E')
%f	실수로서 10진수
%g	%e와 %f 중 더 짧은 표현을 사용
%G	%E와 %F 중 더 짧은 표현을 사용
%o	부호가 없는 정수로서 8진수
%s	문자열
%u	부호가 없는 정수로서 10진수
%x	부호가 없는 정수로서 16진수(소문자)
%X	부호가 없는 정수로서 16진수(대문자)
%p	주소를 출력 (16진수)
%%	% 부호를 출력

10.2.1.1 정수의 출력

정수 출력을 위해서는 %d, %u, %i, %o, %x, %X가 있다. %d와 %i는 똑같으며, %u는 부호 없는 수를, %o는 8진수 정수를, %x와 %X는 16진수 정수를 출력하기 위한 것이다. %x와 %X의 차이는 출력되는 16진수 A에서 F의 문자의 사용을 소문자로 할 것인가 아니면 대문자를 쓸 것인가를 나타낸다. 이들 지정자들에 h와 l을 부가하여 short와 long형을 출력할 수 있다.

예 정수형 변환문자

```
#include <stdio.h>
main()
{
  int i;
  i = 3815;
  printf("%d %o %x %X %u\n", i, i, i, i, i);
  printf("%ld, %hd\n", 43215, (short)42);
}
```

```
3815 7347 ee7 EE7 3815
43215, 42
Press any key to continue
```

출력을 위한 자릿수를 나타내기 위해 % 뒤에 필드 너비를 나타내는 정수를 사용할 수 있다. 이때 출력될 내용이 지정된 너비보다 짧다면 왼쪽의 남는 곳은 공백으로 채워진다. 출력될 내용이 지정된 너비보다 크면 출력될 내용의 길이만큼 출력된다. 또, - 기호를 사용하여 남은 곳을 오른쪽에 위치하도록 할 수 있다. 출력되는 수의 남는 앞부분에 0을 출력시키기 위해서는 필드 너비 앞에 0 또는 .을 넣으면 된다.

예 출력할 폭 지정

```
#include <stdio.h>
main()
{
  int i = 3521;
  printf("%9d\n", i);
  printf("%5d\n", i);
  printf("%5d%-8dxyz", i, i);
  printf("%08d\n", 3241);
  printf("%.8d\n", 3241);
}
```

```
     3521
 3521
 35213521    xyz00003241
00003241
Press any key to continue
```

10.2.1.2 실수의 출력

실수의 출력은 일반 표기와 과학 계산용 표기의 두 가지 방식이 있다. 일반 표기는 %f를 사용하고, 과학 계산용 표기는 %e와 %E가 사용된다. 이들 지정자에 l과 L을 사용하여 double과 long double형을 출력할 수 있다.

예 실수형 변환자

```
#include 〈stdio.h〉
main()
{
   float f;
   f = 314.1573568;
   printf("%f\n", f);
   printf("%e %E\n", f, f);
}
```

```
314.157349
3.141573e+002 3.141573E+002
Press any key to continue
```

위에서 f의 값과 출력값의 차이는 오차 때문에 생긴 것이다. 출력되는 값은 모두 소수점 이하 6자리까지 출력된다.

%g와 %G 지정자는 일반 표기와 과학 계산용 표기 중 더 짧게 출력되는 방식으로 출력된다. 역시 l과 L을 포함하여 double과 long double형을 출력한다. 실수의 출력에도 출력을 위한 필드 너비를 사용할 수 있고, 이와 더불어 출력될 소수점 이하 자리수를 나타낼 수 있으며, 일반 형식은 아래와 같다.

%[-] [필드 너비] [.] [소수점 이하 자릿수] 지정자

예 출력 자리와 소수점 이하 자리 수 지정

```
#include 〈stdio.h〉
main()
{
```

```
    float f;
    f = 314.1573568;
    printf("%15f\n", f);
    printf("%15.3f%15.3E\n", f, f);
    printf("%-15.3f%-15.3E\n", f, f);
    printf("%8.3f%8.3E\n", f, f);
}
```

```
     314.157349
        314.157      3.142E+002
314.157        3.142E+002
 314.1573.142E+002
Press any key to continue
```

10.2.1.3 기타

%p는 주소를 출력하기 위한 것으로 16진수로 출력된다. %s는 문자열 출력을 위한 것으로 자리 폭을 벗어나는 경우 문자열이 잘린다. 변환자 지정 %10s는 10칸을 잡아 문자열을 출력하라는 의미이다.

예 문자열 출력

```
#include <stdio.h>
main()
{
    printf("%s\n", "Not all of this will be printed");
    printf("%10s\n", "Not all of this will be printed");
}
```

```
Not all of this will be printed
Not all of
Press any key to continue
```

예제 10-2

아래 프로그램에서 rand() 함수는 난수(random number)를 만들어 주는 함수이며, 이것을 위해서 stdlib.h 파일이 필요하다.

예제 10-2 실행결과

```
#include <stdio.h>
#include <stdlib.h>
main()
{
    int i;
    for(i = 0 ; i < 20 ; i++)
          printf("%10d%10d%10d\n", rand(), rand(), rand() );
}
```

```
      6334     18467        41
     15724     19169     26500
     26962     29358     11478
     28145      5705     24464
      9961     16827     23281
     11942      2995       491
     32391      5436      4827
       153      3902     14604
     17421     12382       292
     19895     19718     18716
     14771     21726      5447
     19912      1869     11538
     17035     26299     25667
     23811     28703      9894
     17673     30333     31322
      7711     15141      4664
     25547      6868     28253
     32757     32662     27644
      8723     12859     20037
       778     27529      9741
Press any key to continue_
```

10.2.2 scanf() 함수

int scanf (char ∗ control-string, ...);

제어 문자열(control-string)은 대부분 변환문자들로 구성된다. 그러나 여기에 다른 문자들을 포함할 수 있다. 변환문자는 대응되는 변수들에 정보를 읽어 들이는 방법을 결정한다. 변환문자는 [표 10-4]와 같다.

scanf() 함수는 읽어 들인 필드들의 수를 반환하고, 오류가 발생하면 EOF가 반환 된다. 구체적인 사항들은 아래와 같다.

- 입력 데이터는 공백 문자, 탭, 또는 뉴라인 문자에 의하여 분리된다.
- %x와 %o는 부호 없는 16진수와 8진수를 읽기 위한 지정자이며, %d, %x, %o에 h를 붙여 short형을, l을 붙여 long형의 입력을 위해 사용된다.
- %e, %f, %g는 실수의 입력을 위해 사용되면 l을 붙여 double형을, L을 붙여 long double을 위해 사용된다.

[표10-4] 변환문자

변환문자	의미
%c	문자를 읽는다.
%d	10진수로 된 정수를 읽는다.
%i	10진수로 된 정수를 읽는다.
%e	실수를 읽는다.
%f	실수를 읽는다.
%g	실수를 읽는다.
%o	8진수로 된 부호가 없는 정수를 읽는다.
%s	문자열을 읽는다.
%x	16진수로 된 부호가 없는 정수를 읽는다.
%p	포인터를 읽는다.
%n	지금까지 읽은 문자들의 수에 해당하는 정수값을 받아들인다.
%u	10진수로 된 부호가 없는 정수를 읽는다.
%[]	문자들을 찾는다.

예 정수 입력

```
int a, b, c;
short d;
long e;
scanf("%d %x %o", &a, &b, &c);
scanf("%hd %ld", &d, &e);
printf("%d %d %d %hd %ld", a, b, c, d, e);
[입력] 25 25 25 43 42431
[출력] 25 37 23 43 42431
```

■ 변환문자 %s는 문자열의 입력을 위해 사용된다. 그러나 이렇게 입력되면 공백까지만 입력 데이터로 간주한다. 따라서 주로 gets()를 많이 쓴다.

예 문자열 입력

```
char str[100];
scanf("%s", str);
printf("%s", str);
[입력] This is a string
[출력] This
```

■ 변환문자 %p는 기억 장소의 주소를 입력하기 위해 사용된다.

■ 특정한 문자들만을 입력하기 위하여 스캔셋(scanset)이라는 것을 사용한다. 스캔셋을 아래와 같은 방법으로 지정하여 사용한다.

❶ 특정한 문자들을 지정한다.

%[문자 문자 문자··· 문자]

❷ 문자 '-'를 사용하여 문자들의 범위를 지정한다.

%[A-Z]는 A에서 Z까지의 문자를 나타낸다.

❸ 문자 '^'를 사용하여 이 문자들에 포함되지 않는 문자들을 지정한다.

%[^01234]는 0, 1, 2, 3, 4를 제외한 모든 문자를 나타낸다.

예 특정 문자열 입력

```
char s1[100], s2[100];
scanf("%[ABC]%[XYZ]", s1, s2);
printf("%s\n%s", s1, s2);
[입력] ACBAXXYZAC
[출력] ACBA
       XXYZ
```

배열 s1에는 'A' 또는 'B' 또는 'C' 문자만 입력되고, 그 외의 문자가 나오면 다음 입력이 시작된다.

■ 변환문자 % * 를 사용하여 특정 문자의 입력을 생략한다.

예 특정 문자 입력 생략

```
int a, b;
scanf("%d% * %d", &a, &b);
[입력] 214-323
a ← 214, b ← 323
```

변수 a에 214가 입력되고, 다음 변환자 '%*'에 해당하는 '-'는 건너뛰어 변수 b에 323이 입력된다.

■ 필드 너비를 사용하여 입력될 데이터의 칸 수를 지정할 수 있다.

예 입력 폭 지정

```
int d1, d2;
char str[100];
scanf("%3d%2d", &d1, &d2);
scanf("%9s", str);
[입력] 532 427
This is a string
```

변수 d1에는 세 자리 532, d2에는 두 자리 42가 입력되고, 배열 s1에는 9개의 문자, 즉 "This is a"이 입력된다.

10.3 파일 입출력

C언어에서는 파일 입출력을 지원한다. 파일 입출력은 파일로부터의 입출력을 위한 표준함수들을 제공한다. 이들은 헤더파일 stdio.h에 정의되어 있다. 이 헤더파일에는 표준 입출력 및 파일 입출력을 위한 매크로 타입 및 함수 등이 정의되어 있다. 먼저 파일 입출력을 위한 간단한 예를

보고, 기본적인 개념을 이해한 후 상세한 설명을 하겠다. 4장에서 약간 언급한 파일 입출력을 상세하게 설명하기로 한다.

예제 10-3

파일 in.dat로부터 데이터를 입력받아 합과 평균을 구한 후 out.dat파일에 저장하는 프로그램이다.

예제 10-3 실행결과

```
#include <stdio.h>
main()
{
    float x, sum, avg;
    int k;
    FILE  * fp,  * fpo;

    fp = fopen("in.dat", "r"); // 파일 열기
    fpo = fopen("out.dat", "w");
    sum = 0.0;
    for(k = 1; k <= 10; k++){
          fscanf(fp, "%f", &x);
          printf("%f \n", x);
          sum = sum + x;
    }
    avg = sum / 10;
    fprintf(fpo, "Sum is %f\n", sum);
    fprintf(fpo, "Average is %f\n", avg);
    fclose(fp); // 파일 닫기
    fclose(fpo);
}
```

```
10.400000
34.599998
4.500000
5.600000
3.500000
2.400000
2.400000
3.500000
78.900002
34.599998
Press any key to continue
```

[예제 10-3] 프로그램을 실행하기 위해서는 아래와 같은 두개의 입력파일과 출력파일이 필요하다. 입력파일의 데이터는 임의로 작성되어 in.dat에 저장되어 있다. 출력 파일(out.dat)은 입력파일에 저장된 데이터를 이용하여 프로그램 실행결과 생성된 파일이다.

입력 파일(in.dat)

```
10.4 34.6 4.5 5.6 3.5 2.4 2.4 3.5 78.9 34.6
```

출력 파일(out.dat)

```
Sum is 180.399994
Average is 18.039999
```

파일을 사용하는 프로그램에는 크게 파일에 관련된 5가지의 작업이 필요하다. 먼저, 사용할 파일에 대한 포인터를 선언하고, 사용하고자 하는 파일을 열어야 한다. 그 다음 파일에 대한 읽기 또는 쓰기 작업을 하고, 다 사용한 파일은 닫아야 한다.

❶ 파일 포인터의 선언

C프로그램에서는 파일을 사용할 때 파일 이름 대신 파일 포인터를 사용한다. 따라서 파일 포인터의 선언이 필요하다. 파일 포인터의 선언은 FILE 구조체 형에 대한 포인터로 시작한다. 구조체 FILE은 헤드 파일 stdio.h에 정의되어 있다.

```
FILE *fp, *fpo;
```

파일 포인터 fp와 fpo는 구조체 FILE 형을 가리키는 포인터로 선언한다.

❷ 파일 열기

실제 파일을 사용할 수 있도록 파일을 여는 작업이 필요하다. 이때 파일에 어떤 작업(읽기 또는 쓰기)을 하는지 명시하여야 한다. 파일이 정상적으로 열리면 파일 포인터가 반환된다.

```
fp = fopen("in.dat", "r");
fpo = fopen("out.dat", "w");
```

파일 in.dat는 읽기 목적으로("r") 열어서 그 파일 포인터를 fp에 저장하였고, out.dat 파일은 쓰기 목적으로("w") 열어서 그 파일 포인터를 fpo에 저장하였다. 이후에 in.dat 파일에 관련된 것은 fp를 사용하여 접근하고, out.dat 파일에 관련된 것은 fpo를 사용하여 접근한다.

❸ 파일로부터 데이터 읽기

```
fscanf(fp, "%f", &x);
```

fp 파일로부터 하나의 실수를 읽어 변수 x에 저장하는 입력하는 문장이다.

❹ 파일에 데이터 쓰기

```
fprintf(fpo, "Sum is %f\n", sum);
```

파일 포인터 fpo가 지정하는 곳에 문자열 "Sum is …"를 출력하는 문장이다.

❺ 파일 닫기

모든 작업이 끝나면 파일을 더 이상 사용할 필요가 없기 때문에 닫기를 해야 한다.

```
fclose(fp);
fclose(fpo);
```

10.3.1 파일 열기: fopen() 함수

파일을 사용하기 위해서는 먼저 fopen() 함수를 이용한다. 함수 원형은 다음과 같다.

```
FILE *fopen(char *fname, char *mode);
```

함수는 두 개의 문자열 인자 파일 이름과 접근 방법이 필요하다. fname은 파일 이름을 나타내는 문자열이고, mode는 사용 목적을 나타내는 문자열이다. 파일 열기를 성공하면 구조체 FILE 형에 대한 포인터를 반환한다. 그렇지 않고 오류가 발생했으면 널 포인터인 NULL 값을 반환한다. 파일에 대한 접근 방법의 종류는 [표 10-5]와 같다.

예 파일 열기 및 확인

```
FILE *fp;
if( (fp = fopen("in.dat", "r")) == NULL )
{
   printf("파일 open 실패\n");
   exit(1); // 종료
}
```

[표 10-5] 파일 입출력 모드

모 드	의 미
r	읽기 위해 텍스트 파일을 연다.
w	쓰기 위해 텍스트 파일을 생성한다.
a	텍스트 파일에 추가한다.
rb	읽기 위해서 2진 파일을 연다.
wb	쓰기 위해서 2진 파일을 생성한다.
ab	2진 파일에 추가한다.
r+	읽기와 쓰기를 위해 텍스트 파일을 연다.
w+	읽기와 쓰기를 위해 텍스트 파일을 생성한다.
a+	읽기와 쓰기를 위해 텍스트 파일을 추가하거나 생성한다.
r+b	읽기와 쓰기를 위해 2진 파일을 연다.
w+b	읽기와 쓰기를 위해 2진 파일을 생성한다.
a+b	읽기와 쓰기를 위해 2진 파일을 추가한다.

앞의 예는 파일 열기에 오류가 생겼는가를 검사하는 부분이다. 파일은 크게 나누어 두 가지 타입으로 나눌 수 있다. 즉, 텍스트 파일(text fiie)과 이진 파일(binary file)이다. 텍스트 파일은 원시 프로그램처럼 인쇄가 가능한 문자들의 연속으로서 뉴라인 문자로 끝나는 줄들로 구성되어 있다. 프로그램을 작성하는 소스파일이 텍스트 파일이다. 반면, 이진 파일은 바이트들의 연속이며, 아무런 문자 번역이 일어나지 않는다. 이러한 이진 파일로는 인쇄를 목적으로 하지 않는 목적 파일(object file)이나 실행 파일 등이 있다.

파일 열기 함수 fopen()의 mode의 기능은 다음과 같다.

- 읽기 모드로 파일을 열 경우, 파일이 존재하지 않으면 오류 이다.
- 쓰기 모드로 파일을 열 경우 파일이 없으면 새로 만들어지고, 있으면 그 파일 속의 모든 내용이 없어진다.
- 추가 모드는 원래 파일은 그대로 있고 파일의 끝에 추가하기 위해 사용되는 모드이다. 이때 파일이 존재하지 않으면 새로운 파일이 생성된다.
- "r+"와 "w+"의 차이점은 파일이 존재하지 않을 때 "r+"는 파일을 생성하지 않으나 "w+"는 파일을 생성한다. 또한, 파일이 존재할 때 "w+"는 파일의 내용을 지우나 "r+"는 파일을 지우지 않는다.

10.3.2 파일 닫기: fclose() 함수

사용이 끝난 파일은 프로그램이 종료되기 전에 fclose()를 사용하여 닫아야 한다.

```
int fclose(FILE * fp);
```

fp가 가리키는 파일(앞으로는 간단히 fp 파일이라 함)을 닫는다. 이때 디스크에 쓸 내용이 버퍼에 남아 있으면 디스크에 저장시킨다. 이를 버퍼 비우기(flushing the buffer)라 한다. fclose()가 정상적으로 수행되면 0을 반환하고 그렇지 않으면 EOF가 반환된다.

10.4 문자와 문자열 파일 입출력

10.4.1 문자 입출력

파일로부터 하나의 문자를 읽어오는 함수 원형은 다음과 같다.

```
int fgetc (FILE * fp);
int getc (FILE * fp);
```

fp 파일로부터 한 문자를 읽어 반환 한다. 오류가 생겼거나 파일의 끝에 도달했으면 EOF를 반환한다.

예제 10-4

test.dat 파일의 내용을 한문자씩 읽어 화면에 출력하는 프로그램이다.

예제 10-4 실행결과

```
#include <stdio.h>
#include <stdlib.h>
main()
{
    char ch;
    FILE *fp;
    if((fp = fopen("test.dat", "r")) == NULL) {
        printf("파일 열기 에러\n");
        exit(1);
    }
    ch = fgetc(fp);
    while(ch != EOF) {
        putchar(ch);
        ch = fgetc(fp);
    }
    fclose(fp);
}
```

```
This is example.
Hello! This is my file.
Press any key to continue
```

입력 파일 test.dat의 내용

```
This is example.
Hello! This is my file.
```

하나의 문자를 파일로 출력하는 함수 원형은 다음과 같다.

```
int fputc (int ch, FILE *fp);
int putc (int ch, FILE *fp);
```

ch 문자를 fp 파일에 출력하는 함수이다. 오류가 발생하면 EOF를 반환한다.

예제 10-5

source.dat 파일의 내용을 dest.dat 파일에 복사하는 프로그램이다.

예제 10-5 실행결과

```
#include <stdio.h>
#include <stdlib.h>
main()
{
    char ch;
    FILE  * sr,  * des;
    if((sr = fopen("source.dat", "r")) == NULL) {
            printf("파일 열기 에러\n");
            exit(1);
    }
   if((des = fopen("dest.dat", "w")) == NULL) {
            printf("파일 열기 에러\n");
            exit(1);
    }
    ch = fgetc(sr);
    while(ch != EOF) {
             fputc(ch, des);
             ch = fgetc(sr);
    }
    fclose(sr);
    fclose(des);
}
```

입력 파일 source.dat의 내용

```
#include <stdio.h>
main()
{
   printf("Welcome C program.\n");
}
```

출력 파일 dest.dat의 내용

```
#include 〈stdio.h〉
main()
{
    printf(“Welcome C program.\n”);
 }
```

예제 10-6

파일 testfile.txt의 내용을 문자 단위로 읽어서 화면에 표시하는 프로그램이다.

예제 10-6 실행결과

```
#include 〈stdio.h〉
#include 〈stdlib.h〉

main()
{
    char ch;
    FILE * fp;

    if((fp = fopen(“testfile.txt”, “r”)) == NULL) {
            printf(“Cannot open file\n”);
            exit(1);
    }

    ch = fgetc(fp);

    printf(“open file's content \n\n”);
    while(ch != EOF) {
            putchar(ch);
            ch = fgetc(fp);
    }
    fclose(fp);
}
```

예제 10-7

명령어라인 인자(main() 함수의 인자)를 사용하여 이 프로그램의 실행 파일이 copy일 때, copy source.dat dest.dat와 같은 명령이 수행되면 복사가 되는 프로그램이다.

예제 10-7 실행결과

```
#include <stdio.h>
#include <stdlib.h>
main(int argc, char * argv[])
{
    char ch;
    FILE * sr, * des;
    if((sr = fopen(argv[1], "r")) == NULL) {
            printf("파일 열기 에러\n");
            exit(1);
    }

    if((des = fopen(argv[2], "w")) == NULL) {
            printf("파일 열기 에러\n");
            exit(1);
    }
    ch = fgetc(sr);
    while(ch != EOF) {
            fputc(ch, des);
            ch = fgetc(sr);
    }
    fclose(sr);
    fclose(des);
}
```

```
H:₩C-Language₩Debug>sample in.dat out.dat

H:₩C-Language₩Debug>
```

예제 10-8

"This is a file system test"이라는 문자열을 지정한 파일에 저장하는 간단한 예제이다. 먼저 파일포인터 fp를 선언하고 파일 "testfile.txt"를 생성한 다음 문자열 str을 p에 복사하여 "This is a file system test"을 종료되는 시점까지 문자단위로 기록한다. 그리고 파일을 닫게 된다. 생성된 파일을 다시 열어서 그 내용을 화면으로 출력한다.

예제 10-8 실행결과

```
#include <stdio.h>
#include <stdlib.h>

char str[80] = "This is a file system test\n";

main()
{
    FILE * fp;
    char * p;
    int i;

    if((fp = fopen("testfile.txt", "w")) == NULL) {
            printf("Cannot open file\n");
            exit(1);
    }

    p = str;
    while( * p) {
            if(fputc( * p, fp) == EOF) { // 파일에 쓰기
                 printf("Error writing file\n");
                 exit(1);
            }
            p++;
    }
    fclose(fp);

    if((fp = fopen("testfile.txt", "r")) == NULL) { // 파일 열기
            printf("Cannot open file\n");
            exit(1);
    }
    for( ; ; ) {
            i = fgetc(fp); // 파일에서 문자 읽기
            if(i == EOF) break;
            putchar(i);
    }
    fclose(fp);
}
```

```
This is a file system test
Press any key to continue
```

10.4.2 파일에서 문자열 입출력

```
int fputs( char * str, FILE * fp );
char * fgets( char * str, int num, FILE * fp );
```

함수 fputs()는 fp 파일에 str의 문자열을 쓰는 함수이다. 오류가 생기면 EOF를 반환한다. 문자열의 끝에 있는 널 문자는 기록되지 않는다. 앞에서 배운 puts()와 다른 점은 뉴라인 문자를 문자열 뒤에 덧붙이지 않는다는 것이다.

fgets함수는 fp 파일로부터 num개의 문자들을 읽어 str에 저장하는 함수이다. num개 문자 전에 뉴라인 문자가 나오든가 파일의 끝이 오면 그때까지 읽은 것을 str에 저장한다. 항상 끝에는 널 문자가 추가된다. 뉴라인 문자를 만났을 때 이 문자도 저장된다. 오류가 발생하면 널 포인터를 반환한다.

10.5 파일 처리 함수

앞에서 살펴본 파일 관련 함수 이외의 파일 처리를 위한 다른 함수들을 살펴보겠다.

feof() 함수는 파일 포인터와 관련된 파일의 끝에 도달했다면 0이 아닌 값을 반환하며, 그렇지 않으면 0을 반환한다. 이 함수는 2진 파일과 텍스트 파일 모두에서 동작한다.

ferror() 함수는 파일포인터와 관련된 파일에 오류가 발생하면 0이 아닌 값을 반환하며, 그렇지 않으면 0을 반환한다.

```
int ferror(FILE * fp);
int feof(FILE * fp);
```

예 파일의 끝 확인

```
FILE *fp
   ⋮
while (!feof(fp)) fgetc(fp);
```

위 예는 fp 파일의 끝이 아닌 동안 계속 문자를 읽는 작업이다.

예 읽기 오류 확인

```
FILE *fp
   ⋮
while (!feof(fp)) {
        fgetc(fp);
        if(ferror(fp)) {
              printf("파일 에러\n");
              break;
        }
}
```

앞의 예는 fp 파일의 끝이 아닌 동안 계속 한 문자씩 읽는다. 문자를 읽을 때 오류가 생기면 읽는 작업을 끝낸다.

예제 10-9

문자열을 입력받아 파일에 저장하고, 다시 저장된 결과를 9개의 문자씩 읽어 와서 출력하는 프로그램이다.

예제 10-9 실행결과

```
#include <stdio.h>
#include <string.h>
#include <stdlib.h>
main()
{
    char str[50];
    FILE * str_file;

    if((str_file = fopen("testfile.txt", "w")) == NULL) {
            printf("Cannot open file\n");
            exit(1);
    }
```

```
    printf(“문자열을 입력하라.\n”);
    do {
            gets(str);
            strcat(str, “\n”);
            if( * str != ‘\n’) fputs(str, str_file);
    } while( * str != ‘\n’);

    fclose(str_file);

    if((str_file = fopen(“testfile.txt”, “r”)) == NULL) {
            printf(“Cannot open file\n”);
            exit(1);
    }

    do {
            fgets(str, 9, str_file);
            if(! feof(str_file) ) puts(str);
    } while(! feof(str_file) );
    fclose(str_file);
}
```

예제 10-9 저장결과

10.6 이진 파일 생성과 입출력

이진 파일은 C언어의 자료형을 유지하면서 바이트 단위로 입력과 출력을 할 수 있는 파일이다. 텍스트 편집기로는 파일의 내용을 볼 수 없다. 이진 파일을 사용하려면 fread()와 fwrite() 함수를 이용한다.

```
size_t fread(void * buffer, size_t size, size_t num, FILE * fp);
size_t fwrite(void * buffer, size_t size, size_t num, FILE * fp);
```

함수 fread()는 fp 파일에서 num개의 데이터(각 데이터의 길이는 size 바이트임)를 읽어 buffer가 가리키는 곳에 저장하는 함수이다. 이 함수는 실제로 읽은 데이터의 개수를 반환한다. fwrite()는 buffer가 가리키는 곳에 있는 num개의 데이터를 fp 파일에 쓰는 함수이다. 역시 쓰여진 데이터의 개수를 반환한다. 파일의 끝이나 오류의 발생은 앞에서 설명한 feof()와 ferror()를 이용하여 확인할 수 있다.

함수의 형식에 나온 void 형의 포인터와 size_t는 아래와 같은 의미를 가진다.

- void형을 가리키는 포인터는 어떤 형도 가리킬 수 있는 포인터를 나타낸다.
- size_t형은 stdio.h에 정의되어 있는 형으로써 컴파일러가 지원 가능한 가장 큰 데이터의 크기를 나타내기 위한 것이다. 보통 size_t형은 unsigned형이나 unsigned long으로 생각할 수 있다.

예제 10-10

하나의 정수를 입력받아 이것을 binary.dat라는 2진 파일에 기록하는 프로그램이다.

예제 10-10 실행결과

```
#include <stdio.h>
#include <stdlib.h>
main()
{
```

```
    int i;
    FILE * fp;

    fp = fopen("binary.dat", "wb");
    scanf("%d", &i);
    fwrite(&i, sizeof(int), 1, fp);
    fclose(fp);
}
```

```
3456
Press any key to continue
```

예제 10-11

[예제 10-10]에서 생성한 이진파일을 읽어서 화면에 표시하는 프로그램이다.

예제 10-11 실행결과

```
#include <stdio.h>
#include <stdlib.h>

main()
{
    int i;
    FILE * fp;
    fp = fopen("binary.dat", "rb");
    fread(&i, sizeof(int), 1, fp);
    printf("binary.dat파일의 내용은: %d\n", i);
    fclose(fp);
}
```

```
binary.dat파일의 내용은 : 3456
Press any key to continue
```

10.7 형식화된 파일 입출력

텍스트 모드로 형식에 맞추어 파일을 사용하려면 함수 fscanf()와 fprintf()를 사용한다. 이들 함수를 사용할 때는 헤드 파일 stdio.h를 포함하여야 한다.

```
fprintf (FILE * fp, char * control-string, … );
fscanf (FILE * fp, char * control-string, … );
```

이 함수들은 printf()와 scanf()들과 똑같은 작업을 한다. 단지 입출력이 키보드와 화면이 아닌 fp 파일로부터 입력되고 fp 파일로 출력된다.

예제 10-12

2개의 정수와 1개의 실수가 ex8.dat에 아래와 같이 저장되어 있다. 이 데이터를 읽어 out8.dat에 출력하는 프로그램이다.

예제 10-12 실행결과

```
#include <stdio.h>
#include <stdlib.h>
main()
{
    int a, b;
    float x;
    FILE * in, * out;
    if((in = fopen("ex8.dat", "r")) == NULL) {
            printf("파일 열기 에러\n");
            exit(1);
    }
    if((out = fopen("out8.dat", "== NULL) {
             printf("파일 열기 오류\n");
             exit(1);
    }
    fscanf(in, "%d %d", &a, &b);
    fscanf(in, "%f", &x);
    printf("Input data\n");
```

```
    printf("Two integer: %d  %d\n", a, b);
    printf("Float data: %f\n", x);
    fprintf(out, "Input data\n");
    fprintf(out, "Two integer: %d  %d\n", a, b);
    fprintf(out, "Float data: %f\n", x);
    fclose(in);
    fclose(out);
}
```

```
H:₩C-Language₩Debug>sample
 Input data
 Two integer: 25  80
 Float data:  12.450000

H:₩C-Language₩Debug>_
```

입력 파일 ex8.dat의 내용

```
25 80
12.45
```

출력 파일 out8.dat의 내용

```
Input data
Two integer: 25 80
Float data: 12.45
```

10.8 표준 입출력 파일

C프로그램의 실행이 시작될 때, 3개의 표준 파일이 자동으로 열리고 사용 가능하게 된다. 표준 입력 파일(키보드), 표준 출력 파일(화면), 표준 오류 파일(화면)이다. 이들 표준 파일의 파일 포인터는 stdio.h에 이미 아래와 같이 정의되어 있다.

파일 포인터	
표준 입력 파일	stdin
표준 출력 파일	stdout
표준 오류 파일	stderr

앞에서 설명한 파일 포인터를 사용하는 모든 파일 입출력 함수는 이 표준 파일의 파일 포인터를 이용하여 입출력이 가능하다.

예 표준 입력과 출력 파일 사용

```
ch = fgetc(stdin);
fputc(ch, stdout);
```

위 문장은 stdin 파일, 즉 키보드로부터 한 문자를 입력받아 stdout 파일, 즉 화면에 출력하는 문장이다.

```
fprintf (stdout, "%d %d %f\n", 10, 20, 3.14);
```

함수 fprintf()를 사용하여 표준 출력 파일로 출력하는 것은 printf("%d %d %f\n", 10, 20, 3.14);와 같은 문장이다.

10.9 파일 임의 위치 접근 및 기타 파일 관련 함수

지금까지는 파일을 처음부터 끝까지 순차적으로 읽거나 출력하였다. 그러나 fseek() 함수를 사용하여 파일의 어떠한 지점이라도 접근할 수 있다. 이동이 성공하면 함수 fseek()는 0을 반환한다. 일반적으로 이진 파일에서만 임의 위치 접근을 사용한다.

```
int fseek(FILE * fp, long offset, int origin);
```

fp파일의 기준 위치(origin)에서 시작하여 offset 바이트 떨어진 곳으로 이동시키는 함수이다. 이때, origin의 값은 아래의 세 매크로 중 하나의 값을 가지며, 이 매크로들은 stdio.h에 정의되어 있다.

기 호	값	의 미
SEEK_SET	0	파일의 처음
SEEK_CUR	1	파일의 현재 위치
SEEK_END	2	파일의 끝

파일의 현재 위치를 알기 위한 ftell() 함수가 있다. 인수 fp 파일의 시작부터 현재 파일의 위치까지를 바이트 단위로 알려준다.

```
long ftell(FILE * fp);
```

rewind() 함수는 인수 fp 파일의 현재 위치를 파일의 시작 지점으로 이동한다.

```
void rewind(FILE * fp);
```

fflush() 함수는 fp 파일의 버퍼를 비운다.

```
int fflush(FILE * fp);
```

파일을 삭제하기 위해서는 remove()를 사용한다. 인수 file_name은 파일 이름에 대한 포인터이다.

```
int remove(char * file_name);
```

예제 10-13

파일에서 세 번째 구조체에 위치하여 그 내용을 읽어서 화면으로 출력한다.

예제 10-13 실행결과

```
#include <stdio.h>
#include <stdlib.h>
#define NUM 3
struct student {
    char  name[20];
    int age;
    char grade;
} st;

main()
{
    int i;
    FILE * fp;
    if((fp = fopen("student.dat", "rb")) == NULL)
    {
            printf("파일 열기 에러");
            exit(1);
    }
    fseek(fp, 2 * sizeof(struct student), SEEK_SET);
    if(fread(&st, sizeof(struct student), 1, fp) != 1) {
            printf("읽기 에러");
            exit(1);
    }
    fclose(fp);
    printf(st.name);
    printf("%d %c\n", st.age, st.grade);
}
```

예제 10-14

명령 라인의 파일을 열어서 임의의 위치에 있는 문자를 출력한다.

예제 10-14 실행결과

```
#include <stdio.h>
#include <stdlib.h>

main(int argc, char * argv[])
{
```

```
    long loc;
    FILE  * fp;
    if(argc != 2) {
            printf(“File name missing”);
            exit(1);
    }
    if((fp = fopen(argv[1], “rb”)) == NULL) {
            printf(“Cannot open file”);
            exit(1);
    }
    printf(“Enter byte to seek to:”);
    scanf(“%ld”, &loc);
    if(fseek(fp, loc, SEEK_SET)) {
            printf(“seek error”);
            exit(1);
    }

    printf(“Value at loc %ld is %d”, loc, fgetc(fp));
    fclose(fp);
}
```

```
C:\Debug>sample testfile.txt
Enter byte to seek to : 3
Value at loc 3 is 100
C:\Debug>_
```

예제 10-15

명령 라인에서 입력된 파일을 remove()함수를 사용하여 삭제한다.

예제 10-15 실행결과

```
#include <stdio.h>
#include <stdlib.h>
#include <conio.h>
#include <ctype.h>

main(int argc, char  * argv[])
{
```

```
    char fname[80];
    printf("Enter name of file to erase:");
    gets(fname);
    printf("Are you sure?(y/n)");
    if(toupper(getche()) == 'Y') {
            remove(fname);
            printf("\nerase success!\n");
    }
}
```

```
Enter name of file to erase : oo.dat
Are you sure?(y/n) y
erase success!
Press any key to continue
```

예제 10-16

명령 라인으로 입력된 파일을 열어서 그 내용을 출력하고, 다시 rewind() 함수를 사용하여 그 내용을 다시 출력한다.

예제 10-16 실행결과

```
#include <stdio.h>
#include <stdlib.h>

main(int argc, char * argv[])
{
    FILE * fp;

    if(argc != 2) {
            printf("File name missing");
            exit(1);
    }

    if((fp = fopen(argv[1], "r")) == NULL) {
            printf("cannot open file");
            exit(1);
    }
    while(!feof(fp)) putchar(getc(fp));
    rewind(fp);
    while(!feof(fp)) putchar(getc(fp));
    fclose(fp);
}
```

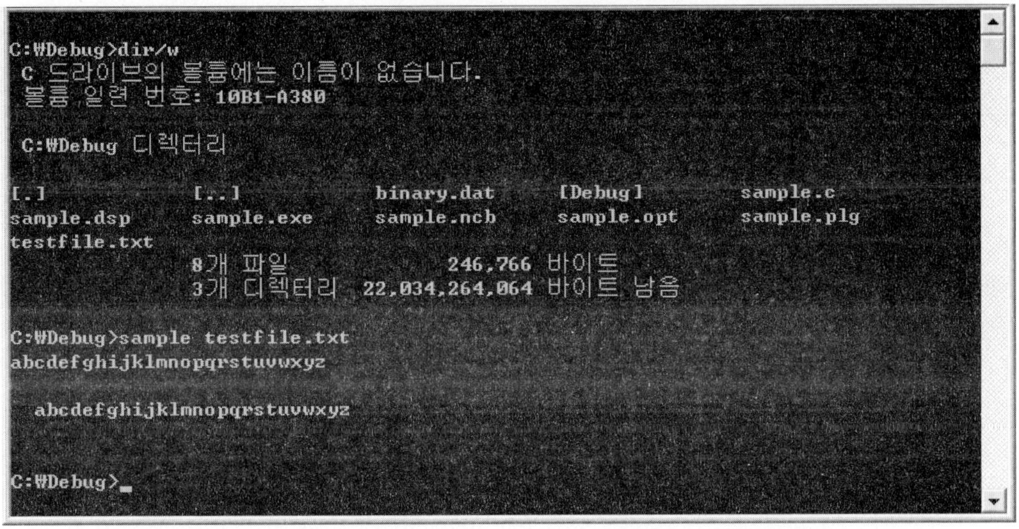

```
C:\Debug>dir/w
 C 드라이브의 볼륨에는 이름이 없습니다.
 볼륨 일련 번호: 10B1-A380

 C:\Debug 디렉터리

[.]             [..]            binary.dat      [Debug]         sample.c
sample.dsp      sample.exe      sample.ncb      sample.opt      sample.plg
testfile.txt
               8개 파일             246,766 바이트
               3개 디렉터리  22,034,264,064 바이트 남음

C:\Debug>sample testfile.txt
abcdefghijklmnopqrstuvwxyz

  abcdefghijklmnopqrstuvwxyz


C:\Debug>_
```

연습문제

1 아래 프로그램의 출력을 sum.out이라는 파일에 출력하는 프로그램으로 변환하시오.

```
void main(void)
{
    int cnt, sum=0;
    for(cnt = 1; cnt <= 100; cnt++) sum += cnt;
    printf("1+2+3+4 ... + 100: %d\n", sum);
}
```

2 10개의 정수가 저장되어 있는 in.dat 파일을 만들고, 이 파일로부터 데이터를 읽어 정렬하여 sort.dat를 생성하는 프로그램을 작성하시오.

3 C언어 소스코드를 읽어 들여 검사하기 원하는 키워드의 개수를 출력하는 프로그램을 작성하시오.

4 5명의 학생의 정보(이름, 학번, 학점, ...)가 저장되어 있는 student.dat파일에 다른 학생의 정보를 추가하는 프로그램을 작성하시오.

5 텍스트 파일의 내용을 한 번에 한 줄씩 출력하는 프로그램을 작성하시오. 각 줄이 출력된 후, 사용자가 또 다른 줄을 출력할지 응답을 요청하도록 작성하시오.

6 텍스트 파일을 복사하는 프로그램을 작성하시오. 사용자가 명령어 라인에서 두 파일의 이름을 명시하도록 하고, 복사되는 파일의 내용은 대문자와 소문자를 서로 바뀌도록 작성하시오.

7 텍스트 파일을 읽어들여 파일내의 공백, 대문자, 소문자, 특수문자의 개수를 출력하는 프로그램을 작성하시오.

11

선행처리기

11 선행처리기

C선행 처리기는 프로그램이 컴파일되기 전에 프로그램에 있는 여러 조작 부분들을 처리한다. 조작될 부분과 방법은 선행 처리 지시자로 표시되어 있다. 선행 처리 지시자에는 아래와 같은 것이 있다.

```
#define
#include
#if ~ #endif
#error
#undef
#line
```

11.1 매크로: #define

```
#define 매크로 이름 string
```

#define 지시자는 프로그램 전체에서 하나의 문자열을 다른 문자열로 대치시키도록 선행 처리기에게 알려주기 위해서 사용된다.

여기서, 매크로 이름은 C의 식별자명의 규칙을 따른다. 매크로 이름은 주로 대문자를 사용한다. 프로그램 속에 매크로 이름이 나오면 매크로 이름을 관련된 문자열로 대치한다. 이를 매크로 대치(macro substitution)라 한다.

예 기호 상수

```
#include <stdio.h>
#define MAX 10
main()
{
   int i;
   for(i = 0 ; i < MAX ; i++)
         printf("%d", i);
}
```

위 프로그램이 컴파일되기 전에 MAX는 모두 10으로 대치된다. 매크로가 사용될 수 있는 범위는 정의된 후부터 #undef 되지 않으면 프로그램 끝까지 유효하다.

정의된 매크로를 무효화시키기 위한 선행 지시자로 아래와 같은 #undef가 있다.

```
#undef 매크로 이름
```

이 지시어가 나오면 매크로는 무효화된다. 일반적으로 매크로의 사용은 프로그램의 명확성과 이식성을 증가시켜 준다. 예를 들어, π나 e 또는 빛의 속도 c와 같은 특별한 상수를 아래 예와 같이 정의하여 사용할 수 있다.

예 특별한 상수

```
#define PI 3.14159 /* π의 값 */
#define E 2.71828 /* 자연 로그에 대한 밑수 */
#define C 299792.4562 /* 빛의 속도(km/sec) */
```

또한, 매크로는 아래 예처럼 기호 상수로도 자주 사용된다.

예 기호 상수

```
#deinfe EOF -1 /* 파일의 끝 값 */
#define TRUE 1 /* 참 */
```

```
#define FALSE 0 /* 거짓 */
#define MAXINT 32767 /* 정수 2바이트의 최대값 */
```

매크로를 사용하면 프로그래머의 취향에 맞는 구문을 사용할 수 있다. 예를 들어, 다음과 같이 관계연산자 '=='을 'EQ'로 정의하고 연산자 '==' 대신에 EQ를 사용할 수 있다.

```
#define EQ ==
```

PASCAL을 많이 이용하는 사람들은 if~then~else 구문에 익숙하다. 이때 다음과 같이 then을 공백 문자로 정의한 다음 'then' 을 사용하면 된다.

```
#define then
...
if (a > b) then a = 10;
else a = 20;
```

예제 11-1

반지름을 입력하여 면적을 구하는 프로그램을 10번 반복하는 프로그램이다.

예제 11-1 실행결과

```
#include <stdio.h>
#define PI 3.14159
#define MAX 3
#define ENDP printf("END.\n");
main()
{
    float radius, area;
    int i;

    for (i = 0; i < MAX; i++) {
            printf ("반지름 입력:");
            scanf("%f", &radius);
            area = radius * radius * PI;
            printf("면적은 %f이다\n", area);
```

```
    }
    ENDP
}
```

```
반지름 입력: 5
면적은 78.539749이다
반지름 입력: 7
면적은 153.937912이다
반지름 입력: 20
면적은 1256.635986이다
END.
계속하려면 아무 키나 누르십시오 . . .
```

매크로는 인자들을 가질 수 있다. 이때, 전달되는 인자들의 문자들이 그대로 대치된다.

예 매크로 함수

```
#include <stdio.h>
#define MUL(i, j) i * j
main()
{
   int answer;
   answer = MUL(10, 20);
   printf("%d", answer);
}
```

위 예에서 asnwer=MUL(10, 20);에서 매크로 MUL에 전달되는 매개 변수는 i에 10이 j에 20이 전달되므로 이 문장은 선행 처리기에 의하여 answer=10 * 20으로 변환된 후 컴파일된다. 이때 i와 j에 전달되는 것은 10과 20이라는 값이 아니라 10과 20이라는 문자라는 점을 기억해야 된다. 위의 예를 약간 수정해 보자.

예 잘못 선언된 매크로 함수

```
#include <stdio.h>
#define MUL(i, j)   i * j
main()
{
   int answer;
```

```
    answer = MUL(5 + 5, 10 + 10);
    printf("%d", answer);
}
```

위 프로그램의 출력 결과는 여러분이 예상하는 10 * 20이 아니라 65라는 값이 출력된다. 그 이유는 answer=MUL(5+5, 10+10);은 선행 처리기에 의하여 answer=5+5 * 10+10;으로 변환되기 때문이다. 이런 문제를 없애려면 아래와 같이 매크로를 정의할 때 인자에 괄호를 사용함으로써 해결할 수 있다.

```
#define MUL(i, j) (i) * (j)
```

이렇게 정의되었다면 위의 예의 answer=MUL(5+5, 10+10);은 answer=(5+5) * (10+10);으로 변환되기 때문에 200이라는 결과를 얻을 수 있다.

예제 11-2

두 수 중에서 큰 값을 구하는 매크로를 정의하고, 이를 사용하여 10개의 수를 배열에 입력한 후 최대값을 구하는 프로그램이다.

예제 11-2 실행결과

```
#include <stdio.h>
#define NUM 10
#define MAX(x, y) (((x) > (y)) ? (x) : (y))
int number[NUM];
main()
{
    int i, max;
    for(i = 0; i < NUM; i++)
            scanf("%d", &number[i]);
    max = number[0];
    for(i = 1; i < NUM; i++)
            max = MAX(max,number[i]);
    printf("최대값은 %d\n", max);
}
```

```
84 21 12 1 57 87 52 1 0 131
최대값은 131
Press any key to continue
```

11.2 # include

#include 지시자는 선행 처리기가 지정된 파일을 이 프로그램에 포함시킬 것을 지시하기 위한 것이다. 이 지시자는 아래의 두 가지 형식이 있다.

❶ #include "파일명"
❷ #include 〈파일명〉

❶에서는 지정한 파일을 현재의 사용자 디렉토리에서 찾는다. 만일 이 디렉토리에 지정한 파일이 없으면 시스템 디렉토리에서 찾는다. 시스템 디렉토리란 C언어에서 사용되는 헤더 파일들을 모아둔 특정 디렉토리를 말한다.

❷에서는 지정한 파일을 시스템 디렉토리에서만 찾는다.

예제 11-3

어느 학급 학생들의 성적을 입력하여 학점을 구하는 프로그램이다. 학점은 점수가 90 이상 100 이하이면 A, 80 이상 90 미만이면 B, 70 이상 80 미만이면 C, 60 이상 70 미만이면 D, 60 미만이면 F이다. 학급의 학생수는 10명으로 가정한다.

예제 11-3 실행결과

```
// grade.h: 필요한 매크로 정의
#define PERFECT 100
#define A 90
#define B 80
```

```
#define C 70
#define D 60
#define MIN 0
#define GA 'A'
#define GB 'B'
#define GC 'C'
#define GD 'D'
#define GF 'F'
#define ERROR printf("점수의 범위가 벗어났음\n");

// 프로그램 파일
#include <stdio.h>
#include "grade.h" // 사용자 정의 매크로 파일
#define NUM 10

main()
{
    int score[NUM];
    char grade[NUM];
    int i;

    for(i = 0; i < NUM; i++) {
            printf("성적을 입력하시오\n");
            scanf("%d", &score[i]);
     }
    for(i = 0; i  < NUM; i++) {
        if(score[i] >  PERFECT || score[i] < MIN) {
            printf("점수가 잘못되었음\n");
            exit(1);
        }
        else if(score[i] >= A)
                grade[i] = GA;
        else if(score[i] >= B)
                grade[i] = GB;
        else if(score[i] >= C)
                grade[i] = GC;
        else if(score[i] >= D)
                grade[i] = GD;
        else grade[i] = GF;
    }
    printf("점수  학점 \n");
    for(i = 0; i < NUM; i++)
            printf("%d %c\n", score[i], grade[i]);
}
```

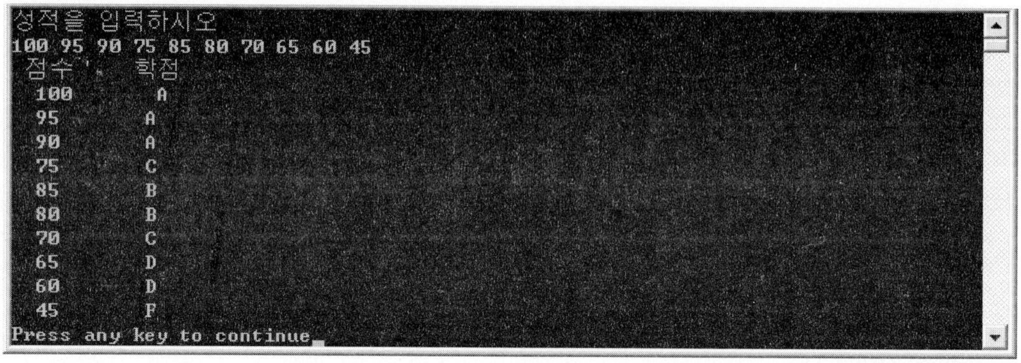

11.3 조건 컴파일

C선행 처리기는 프로그램 코드들의 일부가 선택적으로 컴파일될 수 있게 하는 몇 개의 지시자들을 가지고 있다. 이것을 조건 컴파일(conditional compilation)이라 한다. 다음과 같은 지시자들이 있다.

```
#if
#else
#elif
#endif
#ifdef
#ifndef
```

11.3.1 #if

```
#if 수식
    문장들1;
#else
    문장들2;
#endif
```

먼저, #if는 아래와 같은 #if ~#else ~ #endif의 구조를 가진다.

수식이 참이면 문장들 1이 컴파일이 되고, 거짓이면 문장들 2가 컴파일이 된다. #else 부분은 생략 가능하다.

예제 11-4

확장 아스키문자를 사용하는지, 표준 아스키 문자를 사용하는지를 나타내고 아스키 문자를 출력하는 프로그램이다.

예제 11-4 실행결과

```
#include <stdio.h>
#define CHAR_SET 128 /*  CHAR_SET은 256 또는 128로 설정됨  */

main()
{
    int i;
    #if CHAR_SET == 256
            printf("확장 아스키 문자 집합\n");
    #else
            printf("표준 아스키 문자 집합\n");
    #endif
    for(i = 0; i < CHAR_SET; i++)
            printf("%c", i);
    printf("\n");
}
```

11.3.2 #elif

#elif는 else if 의 의미로서 형식은 다음과 같다.

```
#if 수식1
  문장들;
#elif 수식2
  문장들;
#elif 수식3
    ⋮
#else
  문장들;
#endif
```

예

```
#define NUM 2
   ⋮
#if NUM == 1
        printf("NUM is 1");
#elif NUM == 2
        printf("NUM is 2");
#elif NUM == 3
        printf("NUM is 3");
#else
        printf("Others");
#endif
```

위 예의 출력은 "NUM is 2"이다.

11.3.3 #ifdef와 #ifndef

```
#ifdef 매크로 이름
  문장들1;
#else
  문장들2;
#endif
```

조건부 컴파일 지시자 #ifdef와 #ifndef는 매크로의 정의 여부에 따른 조건 컴파일을 지시한다. 매크로 이름의 매크로가 정의되었으면 문장들1을 컴파일하게 하고, 그렇지 않으면 문장들2를 컴파일하게 한다. #else 부분은 생략 가능하다.

예 조건부 컴파일

```
#define MACHINE IBMPC
#ifdef MACHINE
#define WORDSIZE 2
#else
#define WORDSIZE 4
#endif
```

#ifdef과 반대의 지시자가 #ifndef이다. 이것은 '매크로가 정의되지 않았으면'의 의미이다.

11.4 기타 지시어

```
#error 오류 메시지
```

이 지시어를 만나면 컴파일을 끝내고 시스템에서 제공하는 정보와 함께 오류 메시지를 출력한다. 시스템에서 제공하는 정보는 주로 파일명과 라인 번호 등이다.

#line 줄번호 "파일명"

원래의 파일명과 줄번호 대신에 #line에 있는 파일명과 줄번호를 사용하라는 지시문이다.

11.5 C의 내장된 매크로

C컴파일러가 ANSI C 표준을 따르면, 아래와 같은 미리 정의된 매크로 이름을 사용할 수 있다.

__LINE__ : 현재 컴파일되고 있는 프로그램의 줄번호에 해당되는 정수값을 정의
__FILE__ : 현재 컴파일되고 있는 파일 이름인 문자열을 정의
__DATE__ : 현재의 시스템 날짜에 해당하는 문자열을 정의
__TIME__ : 컴파일이 시작된 시간에 대한 문자열을 정의
__STDC__ : 컴파일러가 ANSI 표준을 따르면 1을 정의

11.6 typedef

기존의 자료형을 typedef를 이용하여 새로운 이름으로 선언하여 사용할 수 있다.

typedef old_name new_name;

예 데이터형 재정의

```
#include <stdio.h>
typedef int INTEGER;

main()
{
  INTEGER x, y;
```

```
    scanf("%d %d", &x, &y);
    printf("%d %d", x, y);
}
```

```
30 a
30 -858993460
Press any key to continue
```

위 예처럼 int형을 새로운 이름 INTEGER형으로 사용할 수 있다. 이때, 주의할 점은 기존의 int형도 계속 사용된다는 것이다.

예 데이터형 재정의

```
#include <stdio.h>
typedef float REAL;

main()
{
    float x, y;
    REAL a, b;
        ⋮
}
```

예 구조체형 재정의

```
#include <stdio.h>
struct st {
            int a;
            float b;
            char c[50];
};

typedef struct st STYPE;

main()
{
        STYPE s;
          ⋮
}
```

위 예는 struct st형을 STYPE으로 선언하여 사용한다.

연습문제

1 아래 프로그램의 출력 결과를 보이시오.

```
#include <stdio.h>
#define DIV(x, y) x / y
#define DIV1(x, y) (x) / (y)

main()
{
   int i, j;
   i = 20; j = 10;
   printf("%d\n", DIV( i + j , i - j ));
   printf("%d\n", DIV1( i + j , i - j ));
}
```

2 매크로와 함수의 차이점을 설명하시오.

3 아래 함수와 같은 작업을 하는 매크로를 정의하시오.

```
int min(int x, int y)
{
   if(x < y) return x;
   else return y;
}
```

4 N명의 학생으로 구성된 학급의 성적 처리를 하려고 한다. 각 학생의 정보는 학번, 이름, 국어 점수, 영어 점수, 수학 점수로 구성된다. 학생들의 성적의 합과 평균을 구하는 프로그램을 작성하시오. 이때, 될수록 많은 매크로들을 정의하고, 정의된 매크로들은 student.h 파일에 저장하고, 프로그램은 student.c로 하여 작성하시오.

12

동적 할당과 고급처리

12 동적 할당과 고급처리

동적 할당이란 실행 중에 필요할 때마다 기억 장소를 할당하는 것이다. 이 할당된 기억 장소는 다양한 목적을 위해 사용될 수 있다. 동적으로 기억 장소를 할당받기 위하여 이전에 언급했었던 함수 malloc()를 사용한다. 함수 malloc()를 이용하여 할당된 기억장소는 히프(heap)라 불리는 영역에 할당된다.

12.1 메모리 동적 할당

```
void * malloc (numbytes);
void free (void * ptr);
```

함수 malloc()에서 numbytes개의 바이트를 프로그램에서 사용할 수 있도록 할당하여 주고, 이 기억 장소의 시작 주소가 반환된다. 기억 장소가 충분하지 않으면 널 포인터(NULL)를 반환한다. 기억장소 계산은 대부분 sizeof를 사용하여 계산한다, 정수형 데이터 50개가 필요하면 numbytes는 50 * sizeof(int)으로 대체된다. 기억장소를 모두 다 사용하고 난 후, 이 기억장소를 돌려주기 위하여 함수 free()를 사용하며 ptr에 가리키는 곳의 기억 장소를 돌려준다.

위 두 함수는 모두 stdlib.h 헤드 파일이 필요하다.

예 문자열 입력 오류

```
#include 〈stdio.h〉
main()
{
    char *p;
    gets(p);
    puts(p);
}
```

위 프로그램에서는 문자열이 저장될 기억 장소가 없다. 그러나 아래와 같이 실행문 중간에서 문자열이 저장될 기억 장소를 할당받아 사용할 수 있다.

예 동적기억 장소 할당

```
#include 〈stdio.h〉
main()
{
        char *p;
        p = (char *)malloc(80); /* 80바이트를 할당 */
        gets(p);
        puts(p);
        free(p);
}
```

위 예에서 할당받은 메모리는 아래 그림과 같이 80바이트를 할당하여 그 시작 번지가 p에 저장된다.

메모리 사용이 끝난 후 필요 없을 때 free(p);를 사용하여 메모리를 되돌려준다. 이 이후에는 80바이트의 기억 장소를 사용할 수 없게 된다.

예 메모리 공간 미확보

```
#include 〈stdio.h〉
#include 〈string.h〉
```

```
#include <stdlib.h>
main()
{
        char str[10];
        char *p;
        for(i = 0 ; i < 5 ; i++) {
        gets(str);
        strcat(p, str);
        }
        printf(p);
}
```

위 예에서도 역시 연결된 문자열을 저장할 장소가 없으므로 함수 malloc()를 사용하여 아래와 같이 실행문 중간에서 메모리를 확보할 수 있다.

예 메모리 공긴 획보

```
#include <stdio.h>
#include <stdlib.h>
#include <string.h>
main()
{
        char str[10]; char *p; int i;
        p = (char *)malloc(50);
        if(!p) {
              printf("기억 장소 할당 오류");
        exit(1);
        }
        strcpy(p, "");
        for(i = 0; i < 5; i++) {
        gets(str);
              strcat(p, str);
        }
        printf(p);
        free(p);
}
```

12.2 변수의 기억등급(storage class)

변수에는 기억영역, 생존기간 및 프로그램에서의 유효범위를 가지고 있다. 이들 대상을 메모리공간에 할당시키는 방법에는 프로그램의 종료 때까지 계속 남아있는 정적할당(static allocation)과 필요할 때 할당하고 반환하는 동적할당(dynamic allocation)이 있다. 또한 변수를 어느 곳에 기억시킬 것인가를 결정하는 기억등급(storage class)이 있다. 변수의 기억등급 종류 및 특징은 [표 12-1]에서 보여준다.

12.2.1 자동 변수(auto variable)

지금까지 우리들이 사용한 변수는 모두 자동변수에 해당되며 특징은 아래와 같다.

- 자동변수는 함수 내에서 선언되며 유효범위는 함수 내부로 제한된다. 함수가 호출될 때마다 생성되어 함수 호출이 끝나면 소멸된다.
- 초기화하지 않으면 초기값은 미정이다.
- auto는 생략 가능하다.
- 자동변수는 스택 영역에 기억된다.

[표 12-1] 변수의 기억등급 종류와 특징

기억등급	예약어	생존기간	유효범위	기억장소	초기화	초기화 값
자동변수	auto	일시적	지역적	스택	수행시	임의값
정적변수	static	영구적	지역적	메모리	컴파일시	0
레지스터변수	register	일시적	지역적	레지스터	수행시	임의값
외부변수	extern	영구적	전역적 (모든파일)	메모리	컴파일시	0
외부정적변수	static	영구적	전역적 (한 파일)	메모리	컴파일시	0

12.2.2 정적 변수(static variable)

static 데이터형 변수명;

(1) 정적 지역 변수

정적 지역 변수는 함수의 수행이 끝나도 계속 남아 있는 변수이다. 이 변수는 처음 한 번만 초기화된다.

예 자동 변수와 지역 정적 변수

```
#include <stdio.h>
void f();

main()
{
   int i;        // 자동 변수
   for(i = 0; i < 10; i++) f(i);
}

void f(int a)
{
   static int sum = 0;   // 정적 지역 변수
   sum += a;
   printf("%d\n", sum);
}
```

위 프로그램의 정적 지역변수 sum은 처음 0으로 초기화된 후 함수의 호출이 끝난 후에도 계속 유지되고 있다. 따라서 이 프로그램의 출력은 아래와 같다.

0 1 3 6 10 15 21 28 36 45

정적 지역변수는 초기값이 명시되지 않으면 자동적으로 0으로 초기화되지만 auto 변수는 임의의 값이 할당된다.

(2) 정적 전역 변수

어떤 전역 변수는 그 변수가 선언된 파일 내에서만 알려지고 접근 가능하게 할 필요가 있다. 이때 그 전역 변수를 static으로 하면 다른 파일에서는 이 전역 변수를 사용할 수 없게 된다. 따라서 다른 파일에서도 같은 이름의 전역 변수를 사용할 수 있게 된다.

```
// file1.c
#include <stdio.h>

void f()
static int sum = 0; // 정적 전역 변수
main()
{
  int i; // 지역 변수
  f();
  for(i = 0; i < 10; i++)
          sum = sum + i;
  printf("%d\n", sum);
}

// file2.c
int sum = 10;          // 전역 변수
void f()
{
  int i; // 지역 변수
  for(i = 0; i < 5; i++)
          sum += i;
  printf("%d\n", sum);
}
```

file1.c의 변수 sum은 static으로 되어 있으므로 이 파일 내에서만 사용되는 전역변수이다. 따라서 file2.c의 sum과는 다른 변수이다. 이 프로그램의 출력은 아래와 같다.

```
20
45
```

12.2.3 레지스터 변수(register variable)

register 데이터형 변수명;

- 자동변수와 유사하지만 속도를 빠르게 하기 위하여 데이터를 레지스터에 저장한다.
- 사용가능한 데이터형은 int, char 등이다.
- 레지스터 변수에는 주소연산자(&)를 사용하지 못한다.

12.2.4 외부 변수(extern variable)

extern 데이터형 변수명;

하나의 큰 프로그램은 여러 개의 파일에 나누어 작성될 수 있다. 이렇게 작성된 여러 개의 파일은 따로 컴파일된 후, 링크에 의하여 하나의 프로그램으로 결합된다. 일반적으로 전역 변수를 한 번 선언하면 프로그램을 구성하는 두 개 이상의 파일에서 그 전역 변수를 사용할 수 있다. 그러나 반드시 이 변수가 다른 파일에서 선언된 전역 변수임을 컴파일러에게 알려주어야 한다. 이를 위한 것이 extern이다. 예를 들어, 하나의 프로그램이 2개의 파일, 즉 file1.c와 file2.c로 구성된다고 하자. file1.c와 file2.c의 내용은 아래와 같다.

```
// file1.c
#include <stdio.h>
int count // 전역 변수
void f1(void)
main()
{
   int i;
```

```
    f1();
    for(i = 0; i < count; i++) printf("%d"", i);
}

// file2.c
void f1(void)
{
    count = 5;// 오류
}
```

위의 두 파일을 컴파일하면 file2.c에서 「count가 선언되지 않았다」라는 오류가 생긴다. 그 이유는 count라는 전역 변수는 file2.c에는 없고 다른 파일 file1.c에 정의되어 있다. 따라서 file2.c에서 count는 다른 파일에서 선언된 전역 변수임을 컴파일러에게 알려주어야 한다. file2.c를 아래와 같이 수정하면 된다.

```
extern int count;        // 외부 변수
void f1(void)
{
    count = 5;
}
```

extern int count; 문은 count는 정수형의 전역 변수로 다른 파일에 선언되었다는 것을 컴파일러에게 알려준다. 그러면 이 프로그램의 출력 결과는 아래와 같다.

```
0 1 2 3 4
```

12.3 연결 리스트(linked list)

연결 리스트는 아래 그림과 같이 데이터가 연속적으로 연결되어 있는 구조를 의미한다. 하나

의 데이터와 포인터를 노드라 한다. 각 노드의 포인터는 그 다음 노드를 가리키며, 끝 노드의 포인터는 끝을 나타내기 위해 NULL 값을 가진다. 모든 노드들을 참조하기 위해서는 첫 번째 노드의 주소를 저장하는 변수(p)가 필요하다.

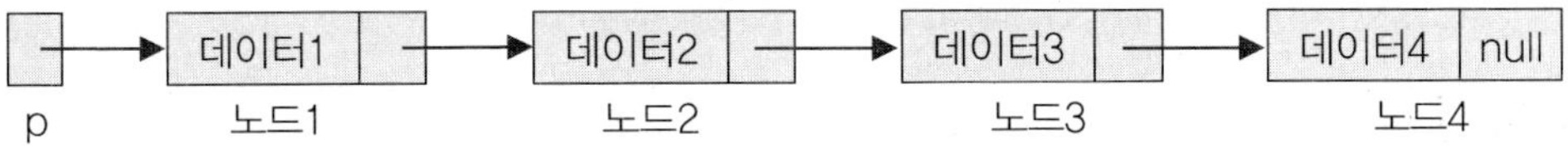

12.3.1 노드의 데이터 구조

데이터와 링크 구조를 갖는 노드 구조체는 다음과 같이 선언한다.

```
struct node {
        int data;
        struct node  * link;
};
```

link 필드는 node형 구조체를 가리키는 포인터이다. 즉, 자신의 구조체와 동일한 구조체의 주소를 저장할 수 있다.

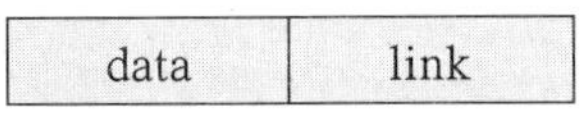

12.3.2 연결 리스트의 생성

연결 리스트를 구현하려면 고정된 크기를 갖는 배열을 이용하는 방법과 동적 기억 장소를 이용하는 방법이 있다. 배열을 사용하여 연결 리스트를 만들게 되면 항상 고정된 크기를 가지기 때문에 연결 리스트가 필요로 하는 노드의 수가 배열의 크기보다 크면 문제가 발생하게 되고, 작으면 배열의 나머지는 사용되지 않기 때문에 기억 장소의 낭비가 생긴다. 연결 리스트를 효율적으로 사용하기위해서는 동적 기억 장소를 이용한다. [예제 12-1]에서는 크기가 100인 구조체 배열을 사용하여 연결 리스트를 구현하였다.

예제 12-1

크기가 100인 구조체 배열을 이용하여 연결 리스트를 구현하였다. 세 개의 노드만 사용되었다.

예제 12-1 실행결과

```
#include <stdio.h>
#include <stdlib.h>
#define MAX 100

struct node {
    int data;
    struct node * link;
};
void print_link();

main()
{
    struct node element[MAX];
    struct node * p;
    p = &element[0];

    element[0].data = 10;
    element[1].data = 20;
    element[2].data = 30;
    element[0].link = &element[1];
    element[1].link = &element[2];
    element[2].link = NULL;
    print_link(p);
}

void print_link(struct node * next)
{
    while (next != NULL) {
      printf("%d", next->data);
      next = next->link;
    }
}
```

[예제 12-2]에서는 동적 기억 장소를 이용하여 노드가 필요할 때마다 생성한다. 함수 malloc()를 호출하여 필요한 크기의 기억장소를 생성한다.

p = (struct node *) malloc (sizeof(struct node);

struct node형의 바이트 수만큼 할당받아 구조체 node형으로 변환하여 그 시작 주소를 p에 저장하는 문장이다. 즉, 아래 그림과 같이 하나의 노드를 생성한다.

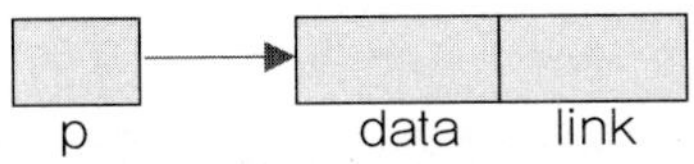

예제 12-2

구조체 node형의 동적기억 장소를 생성하여 정수를 저장하고 link 포인터를 다음에 생성된 node에 연결한다. 세 개의 노드를 갖는 연결 리스트가 만들어 진다. 함수 print_link(p)는 p로 시작되는 연결 리스트의 노드에 있는 데이터를 출력하는 함수이다.

예제 12-2 실행결과

```
#include <stdio.h>
#include <stdlib.h>

struct node {
    int data;
    struct node * link;
};
void print_link();

main()
{
    struct node * p, * temp;

    p = (struct node * )malloc(sizeof(struct node));
    p->data = 10;
    temp = (struct node * )malloc(sizeof(struct node));
    temp->data = 20;
    p->link = temp;
    temp = (struct node * )malloc(sizeof(struct node));
    temp->data = 30;
    temp->link = NULL;
```

```
    p->link->link = temp;
    print_link(p);
}

void print_link(struct node * next)
{
    while(next != NULL) {
      printf("%d", next->data);
      next = next -> link;
    }
}
```

```
10 20 30 Press any key to continue
```

12.3.3 연결 리스트의 연산

아래 그림과 같이 노드가 문자열과 링크로 구성된 연결 리스트를 가지고 작업하려고 한다.

문자열	
data	link

연결 리스트를 구현하기 위한 구조체형 선언은 아래와 같다.

```
struct node {
  char data[20];
  struct node  * link;
};
typedef struct node NODE; // 구조체형 재정의
NODE  * p;
```

12.3.4 연결 리스트의 맨 앞에 한 노드 삽입

연결 리스트 p(p가 이 연결 리스트의 첫 노드를 가리킴. 노드가 하나도 없으면 p의 값은 NULL 임)의 맨 앞에 한 노드를 삽입하는 함수를 작성해 보자.

```
void insert_front()
{
   NODE * temp;
   temp = (NODE * )malloc(sizeof(NODE)); // 노드 생성
   gets(temp->data); // 문자열 입력
   temp->link = p; // 헤드 앞에 삽입
   p = temp;
}
```

12.3.5 노드 사이에 새로운 노드를 추가하는 함수

연결 리스트 p에서 x 노드 다음에 새로운 노드를 삽입하는 함수 insert(x)를 작성해 보자.

```
void insert( NODE * x )
{
   NODE * temp;
   temp = (NODE * )malloc(sizeof(NODE));
   gets(temp->data);
   temp->link = x->link; // x 노드 다음에 삽입
   x->link = temp;
}
```

12.3.6 노드를 제거하는 함수

y노드를 제거하는 함수 delete(y, pre)를 작성해 보자. pre는 y 노드의 앞 노드이다. pre가 NULL이면 맨 처음 노드를 삭제한다.

```
void delete( NODE * y, NODE * pre )
{
   if(pre)
             pre->link = y->link;
   else
```

```
            p = p->link;
    free(y);
}
```

12.3.7 연결 리스트의 검색

연결 리스트 p에서 데이터가 d인 노드의 주소를 반환하는 함수 find(d)를 작성하자. 만약 d가 없으면 NULL을 반환한다.

```
NODE * find( char * d )
{
    NODE * temp;
    temp = p;
    while (!temp) {
            if(!( strcmp(temp->data, d)))
                    return temp;
            temp = temp->link;
    }
    return NULL;
}
```

연습문제

1 동적 기억 장소를 사용하면 어떤 장점이 있는가? 설명하시오.

2 아래 그림과 같은 연결 리스트를 만드는 프로그램을 작성하시오.

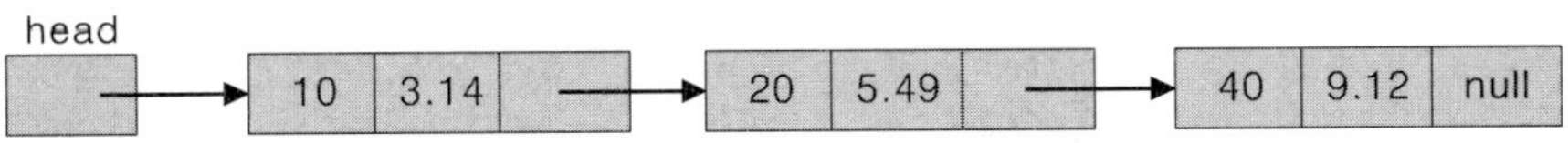

3 아래 그림과 같은 연결 리스트를 만드는 프로그램을 작성하시오.

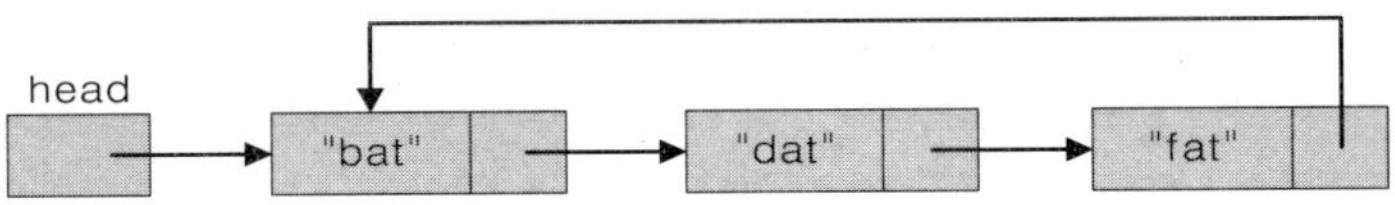

4 3번 형태의 연결리스트의 내용을 처음부터 끝까지 출력하는 함수를 작성하시오.

부록

1. ASCII 코드

DEC	HEX	Binary		ASCII	Key	DEC	HEX	Binary		ASCII	Key
0	00	000	0000	NUL	Ctrl / 1	33	21	010	0001	!	!
1	01	000	0001	SOH	Ctrl / A	34	22	010	0010	"	"
2	02	000	0010	STX	Ctrl / B	35	23	010	0011	#	#
3	03	000	0011	ETX	Ctrl / C	36	24	010	0100	$	$
4	04	000	0100	EOT	Ctrl / D	37	25	010	0101	1/2	1/2
5	05	000	0101	ENQ	Ctrl / E	38	26	010	0110	&	&
6	06	000	0110	ACK	Ctrl / F	39	27	010	0111	'	'
7	07	000	0111	BEL	Ctrl / G	40	28	010	1000	(	(
8	08	000	1000	BS	Ctrl / H	41	29	010	1001	)	)
9	09	000	1001	HT	Ctrl / I	42	2A	010	1010	*	*
10	0A	000	1010	LF	Ctrl / J	43	2B	010	1011	+	+
11	0B	000	1011	VT	Ctrl / K	44	2C	010	1100	,	,
12	0C	000	1100	FF	Ctrl / L	45	2D	010	1101	-	-
13	0D	000	1101	CR	Ctrl / M	46	2E	010	1110	.	.
14	0E	000	1110	SO	Ctrl / N	47	2F	010	1111	/	/
15	0F	000	1111	SI	Ctrl / O	48	30	011	0000	0	0
16	10	001	0000	DLE	Ctrl / P	49	31	011	0001	1	1
17	11	001	0001	DC1	Ctrl / Q	50	32	011	0010	2	2
18	12	001	0010	DC2	Ctrl / R	51	33	011	0011	3	3
19	13	001	0011	DC3	Ctrl / S	52	34	011	0100	4	4
20	14	001	0100	DC4	Ctrl / T	53	35	011	0101	5	5
21	15	001	0101	NAK	Ctrl / U	54	36	011	0110	6	6
22	16	001	0110	SYN	Ctrl / V	55	37	011	0111	7	7
23	17	001	0111	ETB	Ctrl / W	56	38	011	1000	8	8
24	18	001	1000	CAN	Ctrl / X	57	39	011	1001	9	9
25	19	001	1001	EM	Ctrl / Y	58	3A	011	1010	:	:
26	1A	001	1010	SUB	Ctrl / Z	59	3B	011	1011	;	;
27	1B	001	1011	ESC	ESC	60	3C	011	1100	〈	〈
28	1C	001	1100	FS	Ctrl / [	61	3D	011	1101	=	=
29	1D	001	1101	GS	Ctrl / '	62	3E	011	1110	〉	〉
30	1E	001	1110	RS	Ctrl / =	63	3F	011	1111	?	?
31	1F	001	1111	US	Ctrl / -	64	40	100	0000	@	@
32	20	010	0000	SP	Spacebar	65	41	100	0001	A	A

DEC	HEX	Binary		ASCII	Key
66	42	100	0010	B	B
67	43	100	0011	C	C
68	44	100	0100	D	D
69	45	100	0101	E	E
70	46	100	0110	F	F
71	47	100	0111	G	G
72	48	100	1000	H	H
73	49	100	1001	I	I
74	4A	100	1010	J	J
75	4B	100	1011	K	K
76	4C	100	1100	L	L
77	4D	100	1101	M	M
78	4E	100	1110	N	N
79	4F	100	1111	O	O
80	50	101	0000	P	P
81	51	101	0001	Q	Q
82	52	101	0010	R	R
83	53	101	0011	S	S
84	54	101	0100	T	T
85	55	101	0101	U	U
86	56	101	0110	V	V
87	57	101	0111	W	W
88	58	101	1000	X	X
89	59	101	1001	Y	Y
90	5A	101	1010	Z	Z
91	5B	101	1011	[	[
92	5C	101	1100	\	\
93	5D	101	1101	]	]
94	5E	101	1110	^	^
95	5F	101	1111	_	_
96	60	110	0000		

DEC	HEX	Binary		ASCII	Key
97	61	110	0001	a	a
98	62	110	0010	b	b
99	63	110	0011	c	c
100	64	110	0100	d	d
101	65	110	0101	e	e
102	66	110	0110	f	f
103	67	110	0111	g	g
104	68	110	1000	h	h
105	69	110	1001	i	i
106	6A	110	1010	j	j
107	6B	110	1011	k	k
108	6C	110	1100	l	l
109	6D	110	1101	m	m
110	6E	110	1110	n	n
111	6F	110	1111	o	o
112	70	111	0000	p	p
113	71	111	0001	q	q
114	72	111	0010	r	r
115	73	111	0011	s	s
116	74	111	0100	t	t
117	75	111	0101	u	u
118	76	111	0110	v	v
119	77	111	0111	w	w
120	78	111	1000	x	x
121	79	111	1001	y	y
122	7A	111	1010	z	z
123	7B	111	1011	R	R
124	7C	111	1100	|	|
125	7D	111	1101	T	T
126	7E	111	1110	~	~
127	7F	111	1111	DEL	DEL, RUBOUT

2. 많이 사용하는 라이브러리 함수

여기에 설명한 함수들은 많이 사용하는 대표적인 함수들이다. 이외에도 더 많은 함수들이 있다. 그런 함수들은 C라이브러리 책을 참조하기 바란다.

2.1 표준 입출력 함수

아래의 함수들은 stdio.h 헤드 파일을 필요로 한다.

fopen()

[형식] FILE *fopen(const char *filename, const char *mode)

[설명] 파일을 지정한 모드로 열고, 파일 포인터를 돌려준다.

mode	기 능
"r"	텍스트 파일을 읽기 전용으로 연다.
"w"	텍스트 파일을 쓰기 전용으로 연다.
"a"	텍스트 파일의 끝에 추가할 수 있도록 연다.
"r+"	읽기와 쓰기를 위해 텍스트 파일을 연다.
"w+"	읽기와 쓰기를 위해 텍스트 파일을 생성한다.
"a+"	읽기와 쓰기를 위해 텍스트 파일을 추가하거나 생성한다.
"rb"	2진 파일을 읽기 전용으로 한다.
"wb"	2진 파일을 쓰기 전용으로 한다.
"ab"	2진 파일 끝에 추가할 수 있도록 한다.
"r+b"	읽기와 쓰기를 위해 2진 파일을 연다.
"w+b"	읽기와 쓰기를 위해 2진 파일을 생성한다.
"a+b"	읽기와 쓰기를 위해 2진 파일을 추가한다.

5가지 정의 스트림

스트림명	I/O	모 드	의 미
stdin	입력	텍스트	표준 입력 스트림
stdout	출력	텍스트	표준 출력 스트림
stderr	출력	텍스트	표준 오류 스트림
stdaux	입출력	이진	보조 입출력 스트림
stdprn	출력	이진	프린트 출력 스트림

printf()

[형식] printf(const char *format, …)

[설명] format의 문자열 제어 하에 일정한 포맷으로 표준 출력한다.

[참조] printf("%변환 문자 …", arg1, …)

변환 문자	의 미
d	부호 있는 10진수로 변환
i	부호 있는 10진수로 변환
o	부호 없는 8진수로 변환
x	부호 없는 16진수로 변환(소문자로 표시)
X	부호 없는 16진수로 변환(대문자로 표시)
u	부호 없는 10진수로 변환
c	하나의 문자를 프린트
s	널(\0)이 나타날 때까지 프린트
e	지수 형태로 프린트(소문자)
E	지수 형태로 프린트(대문자)
f	실수 형태로 프린트
g	실수를 변환되는 문자수가 적은 형태로(%e or %f) 변환
G	변환되는 문자수가 적은 형태로 변환(대문자)
p	far 형태는 F(XXXX:YYYY), near 형태는 N(YYYY)으로 출력

변환 문자 사이의 옵션

옵션	의 미
-	변수의 내용을 맨 좌측에서 채워서 프린트
+	숫자 앞에 + 기호를 첨가
m	프린트 영역의 폭을 m만큼 잡으며 남는 부분을 여백화
.	소수점 이하의 자릿수와의 구분
n	소수점 이하의 자릿수
#	0 지정에 사용시 출력 데이터 앞에 남는 자릿수에 0 첨가 x, X 지정시 앞부분에 0x, 0X를 첨가

scanf()

[형식] int scanf(const char *format, arg, …)

[주의] 여기에서 arg는 포인터이어야 한다.

변환문자	변환 내용
d	10진수 정수로 해석한다.
o	8진수로 해석한다.
x	16진수로 해석한다.
c	입력되는 데이터를 한 개의 문자로 해석한다.
s	문자열로 해석한다.
e or f	부동 소수점 수로 해석한다.
숫자	입력되는 문자열의 최대 자릿수를 지정한다. 단, 10진수로 표시한다.

freopen()

[형식] FILE *freopen(const char *filename, const char *mode, FILE *fp)

[설명] fp가 지시하는 파일이 필요하면 닫고 나서, fopen()처럼 파일을 연다.

fclose()

[형식] int fclose(FILE *fp)

[설명] fp로 지정한 파일을 닫는다(정상 : 0, 오류 : -1).

fflush()

[형식] int fflush(FILE *fp)

[설명] 출력 버퍼에 남아 있는 내용을 지정한 파일에 써 넣는다.

[주의] 처리 후에도 파일이 열려 있다.

getcha()

[형식] int getchar(void)

[설명] 표준 입력 장치에서 한 문자를 읽어 들인다.

[주의] 키보드 같은 입력 장치를 이용해서 한 문자를 읽어 들이지만, 그 값이 EOF이면 입력의 끝

을 의미하기 때문에 EOF의 여부를 조사하여 프로그램의 실행을 끝낼 수 있다.

[참조] 단일 문자를 입력받기 위해서는 라이브러리 함수 #include 〈conio.h〉를 사용하여 getch(), getche()를 사용할 수도 있다.

get()

[형식] int getc(FILE *stream)

[설명] 스트림으로부터 한 문자 입력

getche()

[형식] int getche(void)

[설명] 키보드로부터 한문자 입력되고, 스크린으로 에코 된다.

[주의] conio.h 를 필요로 한다.

getch()

[형식] int getch(void)

[설명] 키보드로부터 한문자 입력되고, 스크린으로 에코되지 않는다.

[주의] conio.h 를 필요로 한다.

putchar()

[형식] int putchar(int c)

[설명] 표준 출력 장치에 단일 문자 c를 출력하는 매크로 함수로 putc(c, stdout)와 동일하다.

fgetc()

[형식] int fgetc(FILE *st)

[설명] st 스트림에서 단일 문자를 읽는다.

[참조] 파일 포인터는 1 증가된다.

읽은 문자를 반환하며, 오류나 파일의 끝에서는 EOF를 되돌린다.

파일 포인터는 fopen()에 의해 되돌려진 값이다.

fputc()

[형식] int fputc(int c, FILE *st)

[설명] st 파일로 단일 문자 c를 출력한다.

putc와 같으나 매크로가 아닌 실제 함수이다.

[참조] 한 문자 출력 후 포인터가 1 증가된다.

출력 중 오류이면 EOF를, 정상 동작이면 출력된 문자를 반환 한다.

fputs()

[형식] int fputs(const char *str, FILE *st)

[설명] 열려진 st 파일에 str의 문자열을 출력하는 함수이다.

[참조] 출력시 '\n'은 덧붙이지 않는다. 현재 포인터에 문자열을 출력 후 문자열의 길이만큼 포인터를 증가시킨다. 출력 중 오류는 EOF을, 정상 동작은 음이 아닌 정수를 반환 한다. 문자열에 '\0'을 포함하면 거기서 출력을 중단한다.

fgets()

[형식] char *fgets(char *str, int n, FILE *st)

[설명] st 파일로부터 문자열을 읽어 str 안에 저장한다. 개행 문자 또는 최대 문자수 n-1개까지 입력하며, 끝에 '\0'을 붙인다.

[참조] 열려 있는 파일의 현재 포인터 위치에서 지정한 크기-1 만큼의 문자열을 읽어 들여, 이를

포인터의 메모리 위치에 저장한다. 읽는 도중 개행 문자('\n')를 만나면 중단된다.

[주의] 현재 포인터 위치가 파일의 끝이거나 읽는 도중에 오류가 나면 널('\0')이 반환된다.

gets()

[형식] char * gets(char * buf)

[설명] stdin으로부터 한 라인을 읽고 buf에 저장한다.

[참조] 개행 문자를 입력할 때까지 입력된다. 저장되는 문자는 마지막의 개행 문자를 빼고 널문자('\0')을 삽입한다.

gets()

[형식] int puts(const char * str)

[설명] 표준 출력 장치로 문자열 str을 출력한다.

fscanf()

[형식] fscanf(FILE *st, const char *format, arg, …)

[설명] 표준 입력이 아닌 특정 파일로부 입력된다는 점 외에는 scanf()와 동일하다.

[참조] arg는 포인터 형태이어야 하며 format는 문자열이다.

fprintf()

[형식] fprintf(FILE * st, const char * format, …)

[설명] 표준 출력이 아닌 특정한 파일 포인터가 지정한 파일로 출력한다.

그 외에는 printf() 함수와 동일하다.

rewind()

[형식] void rewind(FILE *st)

[설명] st 파일의 파일 포인터를 파일의 시작점으로 이동한다.

fread()

[형식] size_t fread(void *ptr, size_t sz, size_t nm, FILE *fp)

[설명] 주어진 fp 파일로부터 지정된 개수(nm)만큼의 데이터를 ptr로 읽는다.

fwrite()

[형식] size_t fwrite(const void *ptr, size_t sz, size_t nm, FILE *fp)

[설명] 지정된 개수(nm)만큼의 데이터를 fp 파일에 쓴나.

[참조] 현재의 파일 위치에서부터 쓰며, 실제로 사용된 데이터의 개수를 반환한다.

fseek()

[형식] int fseek(FILE *st, long offset, int origin)

[설명] st 파일의 파일 포인터를 origin에서 offset 바이트만큼 떨어진 곳으로 이동한다.

[참조] origin의 값

SEEK_SET: 파일의 선두

SEEK_CUR: 파일 포인터의 현재 위치

SEEK_END: 파일의 끝

offset의 값은 (-)는 앞, (+)는 뒤쪽으로 이동함을 나타낸다.

ftell()

[형식] long ftell(FILE *st)

[설명] st 파일의 파일 포인터 값을 읽는다.

[참조] 파일의 시작 부분에서 파일 포인터까지의 바이트 수를 구한다.

feof()

[형식] int feof(FILE *st)

[설명] st가 파일의 끝에 도달했으면 d이 아닌 값을 반환하는 매크로 함수이다.

ferror()

[형식] int ferror(FILE *st)

[설명] read 또는 write 실행 중 오류가 발생하였으면 0이 아닌 값을 반환한다.

2.2 문자 관련 함수

아래의 함수들은 ctype.h 헤드 파일을 필요로 한다.

isalpha()

[형식] int isalpha(int c)

[설명] 영문자(A or Z, a or z)인가를 판별한다. 영문자이면 0이 아닌 값을 반환한다.

isupper()

[형식] int isupper(int c)

[설명] 영어 대문자인가를 판별하여 참이면 0이 아닌 숫자를 반환한다.

islower()

[형식] int islower(int c)

[설명] 영어 소문자인가를 판별한다. 참이면 0이 아닌 값을 반환한다.

isspace()

[형식] int isspace(int c)

[설명] c가 공백 문자(0x09, 0x0a, 0x0b, 0x0c, 0x0d, 0x20)인가를 판별한다.

isalnum()

[형식] int isalnum(int c)

[설명] c가 영문자 또는 숫자인가를 판별한다.

tolower()

[형식] int tolower(int c)

[설명] c에 대한 소문자를 반환한다.

toupper()

[형식] int toupper(int c)

[설명] c에 대한 대문자로 반환한다.

2.3 문자열 함수

아래의 함수들은 string.h 헤드 파일을 필요로 한다.

strcat()

[형식] char *strcat(char *str1, const char *str2)

[설명] str1 문자열 뒤에 str2 문자열을 결합한다.

strncat()

[형식] char *strncat(char * dest, const char * src, size_t maxlen)

[설명] dest 문자열 뒤에 src 문자열 중 maxlen개의 문자만 잘라 붙인다.

strcmp()

[형식] int strcmp(const char *str1, const char *str2)

[설명] 두 문자열을 서로 비교한다.

[참조] 문자열1 == 문자열2 → 0

문자열1 〉 문자열2 → 양수

문자열1 〈 문자열2 → 음수

strcpy()

[형식] char *strcpy(char *str1, const char *str2)

[설명] str2의 문자열을 str1의 위치에 복사시킨다(널 문자까지 복사한다).

strncpy()

[형식] char *strncpy(char * dest, const char * src, size_t maxlen)

[설명] src로부터 dest로 maxlen 길이의 문자열을 복사한다.

strlen()

[형식] size_t strlen(const char *s)

[설명] 문자열 s의 문자 개수를 반환한다.

strtok()

[형식] char * strtok(char * s1, const char * s2)

[설명] s1 문자열에서 다음 토큰에 대한 포인터를 반환한다. s2 문자열의 문자들은 토큰을 결정하기 위한 구분자들이다. 더 이상의 토큰이 없을 때 널이 반환 된다.

2.4 문자열과 수치 변환 함수

아래의 함수들은 stdlib.h 헤드 파일을 필요로 한다.

atof()

[형식] double atof(const char * s)

[설명] 문자열 s를 double형 실수로 변환한다.

atoi()

[형식] int atoi(const char * s)

[설명] 문자열 s를 int형 정수로 변환한다.

atol()

[형식] long atol(const char * s)

[설명] 문자열 s를 long형으로 변환한다.

2.5 수치 연산 함수

아래의 함수들은 math.h 헤드 파일을 필요로 한다.

abs()

[형식] int abs(int n)

[설명] n의 절대값

fabs()

[형식] double fabs(double x)

[설명] double 형 x의 절대값을 구한다.

labs()

[형식] long labs(lomg n)

[설명] long형 n의 절대값

exp()

[형식] double exp(double x)

[설명] 지수 함수값(e^x)

log()

[형식] double log(double x)

[설명] 자연 로그 log(x) 값의 계산

log10()

[형식] double log10(double x)

double x;

[설명] 상용 로그 log(x) 값의 계산

pow()

[형식] double pow(double x, double y)

[설명] 제곱승 x^y 값의 계산

sqrt()

[형식] double sqrt(double x)

[설명] 제곱근을 계산

sin()

[형식] double sin(double x)

[설명] x는 라디안 값임.

cos()

[형식] double cos(double x)

[설명] x는 라디안 값임.

tan()

[형식] double tan(double x)

[설명] x는 라디안 값임.

acos()

[형식] double acos(double x)

[설명] $\cos^{-1}(x)$ 값 계산.

asin()

[형식] double asin(double x)

[설명] $\sin^{-1}(x)$ 값 계산.

atan()

[형식] double atan(double x)

[설명] $\tan^{-1}(x)$ 값 계산.

atan2()

[형식] double atan2(double y, double x)

[설명] $-\pi$에서 $+\pi$ 범위에서 $\tan^{-1}(y/x)$ 값 계산.

fmod()

[형식] double fmod(double x, double y)

[설명] 실수형 수의 나눗셈에서의 나머지를 구한다. 즉, x / y의 나머지.

2.6 난수 발생 함수

아래의 함수들은 stdlib.h 헤드 파일을 필요로 한다.

rand()

[형식] int rand()

[설명] 난수를 발생한다.

srand()

[형식] void srand(unsigned seed)

[설명] 난수 발생 seed를 설정한다.

2.7 메모리 처리 함수

아래의 함수들은 stdlib.h 헤드 파일을 필요로 한다.

calloc()

[형식] void *calloc(size_t n, size_t size)

[설명] size바이트 크기의 메모리 블록 n개로 구성된 배열을 위한 영역을 확보한 후, 시작 주소를 반환한다. 메모리 블록은 모두 0으로 초기화된다.

free()

[형식] void *free(void *ptr)

[설명] ptr로 지정되는 메모리 블록을 힙 영역으로 돌려줌.

malloc()

[형식] void *malloc(size_t size)

[설명] size 바이트만큼의 해당 메모리 블록을 힙 영역에서 할당받아 시작주소를 반환.

realloc()

[형식] void *realloc(void *ptr, size_t size)

[설명] ptr로 지정된 메모리 블록을 size 크기로 다시 변경한다.

[참조] 이때, 재할당 전의 내용은 새로 설정한 영역으로 저장한다.

memmove()

[형식] void *memmove(void *buf1, const void *buf2, size_t cnt)

[설명] buf2의 cnt 바이트를 buf1으로 복사한다. memcpy와 동일한 기능이다.

[참고] 이 함수는 string.h 헤드 파일을 필요로 한다.

2.8 시간 함수

아래 함수들은 time.h 헤드 파일을 필요로 한다. 이 헤드 파일에는 여러 형과 매크로가 정의되어 있다. 그 중, time_t 형은 시스템의 시간과 날짜를 long 정수형으로 나타낸 것이다. 이것을 달력시간(calendar time)이라 한다. struct tm 형은 다음과 같이 정의 된다.

```
struct tm{
        int tm_sec; /* 초, [0, 59] */
        int tm_min; /* 분, [0, 59] */
        int tm_hour; /* 시간, [0, 23] */
        int tm_mday; /* 일, [1, 3] */
        int tm_mon; /* 1월 부터의 월, [0, 11] */
        int tm_year; /* 1900년부터의 년  */
        int tm_wday; /* 일요일부터의 요일, [0, 6] */
        int tm_yday; /* 1월 1일부터의 날 수, [0, 365] */
        int tm_isdst; /* 섬머 타입 실시 여부 */
}
```

asctime()

[형식] char *asctime(const struct tm *t)

[설명] t에 있는 정보를 아래와 같은 문자열로 변경하여 그 포인터를 반환한다.

Sun Jan 3 15:14:13 1988

[참조] '\n'과 '\0'을 문자열의 끝부분에 첨가한다.

ctime()

[형식] char *ctime(const time_t *t)

[설명] 주어진 달력시간에 아래와 같은 문자열로 변경하여 그 포인터를 반환한다.

Sun Jan 3 15:14:13 1988

difftime()

[형식] int difftime(time_t t1, time_t t2)

[설명] t1과 t2의 시간 간격을 초 단위로 구하여 반환한다. 즉, t2 - t1을 말한다.

gmtime()

[형식] struct tm *gmtime(const time_t t)

[설명] t의 시간을 struct tm의 형식으로 분리된 시간을 만든 후, 그것에 대한 포인터를 리턴한다.

[참조] 이때, 시간은 그리니치 표준 시간으로 표현되며, 일반적으로 t 값은 time()을 호출하여 얻을 수 있다.

localtime()

[형식] struct tm *localtime(const time_t t)

[설명] t의 시간을 struct tm의 형식으로 분리된 시간을 만든 후, 그것에 대한 포인터를 리턴한다.

[참조] 이때, 시간은 현지 시간으로 표현되며, 일반적으로 t 값은 time()을 호출하여 얻을 수 있다.

time()

[형식] time_t * time(time_t * tp)

[설명] 시스템의 현재 달력시간(단위는 초)을 반환한다.

2.9 기타 함수

abort()

[형식] void abort()

[설명] “Abnormal Program Termination”이라는 메시지 후 실행을 중단한다.

[참고] stdlib.h 헤드 파일을 필요로 한다.

assert()

[형식] void assert(int ep)

[설명] ep식이 거짓(0)이면 오류 메시지를 출력하고 호출한 프로세스를 끝낸다.

[참조] assert.h 헤드 파일이 필요하다. 주로, 프로그램의 디버그에 사용되며, 디버그가 끝난 경우는 다음과 같이 하여 매크로를 무효로 한다.

```
#difine NDEBUG
#include <assert.h>
```

getenv()

[형식] char * getenv(const char * var)

[설명] var과 연결된 환경 변수를 찾아 해당 문자열을 반환한다.

[참조] stdlib.h 헤드 파일이 필요하다.

3. escape 문자

C에 사용되는 escape 문자들은 아래와 같다.

\a	경고문자(벨소리)	\b	백스페이스 문자
\f	폼피드(formfeed) 문자	\n	개행(newline) 문자
\r	캐리지 반환(carriage return) 문자	\t	수평 탭 문자
\v	수직 탭 문자	\\	\ 문자
\?	? 문자	\'	' 문자
\"	" 문자	\0oo	8진수로 oo인 문자
\xhh	16진수로 hh인 문자		

찾아보기

#

1

2

3

〈

A

B

C

D

E

F